나와 타자들

나와 타자들

이졸데 카림 이승희 옮김

Ich und
die Anderen

우리는 어떻게 타자를 혐오하면서
변화를 거부하는가

민음사

모리츠와 노아에게

들어가며

헝가리의 철학자 아그네스 헬러(Ágnes Heller)는 스무 살 때 난생처음으로 흑인을 봤다고 한다. 그 흑인은 방문객이었다. 당시 부다페스트에는 '그런 사람'이 없었던 것이다.

오늘날 서유럽의 대도시에 살고 있는 어린이는 독일어, 세르비아어, 불가리아어, 아랍어만이 아니라 중국어, 이탈리아어, 프랑스어까지 다섯, 여섯, 일곱 개의 서로 다른 언어가 존재하는 자기 반 이야기를 할 것이다. 출신 국가나 피부색, 종교 사정도 언어와 크게 다르지 않다. 소도시에 사는 아이들 또한 비슷한 경험을 하는 경우가 점점 많아지고 있다. 이 얼마나 놀라운 변화인가!

젊은 아그네스 헬러의 세계는, 빈에서의 내 어린 시절처럼 무너졌다. 동독이 무너졌듯이. 동독이 무너질 때 나는 그 현장에 있었다. 1989년 11월 9일 밤, 나는 동베를린의 검문소 체크포인트 찰리 앞에 서 있었다. 그곳에서 사람들은 권력이 어떻게 내부로부터 붕괴되는지를 실시

간으로 목격했다. 과거의 유럽, 과거의 빈은 종말의 날짜
와 시간을 알려 주지 않았다.

이 붕괴는 한순간에 일어난 사건이 아니라 슬금슬금
일어나는 과정이었다. 과정이 완성된 이후에야 깨달을 수
있다. 그래서 오스트리아, 빈, 유럽 세계가 다른 세계가
될 때, 현장에 있었던 사람들은 말하자면 참여하지 않았
다. 그걸 알아차리지 못했기 때문이다. 사람들은 자기 자
신이 다른 존재가 될 때조차 전혀 참여하지 않았다. 그 변
화가 베를린 장벽 붕괴만큼 거대했음에도, 눈치채지 못했
기 때문이다. 여기에서 변화란 다원화를 의미한다. 다원
화라는 사건은 그저 벌어졌다. 어느 날 사람들은 새로운
세계에서 새로운 인격체로 깨어났다.

이러한 근본적인 변화는 하나의 인생 속에서 일어났
다. 하나의 삶 속에서 젊은 아그네스 헬러처럼 상대적으
로 동질적이고 통일된 사회를 경험할 수 있었고, 우리의
오늘날의 경험도 할 수 있다. 우리가 겪고 있는 오늘날의
경험은 한 문장으로 요약된다. 우리는 다원화된 사회에
살고 있다.

차례

1장 과거—동질 사회라는 환상

우리는 다원화된 사회에 살고 있다. 이것은 상대적으로 새로우면서도 돌이킬 수 없는 사실이다. 비(非)다원화 사회, 즉 동질 사회로 돌아갈 방법은 이제 없다. 이렇게 단언하기란 쉬운 일이다. 그러나 그 의미를 설명하는 일은 결코 단순하지 않다. 다원화 사회란 무엇인가? 다원화 사회는 우리 각자에게 어떤 영향을 미칠까? 이 질문을 다르게 던져 보자. 이런 사회에 산다는 건 도대체 무엇을 뜻할까?

이 질문에 대답하기 위해, 혹은 대답에 접근하기 위해서는 먼저 시선을 뒤로 돌려야 한다. 새로움의 범위와 전체 규모를 측정하기 위해 우리에게 비교 모델을 제공하는 다원화 이전의 서유럽 사회로 눈길을 돌리는 것이다. 이 사회가 인종, 종교, 문화적 통일성을 비교적 이룬 동질 사회는 말하자면 네거티브 필름과 같다. 오늘날 우리가 사는 다원화 사회와 대조를 이루는 배경이 된다.

동질 사회는 그냥 원래부터 존재했던 것이 아니다.

저절로, 자연적으로 생성된 것이 아니라, 먼저 만들어져야 했다. 동질 사회의 형성을 위해 폭넓은 정치 개입이 필요했으며, 종종 폭력과 억압이 동반되었다. 그러므로 동질 사회는 의도된 정치 행위의 결과다. 이러한 사건을 다른 말로 표현하면 '민족 형성'이다.

19세기 이래 민족 형성을 촉진하기 위해 어떠한 상징적, 물리적 폭력이 필요했는지를 보여 주는 다수의 탁월한 역사 연구가 있다. 이 연구들에 따르면 민족 형성은 이미 존재하는 다양성을 거슬러 성취해야 했던 동질화였다. 이를 위해서는 다양한 영역, 다양한 수준의 방대한 개입이 필요했다. 물질적, 정서적, 문화적 동질화가 요구되었던 것이다.

언어를 예로 들어 보자. 국어로서의 단일한 표준어를 관철하는 데, 모든 지역의 언어를 사투리로 묶어 두고 배제하는 데 얼마나 많은 시간이 걸렸는가! 또는 눈에 보이는 간단한 예로 기차 운행 시간표가 있다. 기차 시간표가 제대로 기능하기 위해 얼마나 많은 물리적이고 구체적인 동질화 작업이 선행되어야 할까? 분 단위까지 고려하는 정확한 시간관념이 생겨야 하고, 도착과 출발 정보가 잘 전달되어야 하며, 모든 사람이 그 정보를 이해할 수 있어야 한다. 이처럼 열차 운행 시간표라는 간단한 영역에서도 전체 사회를 하나의 초침에 맞추는 거대한 물질적, 신체적 노력이 선행된다.

그러나 이런 노력만으로 충분하지 않다. 동질 사회는 물질적 동질화뿐 아니라 정서적 일치도 필요로 한다. 사회의 단일성 역시 감정에 깊이 뿌리내려야 한다. 문학과 음악, 교육과 학교 분야를 망라한 전체 행위자들이 민족의 핵심 개념을 강화하며 이 정서적 동질화 과정에 참여했다. 여기에서 핵심 개념이란 바로 영토다. 영토라는 개념으로 인해 국경, 풍경, 도시, 강 같은 공간에 감정이 자리 잡았다. 이렇게 민족이라는 감정적 상상은 민족 감정의 영토화를 통해, 공간과 감정의 재결합을 통해 성취되었다. 민족이라는 상상은 아주 구체적인 실천을 통해 완성된다. 물론 학교에서, 또한 지극히 평범한 일상에서 이러한 실천을 볼 수 있다. 베네딕트 앤더슨이 지적했듯이, 일기 예보는 영토의 윤곽과 경계를 각인시키며 긴밀하고 고유한 (날씨) 공간으로 전달한다. 다양한 연습과 실천들이 공간의 감정적 점유를 위해 실행되고 있다. 감정과 지리를 연결하는 데 성공하면, 공간은 더 이상 그냥 단순한 어떤 곳이 아니다. 이제 공간은 상징이 된다.

민족 형성은 이렇게 국토를 두 배로 만든다. 모든 영토에 감정을 결합시키기 위해 물리적 영토에 상징적 영토를 추가하는 것이다.

동질성에 대한 이와 같은 주장은 당연히 아주 쉽게 논박될 수 있다. 많은 비평가들은 민족의 동질화가 실제로는 일어나지 않았다고 지적한다. 동질 사회는 언제나 어느 정도는 허구다. 민족이 가장 성공적으로 형성된 곳에서조차 동질 사회는 막대한 정치적 개입을 통해 늘 재생산되어야 한다. 비판적 역사학의 진영에서는 민족이 결코 완성된 적이 없다는 증거를 찾으려고 노력했다. 민족은 충족된 적이 없다. 다시 말해 동질 사회가 완전히 동질적인 적은 없다. 그러나 비판적 역사 연구가 전하는 이 모든 통찰만으로는 충분하지 않다. 비판적 역사학자들은 절대 과소평가해서는 안 되는 본질을 간과하고 있기 때문이다. 바로 민족이 잘 기능하는 허구라는 사실이다.

동질 사회라는 상상은 언제나 허구였다. 그러나 잘 기능하는 허구였다. 민족은 게다가 기능이 대단히 뛰어난 허구였다.

베네딕트 앤더슨 이후로 우리는 민족이 '상상된 공동체(imagined community)'라는 것을 알고 있다. 1983년에 나온 앤더슨의 유명한 책 제목은 이제 널리 인용되는 말이다. '상상된 공동체'란 민족이 표상으로, 상상으로 작동한다는 뜻이다. 정치적 구성물인 '민족'의 기초, 동질 사회의 기초가 정치적 상상력이라고 말할 수도 있겠다. 사람들은 민족을 실재라고 믿어 왔다. 그래서 민족은 언제나 허구였지만 잘 기능했다. 그래서 '우리는 하나의 민족'이라는 상상은 실제로 하나의 민족 사회를 만들어 냈다. 이 말이 실제로 동질성이 완전히 성취된 적이 있음을 뜻하지는 않는다. 언제나 동질성과 어긋나는 무언가가 존재했다. 그러나 민족은 다양하고 이질적인 대중을 결합하고 통일하는 유일한 정치 형태였고, 대중을 하나의 사회로 만드는 유일한 정치 서사였다.

　문학에 등장하는 민족이라는 상상의 형태는 베네딕트 앤더슨의 주장을 늘 견고하게 뒷받침한다. 상상된 공동체는 민족 구성원이 다른 구성원들을 잘 알고 있다는 환상 속에서 살기 때문에 잘 작동한다. 그러한 환상이 지속하는 한 민족은 상상된다. 그러는 한 민족은 공동체다. 그런데 사람들은 왜 믿을 수 있었을까? 자신이 속한 민족의 다른 모든 구성원을 알고 있다는 환상이 가능했던 건 민족이 물질적 동질화이기 때문이다. 즉 언어, 시간, 공간을 동질화했기 때문이다. 민족이 잘 기능한 두 번째 이유는 민족이 공간과 상징을 감정적으로 차지하는 정서적 동질화였기 때문이다. 더 나아가 민족은 세 번째로 문화적 동질화가 필요했다. 문화적 동질화를 애초에 풍부하고 전통적인 고급문화로 이해하면 안 된다. 대중 영역에서 문화적 동질화는 고급문화와 완전히 다르게 실현되었다. 대중 영역에서 민족적인 유형이 발달했는데, 이는 분명하게 구별되는 정체성과 명확하게 정의되는 특성을 보인다. 예를 들어 오스트리아인 유형, 독일인 유형이 있다.

그런데 이러한 민족적 유형이란 구체적으로 무엇일까?

여기에서 먼저 간단한 설명이 필요하다. 역사를 보면 동시에 일어난 두 가지 사회 운동이 있다. 유럽 사회의 민주화와 민족 형성이다. 역사적으로 나란히 출현한 두 운동은 위르겐 하버마스가 "공화주의와 민족주의의 역사적 공생"[1]이라고 칭한 바 있으며, 민주적 정치 과정과 민족적 다수 문화의 결합을 의미한다. 두 가지 과정은 이처럼 동시에 등장했지만, 정체성 정치의 관점에서 보면 완전히 다른 과정이다. 나아가 정체성 정치의 관점에서 민족과 민주주의는 심지어 서로 반대 방향을 가리킨다. 그렇다면 개인의 정체성 형성과 관련해서 무슨 일이 일어난 것일까?

서구의 민주화된 민족 국가에 살고 있는 우리 모두는 이중화되어 있다. 우리는 부르주아(Bourgeois)이자 시투아앵(Citoyen)이다. 시민(Bürger)이자 동시에 국민(Staatsbürger)인 것이다. 시민으로서 우리는 모두 사인(私

人)이다. 서로 구별되는 특징이 있는 개인이며, 이 특징이 우리를 분류한다. 우리는 남성이거나 여성이며, 가난하거나 부유하며, 공무원, 농부, 교사다. 어떤 경우에도 우리는 구별된다. 그러나 시투아앵으로서, 다시 말해 국민으로서 우리는 공인(公人)인데, 우리는 모두 동등하기 때문이다. 바로 여기에 민주주의의 본질 요소가 들어 있다. 이것이 우리를 추상적 동등으로 이끈다.

민주주의는 우리가 알고 있듯이 이러한 "보편적 개인"의 생성을 의미한다. 피에르 로장발롱(Pierre Rosanvallon, 프랑스의 정치학자로 민주주의의 역사와 복지 국가에 대해 연구해 왔다.)[2]이 명명한 그대로다. 민주주의는 국민이자 유권자인 정치 주체를 생성하고, 법적 주체로서의 법인을 생성한다. 민주주의는 곧 사회의 개인화를 의미한다. 따라서 개인화는 우리 사회와 함께 대두한 것이 아니라, 1800년대에 일어난 훨씬 오래된 움직임이라는 것을 명확히 해야 한다.

1세대 개인주의라고 명명할 수 있는 개인화 운동을 통해 개인은 기존의 관계망에서 빠져나왔다. 우리 관점에서 보면 '오래된' 이 1세대 개인주의는 개인을 계급 사회의 속박에서 해방시켰다. 모순처럼 들리지만, 개인주의는 모든 개인이 동등함을 의미했다. 다양한 차이와 신분, 계급, 종교 같은 모든 특수성이 무시되는 곳에서 국민이자 유권자로서, 그리고 법적 주체로서 개인이 되기 때문이다. 이 개인이 바로 정당이나 민족 같은 거대한 구조에 속하는 개인이었다. 이러한 개인이 동등한 존재로 공적 공간에 발을 들여놓았다.

그러므로 오래된 개인주의는 오늘날 우리의 개인주의와는 다르며, 지금 논의에서 이 차이는 중요하다. 이전의 개인주의는 개인의 다른 유형을 만드는 일이었다. 법권리 주체, 유권자, 국민은 추상화를 통해 생성되기 때문이다. 개별 사인으로서 개인은 언제나 구체적이고 구별된다. 그러나 공인으로서 개인은 구별되는 특성들을 추상화함으로써 동등해진다. 다시 말해 특수한 차이들을 무시할 때에만 각각의 개인은 전체의 동등한 부분이자 주권을 구성하는 동등한 일부가 된다. 이 점에서는 개인 사이를 결합하는 요인이 바로 개인의 특수한 직분에 대한 추상화다. 우리를 구별하는 것들을 무시할 때에만 우리는 전체의 동등한 부분이 된다. 보편적 개인이 가지는 추상적 공공성은 특히 선거 때 투표자의 모습에서 두드러진다.

선거에서는 한 사람을 한 표로 간주한다. 서로 얼마나 다른지와 상관없이 유권자로서 우리는 모두 동등하다. 각자 모두 한 표이며, 동등한 지분을 갖는다. 따라서 표들은 계산될 뿐 경중이나 가치가 매겨지지 않는다. 모든 표의 가치는 동등하다.[3] 그런데 이런 일이 실제로 어떻게 가능한가?

유권자로서 우리의 모든 특징을 지우기 때문이다. 투표할 때 우리를 구별 짓는 모든 것이 배제된다. 다시 말해, 투표할 때 모든 차이는 숫자 하나에 녹아든다. 일인일표. 우리가 누구든 상관없다. 모든 사람이 각자 한 표가 된다. 보통 선거가 우리를 산술적으로 동등하게 만들었다. 이 산술상의 동등함이 추상적 평등이다.

이러한 추상화는 때로 피로 물든 아주 긴 과정이었음을 우리는 알고 있다. 재산 평가에 의한 차등 선거권이나 여성 참정권의 역사를 떠올려 보라. 그러므로 역사적으로 이러한 국민, 이러한 시투아앵, 이러한 추상화를 이루기란 험난한 여정이었다. 각자가 가진 개별적인 직분의 추상화라는 기초 위에서만 개인은 전체의 동등한 부분이 될 수 있다는 것이 우리의 논의에서 중요하다. 클로드 르포르(Claude Lefort, 프랑스의 정치철학자. 저서로『19~20세기 정치적인 것에 대한 시론』등이 있다.)는 이러한 시투아앵을 "정치적 원자(politisches Atom)"라 명명했다. "사회적인 것의 영점"[4]을 구성하는 이러한 동등성은 모든 사회적 규정의 추상화, 모든 차이의 배제로부터 나온다. 그러나 민주주의적 민족 국가의 정체성 형성은 이에 국한되지 않는다는 점을 르포르는 언급하지 않았다. 그가 빠뜨린 것은 추상화에 필요한 보충물이다. 추상화에 부합했던 보충물. 바로 이것이 지금 우리가 긴급하게 다루어야 할 문제다.

추상적 평등의 형성은 분명 민주화 과정에서 나온 전적으로 진보적이며 해방적인 움직임이었다. 그러나 지금까지만 그러했다. 우리에게는 민주주의적 추상만 필요한 것이 아니다. 그것만으로 충분하지 않으며, 다른 무언가가 필요하다. 이 다른 무언가를 민족이 가져다준다. 앞에서 언급했듯이 민족 형성은 정체성 정치 관점에서 보면 민주주의에 역행하는 운동이다. 민족은 민주주의적 추상의 정확히 반대다. 민족은 추상적인 민주주의적 주체, 추상적인 시투아앵, 추상적인 권리 주체에게 추상적인 개념과 반대되는 것을 제공한다. 민족은 이 주체에게 형상을 제공한다. 공인으로서의 개인에게 현실적인 정체성의 표지가 되는 형상이다. 유권자가 숫자로만 측정되는 추상적인 평등이며, 정치적·법적 주체가 단지 주권의 일부에 지나지 않는 추상적 동등이라면 민족적 주체는 구체적이고 특수하다. 이로써 개인은 전체 사회의 추상적 부분으로만 머물지 않는다. 민주주의적 개인주의의 보완물이자, 민주주의적 추상화의 평행추가 르포르가 언급하지 않은 것이다. 민족의 형상, 또는 '민족 유형'.

민족 유형이란 무엇인가? 민족 유형은 공인의 특징을 묘사하고 규정한다. 오스트리아인은 매력 있지만 음흉하고, 독일인은 고집 세고 속 좁고 권위에 순종하며, 이탈리아인은 쾌활하지만 믿기 어렵다는 것을 우리 모두 알고 있다. (최근 그리스 경제 위기 때 우리는 민족 유형의 새로운 판본을 폭넓게 경험했다.) 이런 종류의 농담도 생각해 볼수 있을 것이다. 배가 침몰할 위기에 처했다. 선장은 사람들을 어떻게 바닷속으로 뛰어들게 할지 고민했다. 영국인에게는 입수하지 않는 것은 운동을 좋아하지 않는 것처럼 보인다고 말했다. 프랑스인에게는 입수는 멋지다고 말했다. 독일인에게는 입수는 명령이라고 말했다. 그리고 이탈리아인에게는 입수 금지라고 말했다.

민족적 차이에 대한 이런 농담들은 무수히 많다. 이를 고정 관념이라고 너무 쉽게 속단해서는 안 될 것이다. 이 농담들은 단순한 고정 관념, 부적절한 일반화가 아니다. 민족의 형태를 배우는 일종의 연습이다. 그렇게 사람들은 소속을 (그리고 당연히 타자와의 경계 짓기를) 연습하고 배운다.

그러므로 민족 서사는 공적 정체성에게 구체적인 형상을 제공하여 구체적인 개인과 공적 개인을 연결하는 고리를 만들어 준다. 이 형상을 통해 개인은 추상과 숫자로 표시되는 부분으로, 동시에 현실적인 정체성 규정이 있는 구체적인 부분으로 전체에 통합될 수 있었다. 요약하자면 민족 서사는 민주주의적 개인이 자기 자신을 공인으로 재인식할 외형을 제공한다. 이 외형의 윤곽은 가변적이다.

바로 이 형상이 우리가 같은 민족 구성원을 모두 안다고 믿게 한다. 우리는 같은 유형에 속하는 다른 모든 이들과 동일시한다. 이러한 형상이 존재하기에 민족이라는 환상이 작동했고, 바로 그래서 동질 사회라는 환상은 잘 작동했다.

민족주의적 민주주의는 개인을 시민과 국민(물론 처음에는 오직 남성)으로, 정치적 개인과 사인으로 이중화한 것만이 아니다. 개인은 추상적 개념으로 변환되고 형상을 부여받은 것만이 아니다. 전체 움직임은 그 이상이다. 다르게 말하면 지배 서사로서의 민족은 개인의 정체성에 훨씬 더 폭넓게 개입했다. 왜냐하면 민족은 단순한 추가 규정이 아니라, 모든 개인에게 탁월한 규정을 제공했기 때문이다. 물론 민족적으로 통일된 사회에서도 개인의 정체성은 당연히 성별, 계급, 종교, 인종 등과 같은 다양한 규정들로 구성된다. 하지만 민족이 성공했던 곳에서는 그러한 규정 가운데 하나인 민족이 본질적인 규정이 되었다. 이 말은 민족 정체성이라는 요소가 남자, 여자, 노동자, 예술가, 청년, 노인 등등 다른 모든 삶의 요소와 규정을 특별한 방법으로 연결하고 조직했음을 의미한다. 민족은 이 모든 요소를 하나의 전체, 통일된 하나의 전체로 통합한다. 알튀세르가 "표현적 총체성(expressive Totalität)"[5]이라고 했듯, 이러한 전체에는 중심이 있고, 각 부분들은 중심의 표현에 따라 변환된다. 다시 말해 민족 규정은 삶의 다른 요소들의 표현을 변환시키는 핵심 정체성이 된다. 남자에서 독일 남자로, 노동자에서 오스트리아 노동자로, 여자에서 프랑스 여자로 바뀌는 것이다. 민족 서사는 사회적 차이를 이처럼 새롭게 조직했다.

개별 시민들의 구체적인 차이들이 민족 유형에 의해 사라지는 것은 물론 아니다. 동질 사회에서도 마찬가지다. 그러나 차이들은 의미를 잃어버린다. 우리는 농부일 수도, 기업가일 수도 있다. 그러나 모두 오스트리아인이다. 우리는 남자일 수도 있고 여자일 수도 있다. 그러나 우리 모두는 독일인 혹은 프랑스인 혹은 다른 민족 국가의 일원이다. 사회 속 차이들은 보다 강력한 민족 동질성 앞에서 부차적인 것이 되었다. 민족 서사는 모든 사람들, 즉 농부, 공무원, 노동자에게 하나의 정체성을 제공했고,

이 정체성 안에서 모두가 하나로 묶일 수 있었다.

한 사회의 동질화는 단순히 단일화를 의미하지 않는다. 그보다는 차이가 부차화된다는 데 가깝다. 더는 차이가 없다고 해서 사회가 동질화되는 것이 아니다. 차이가 우선순위에서 밀려날 때, 공통된 것 앞에서 차이가 부차화될 때 사회는 동질화된다. 민족 유형이 제공하는 이 공통된 것은 유사성의 원칙에 기초한다. 공통된 형상 속에서 민족의 모든 구성원은 서로를 알아볼 수 있다. '상상된 공동체'는 이러한 유사성의 사회다.

이런 의미에서 보면 민족은 근대라는 조건 아래에서 공동체를 사회 속에 편입시키려는 시도였다. 이 상상된 공동체는 완전히 모르는 사람들끼리 동등함, 유사함의 결합을 만들도록 넌지시 이끈다. 그러므로 민족 서사는 대중 사회에서 실제로 사회적 결합을 생산하는 방법이었다.

언제나 허구일지라도, 동질 사회는 정체성과 소속이라는 두 영역에서 작동한다. 동질 사회는 우리에게 민족 유형이라는 특별한 공적 정체성을 제공한다. 그리고 동질 사회는 우리에게 특별한 종류의 소속을 제공한다. 사람들이 사회에 직접, 당연히 소속되어 있다고 믿을 때 그 사회는 동질 사회가 된다. 그러니까 완전하고 온전히 소속되어 있다고 믿을 때 사람들은 자신이 완전하고 온전하다고 믿는다. 이것이 동질 사회의 본질적인 정의다.

그런데 완전하고 온전하다는 것은 무슨 뜻일까? 우리는 프로이트 이후로, 완전하다고 믿는 모든 정체성은 미신이라는 것을 알고 있다. 자신이 실제 자신이라고 믿는 모든 정체성과, 자신이 실제 자기 자신과 동일하다는 모든 표상은 환상이다. 프로이트 이래 우리는 당연하고 직접적이라고 생각하는 모든 소속이 허구의 속임수임을 알고 있다. "자아는 자기 집의 주인이 아니다."라는 잘 알려진 명제로 프로이트는 자아와 집 양자에 대해 본질적인 질문을 제기한다. 자아의 자명함을 문제 삼고, 자기 소유로서의 집에 대해서 의문을 던지는 것이다. 그럼에도 불구하고 민족은 바로 이 두 가지 환상을 전 국민이라는 거대한 규모의 집단에게 오랫동안 정당화하는 데 성공했다.

온전한 자아라는 환상이 존재했다. 특정 민족 유형의 꼴을 갖추면 나는 그 속에 속하게 된다는 환상은 완전하고 온전한 정체성을 꿈꿨다. 오스트리아인 또는 독일인이 된다는 환상은 진정한 독일인, 진짜 오스트리아인이 된다는 것을 뜻했다. 또한 민족은 자기 자신의 집이라는 환상을 정당화했다. 국가는 자아가 소유한 집이 되었다. 집으로서의 국가에서 민족주의적 자아는 집의 주인이다.

이 '자기 집'이 동질 사회에 대해 우리가 그리고 있는

지도에 빠져 있었던 마지막 요소다. 물질적, 감정적, 문화적 동질화를 포함한 모든 동질화에 '자기 집'이라는 환상이 추가된다. 국가가 '자기 집'이 된다는 것은 모든 제도와 공공 기관이 같은 기초 위에 있다는 것을 의미한다.

극장, 학교, 법원, 교회, 정당, 박물관 등이 모두 같은 기초를 갖는다. 마르크스의 표현을 빌려 이렇게 말할 수 있겠다. "그것은 다른 모든 색깔을 왜곡하는 전체 조명이며, 아주 특별한 마취제다."[6] 다음과 같이 말할 수도 있다. 그 모든 것이 같은 박자일 뿐 아니라 같은 소리로 조율되었다. 같은 소리로 조율된 이러한 일치, 자기 집을 다른 단어로 표현하면 환경이다. 환경이란 주위 환경이다. 하나의 전체를, 하나의 통일체를 이루는 환경. 민족의 경우 이 하나의 환경이 전국을 에워싼다.

이와 같은 하나의 환경에 하나의 민족 유형이 뿌리내린다. 민족 유형은 진공 공간을 떠다니지 않는다. 하나의 환경, 자신의 환경 안에서 살아간다. 즉 환경은 민족 유형에서 '당연한' 것이 된다. '당연함'은 어쩌면 동질 사회의 핵심 단어일 것이다. 동질 사회는 당연함을 생산한다. 이것이 동질 사회의 도구다. 그리고 환경은 '당연한' 것으로 경험될 때, 사람들이 그에 대해 아무 질문도 하지 않고 자신의 세계로 경험할 때 환경이다. 다르게 표현하면 민족 유형은 자신의 환경 안에서, 완전히 직접적으로 살아간다. 이런 의미에서 완전히 '소박하게', 말 그대로 직접. 세계를 먼저 '열심히 익힐' 필요도 없고, 적응할 필요도 없다. 민족 유형은 세계에 완전히 직접 소속되어 있다. 민족의 경우 환경은 전체 사회를 포괄하며, 환경은 민족 유형이 살아가는 생활 세계다. 환경은 민족 유형이 살아가는 서식지다.

하나의 민족 세계가 만드는 이러한 환경은 민족 구성원 개인에게 정신 분석의 모든 지식과 반대되는, 완전하고 온전한 정체성을, 또한 직접적이고 당연하며 의심 없는 소속을 보장해 준다.

그 모든 허구 속에서도, 동질 사회의 본질은 특정 형태의 정체성과 특정 형태의 소속을 가능하게 한다는 점이다.

차이가 존재하지 않으므로 동질 사회인 것이 아니다. 사회에 완전하고 온전히 소속되어 환상에 몰두할 수 있어야 동질 사회다. 완전하고 온전한 소속이 동질 사회의 약속이기 때문이다. 우리를 하나로 만들고, 우리를 '온전하게' 하며, 우리에게 완전한 정체성을 제공하는 탁월한 규정을 동질 사회는 제공한다. 프로이트의 관점에서 보면 언제나 환상일 뿐이지만 말이다.

그리고 바로 이 지점에서 동질 사회와 오늘날 우리

사회의 차이를 볼 수 있다. 바로 이것이 우리의 다원화 사회와 대비되는 배경이며, 이로부터 우리는 오늘날 우리 사회와의 차이를 읽어 낼 수 있다.

우리는 더 이상 동질성의 세계에 살지 않는다. 동질 사회는 지난 20~30년 동안 천천히 사라졌다. 더딘 발전이었고, 또한 모든 영역에서였다.

동질 세계는 모든 물질적 영역에서 사라졌다. 물론 완전히 사라지지는 않았다. 그러나 거대한 변화가 있었다. 물론 열차 시간표는 여전히 존재한다. 그렇지만 다른 시간표를 보자. 「차이트 임 빌트」(Zeit im Bild, 오스트리아 공영 방송의 저녁 뉴스 프로그램으로 1955년부터 방영되었다.)나 「타게스샤우」(Tagesschau, 독일에서 가장 오래 방영된 공영 방송의 뉴스 프로그램)를 보기 위해 전 민족이 오후 7시 30분이나 8시에 텔레비전 앞으로 모여 앉는다고 상상해 보라. 그랬던 적이 없는 젊은 사람들에게만 이상한 것이 아니라, 실제로 경험했고 그렇게 자란 사람들에게도 이런 일은 더 이상 상상할 수 없게 되었다. 다시 보기 서비스, 케이블 방송, 유튜브 사이에서 우리 사회는 더 이상 하나의 시간표로 규정되지 않는다.

사회의 다원화는 물론 기술 영역에만 머물지 않는다. 동질화된 다른 영역도 흔들리고 있다. 유럽 국가들의 국경이 어느 정도 개방되면서 정서적 동질감은 더 이상 정당화될 수 없게 되었다. 특히 민족 유형과 민족 환경이 변화했다. 가톨릭에 기초한 오스트리아의 환경, 개신교적 독일의 환경도 마찬가지다. 학교, 공공 기관, 제도를 규정하고, 평일과 공휴일을 엄격하게 구별하며, 순수한 고급 문화를 포함한 전체 환경이 사라진 것은 아니다. 열차 시간표가 사라지지 않은 것처럼 말이다. 그러나 이 환경은 침식되고 있다. 경계가 약해지고 있다. 박자는 더 이상 유일하지 않으며, 소리도 더 이상 지배적이지 않다. 그러면 민족 유형은? 오스트리아 유형을 예로 들어 보자. 전통 의상을 입은 한 쌍, 로덴 코트를 입은 시민 계급 말이다. 그런데 부르크 극장과 요제프슈타트 극장 회원권을 소유한 고위 공직자의 과부를 누가 여전히 기억하겠는가? 이 모든 것이 여전히 여기에 있다. 다른 것들과 함께. 그러나 그것들이 제공했던 기준은 사라진 지 오래다.

이렇게 반박할 수도 있을 것이다. 바로 지금 우리는 민족의 귀환을 목격하고 있다. '브렉시트(Brexit)'를 보라. 영국인들은 유럽 연합 탈퇴에 표를 던졌다. 바로 민족의 이름으로 이루어진 투표였다. 이러한 분위기는 영국에서만 나타나는 것이 아니라, 전 유럽과 미국까지 훨씬 넓게 퍼져 있다. 그렇지만, 그럼에도 불구하고.

오늘날 민족이 빈번하게 재등장하는 것은 민족이 침식되고 있다는 명제의 반박이 되지 못한다. 모순되게도 민족의 귀환은 오히려 민족의 침식을 가리키는 증거다. 귀환한 것은 '낡은' 민족이 아니기 때문이다. 귀환한 민족은 다양한 대중을 묶기 위한 정치 서사가 아니다. 다양성을 '하나의' 사회로 묶으려는 서사가 아닌 것이다.

오늘날 유럽 연합에 대한 저항으로 등장하여 자기 자리를 재탈환하려는 민족은 다른 무언가가, 통합의 서사로부터 분열의 서사가 되었다. 지금의 민족 서사는 국민의 50퍼센트에만 적용되기 때문이다. 다시 말해 오늘날 민족 서사는 나머지 절반의 국민을 반대한다. 여전히 환상이 잘 작동하고 있었을 때 민족은 밖으로는 경계를 만들지만 내부는 결속시켰다. 그러나 영국의 사례는, 그러한 허구가 더 이상 신뢰받지 못하는 곳에서 민족을 호출한다는 것은 내부의 분열을 지향한다는 점을 분명하게 보여 준다. 민족은 외부의 국경에서 내부의 경계로 변화했다. 우리 모두를 포괄할 수 없고, 단지 절반의 우리만을 형성하는 민족이다. 단일한 환경이 만들 수 있는 것은 딱 그만큼만이다.

민족의 귀환은 바로 다원화 사회에서 민족은 사라지는 대신 침식되고 있다는 증거다.

이러한 침식은 민족이라는 세계가 더 이상 유일한 환경도 아니고, 하나의 당연한 세계도 아님을 드러낸다. 민족은 더 이상 완전한 소속과 온전한 정체성에 대한 약속이 아니다. 그러나 중요한 것은 이러한 환경이 다른 환경에 의해 쉽게 해소되지 않았으며, 민족 유형도 다른 유형에 의해 해소되지 않았다는 사실이다. 단순히 새로운 주도 권력이 발달했다는 말이 아니다. 오늘날 우리 사회는 단 하나의 유형으로, 단 하나의 환경으로 조직되지 않는다는 점이 변화의 가장 무거운 본질이리라. 정치적으로 볼 때 이와 같은 변화는 민족과 민주주의가 서로 떨어져 표류하고 있음을 의미한다. 오래된 양자의 공생이 느슨해졌다. 그리고 시급한 질문들이 쏟아진다. 민족이라는 외관 없이, 분명한 민족적 형상 없이 우리는 존재할 수 있을까? 한 사회를 만드는 데 민주주의적 주체의 추상적 평등만으로 충분할까? 민주주의는 벌거벗은 채, 그러니까 민족이라는 형상 없이 잘 기능할 수 있을까?

개인의 정체성에 관련해 지금의 변화는 다음을 의미한다. 동질 사회의 환경이 천천히 해체되면, 우리 모두는 더 이상 온전한 정체성을 갖지 못한다. 우리는 이제 온전하고 당연하며 분명한 정체성을 갖지 못한다. 온전하고 당연하며 분명한 소속도 없다. 더 이상의 허구는 없다.

2장 지금―다원화가 모든 것을 바꾼다

19세기 미국에 도착한 이민자들은 반드시 하나의 의식을 치러야 했다. 헛간 안으로 들어가서 입고 있던 전통 복장을 벗어 버리고 미국식 의복으로 갈아입은 다음 나오는 것이다. 할리우드 영화에나 나올 법한 장면이다.[7]

오늘날에는 이렇게 말할 것이다. 그래, 19세기에는 그랬지. 당시에는 자기 문화에 대한 고정 관념이 있었고, 다른 모든 문화에 대해서도 마찬가지였다. 당시에는 이주해 온 이민자들이 새로운 환경에 완전히 적응하고 동화되어야 하며, 고향 문화는 옷처럼 벗어던지고, 새로운 문화를 완전히 수용해야 한다고 생각했다. 새로운 의상을 걸치듯이 말이다. 그러나 실상 이 헛간은 먼지를 뒤집어쓴 19세기의 유물이 아니다. 우리 몸속에 여전히 존재하기 때문이다. 헛간은 이민에 대한 우리의 생각에 깊이 박혀 있다. 오늘날 우리는 더 이상 동화를 이야기하지 않고, 통합을 말한다. 이건 틀림없이 진보다. 그러나 대부분의 경우 단지 단계의 차이만 있을 뿐이다. 통합을 완전한 적응으로 간주하지는 않지만, 여전히 미국식 헛간을 통과하는 길이 방향을 제시하는 것처럼 보인다. 이 헛간은 결국 다원화 사회에 대한 우리의 생각에도 영향을 미친다.

다원화에 대한 이런 생각은 다원화가 사회를 바꾸지 않는다는 기본적인 오해에 기초하고 있다. 여기에서 제기하는 질문은 통합의 옳고 그름을 따지는 것이 아니다. 질문은 다음과 같다. '통합'의 본질은 무엇일까? 통합을 이야기할 때 사람들은 어떤 생각을 떠올리는가? 그리고 이렇게 말할 수밖에 없을 것이다. 통합을 통해서도, 즉 일정 정도의 적응 단계를 통과한 후에도 사회는 지금까지의 모습을 그대로 유지할 수 있다. 이런 생각은 '통합'에 대한 서사가 보장해 주는 거짓 확신이다.

그런데 이런 오해는 어디에서 생겨날까? 사회적 다양성이 여러 문화와 종교의 수집이라고 믿는 데서 생긴다. 사회의 다양성이 단순히 더함으로써 생긴다는 것이다. 이미 존재하는 것이 있고, 이것이 고유한 토착적인 것이며, 기존 토착 문화에 새로운 무언가가 단지 추가될 뿐이라는 생각이다. 처음에는 터키인들과 유고슬라비아인들이 추가되었다. 그 후 세르비아, 크로아티아, 코소보가 따라왔다. 그다음에는 폴란드와 슬로바키아가 왔고, 언제부터인지 '그' 무슬림이 왔다. 그리고 최근에는 난민이 추가되었다. 그러나 다원화는 더하기가 아니다. 다원화의 진짜 뜻을 이해하는 것은 우리 시대의 중요한 요구 사항이다. 이를 위해 두 가지를 분명히 해야 한다.

첫째, 다원화는 피해 갈 방법이 없는 기정사실이다. 다원적이지 않은, 동질 사회로 돌아갈 길은 이제 없다. 아무리 통합을 많이 해도 불가능할뿐더러 헛간은 더 이상 도움이 되지 못한다. 다원화라는 사실은 되돌릴 수 없다.

둘째, 다원화는 외부적인 과정이 아니다. 더하기라는 생각은 환상이다. 이런 환상은 합해진 개별 요소들이 변하지 않고 그대로 있다는 착각을 일으킨다. 더하기는 합해진 사람을 변화시키지 않는 것처럼 생각하게 한다. 더하기라는 생각은 사실을 가린다. 이 가려진 사실, 즉 알려지지 않은 사실은 다원화가 우리 모두를 변화시킨다는 사실이다. 바로 이 변화가 더하기라는 표상을 통해 은폐된다. 그러나 다원화는 새롭게 오는 사람들만 바꾸지 않는다. 다원화는 이미 그곳에 있던 사람들도 변화시킨다. 다원화는 단순한 더하기가 아니기 때문이다. 다원화는 관련된 우리 모두에게 영향을 미친다.

그러므로 무엇이 변하는가라는 질문에 더해 다음 질문들에 분명하게 답하는 것도 중요하다. 다원화는 우리에게 어떤 영향을 미치는가? 우리는 어떻게 변하는가? 우리의 무엇이 변하는가? 이 대답이 중요한 이유는 '우리 모두가 변한다.'라는 명제가 다원화의 핵심이기 때문이다.

얼마 전 빈 곳곳에 현수막이 내걸렸다. 청록색 바탕에는 이렇게 적혀 있었다. "가슴이 말합니다. 존중은 머리가 하는 일입니다.(Der Bauch sagt: Respekt ist Kopfsache.)" 이 글씨 아래 네 명이 서 있다. 유대교 전통 모자인 키파를 쓴 남자, 흑인, 히잡을 쓴 여성 그리고 오스트리아 전통 모자를 쓴 남자. 네 사람은 뒤돌아서 있다. 즉 개인이 아니다. 이들은 상징을 착용한 자들이며, 상징은 이들을 구별해 준다. 이들은 종족, 종교, 계급의 대표자들이다. 이 그림에서 흥미로운 것은 전통 모자를 쓴 남성이 대열의 일부라는 점이다.

이 남자는 타자들 사이에 있는 하나의 유형이다. 이 모습은 오늘날 현실과 잘 맞는다. 그러나 실제로 이 점이 무엇을 의미하는지 명심해야 한다. 그리 오래된 일도 아니다. 얼마 전까지는 깃털 모자를 쓰고 로덴 코트를 입은 남자와 비슷한 전통 복장을 입은 여자가 있었고, 두 사람은 타자들 중의 한 유형이 아니었다. 이는 오스트리아에서 지배적인 유형이었다. 이 유형은 문화와 정체성 정치에서도 주도권이 있었다. 이 유형이 정상성을 규정지었다. 오늘날 여기에 속하는 남자는 현수막에 새로 배치된 것뿐만 아니라 자신의 패권을 잃어버렸다. 이 그림은 이를 아주 분명하면서도 매우 인상 깊게 보여 준다.

그리고 바로 여기에서 다원화가 일으킨 변화를 읽을 수 있다. 변화는 두 가지 차원에서 일어난다. 첫째는 소속의 변화이다. 즉 우리가 사회에 속하는 방식이 변한다. 둘째는 우리 자신의 정체성의 변화이다. 다원화는 타인과의 관계를 바꾸고 우리 자신과의 관계, 즉 우리가 자기 자신과 관계 맺는 방식도 변화시킨다.

소속에 대해서는 이렇게 말해야 한다. 오늘날 사람들은 더 이상 예전 방식대로 독일인 혹은 오스트리아인일 수 없다. 여기에서 때묻지 않은 순수한 예전이란 당연히 일종의 미화이다. 그러나 독일 또는 오스트리아 문화는 '예전'에 받아들였던 것처럼, 사람들이 늘 규정하던 방식처럼 정당화되지 않는다. 산이 더 낮아지고 숲이 덜 우거져서, 혹은 요들의 떨림이 예전 같지 않아서가 아니다. 단지 예전의 독일 혹은 오스트리아의 존재 형식이 더 이상 유일한 형식이 아니게 되었기 때문이다. 이 환경이 더 이상 유일한 환경이 아니기 때문이며, 이 문화가 더 이상 나라에서 유일한 문화적 좌표 체계가 아니기 때문이다.

오늘날에는 누구도 마치 다른 어떤 문화가 옆에 없

다는 듯이 자신의 문화로만 살 수 없다. 혼합된 사회에서 모든 문화에는 이웃한 문화가 있다. 이 말은 더는 당연한 문화, 당연한 소속이 존재하지 않는다는 뜻이다. 이 변화야말로 대단히 근본적이며 엄청난 변화다. 왜냐하면 문화의 본질적인 기능 중 하나는 자명함을 제공하는 일이기 때문이다. 문화는 세계로 들어가는 직접적이고 분명한 입구, 그 의미를 따질 필요도 없는 당연한 입구를 제공해 준다. 그러나 지금은 더 이상 다른 당연함에 대해 자신의 당연함을 주장할 필요가 없는 소속이 존재하지 않는다. 오늘날 모든 소속은 자신의 자명함을 다른 자명함에 대해 주장해야 한다. 그러나 의미를 물어야 하는 당연함은 더 이상 당연한 것이 아니다. 이렇게 모든 문화에서 외부의 관점은 내부 관점의 부분이 된다. 언제나 다른 것이 될 수도 있는 외부의 관점. 이는 다른 사람이 될 수도 있고 다른 것을 믿을 수도 있으며 다르게 살 수도 있는 외부의 관점을 말한다. 이 외부의 관점이 오늘날 모든 정체성, 모든 문화의 필수 부분이다. 외부의 관점은 이제 내부의 관점의 부분이 되었다.

　미국의 사회학자 피터 버거(Peter Berger)는 이 현상을 "인지 오염"[8]이라고 칭했다. 인지 오염이란 타인과의 지속적인 상호 작용 속에서 자기 자신의 세계관을 상대화하고 확신을 무력하게 만들며, 당연함을 잠식하는 것을 뜻한다. 이 표현은 매우 훌륭하면서도 문제가 있다. 한편으로 이 과정은 체험이라는 의미에서만 인지적이며, 하나의 인식을 얻는다는 의미는 아니기 때문이다. 다른 한편으로 상대화는 이 과정에 정확히 들어맞지 않는다. 왜냐하면 상대화는 자기 고유의 문화가 다른 문화들과 맺는 관계를 통해 제약받음을 의미하기 때문이다. 그러나 우리가 오늘날 보고 있는 과정은 당연함을 축소한다는 점에서만 '상대화'이다. 말하자면 더 이상 당연함이 없다는 점에서만 상대화라는 개념이 맞다.

지금 이 변화가 우리를 장악하고 있다. 변화는 우리가 오늘날 '소속'되는 방식을 완전히 바꾸고 있으며, '우리'가 소속되는 공동체와의 관계 모두를 변화시키고 있다. 어떤 방식의 변화인지 좀 더 정확히 설명해 보자. 소속 관계는 오늘날 더 이상 본래적으로 맺을 수 없다. 본래적이지 않다는 말은 매개 없이는 가능하지 않으며, 당연하지 않다는 뜻이다. 사회에 속하기 위해서는 어느 정도 '노력해야 한다.' 그 소속을 주장해야 한다. 이런 의미에서 완전하고 온전한 소속은 더 이상 없다. 소속은 이제 포괄적이지 않고 완전하지도 않다. 이 상황이 우리 모두의 통합을 위한 새로운 심리 정치적 전제이며, 이는 대단히 어려운 과정이다.

전통 모자를 착용한 남자에게 당연함의 상실은 주도권의 상실을 의미하며, 이 과정은 고통의 과정이다. 현수막에 나란히 등장하는 일도 그에게는 부당한 요구다. 이 공존은 존중의 결과가 아니라 사회적 논쟁과 싸움의 결과다. 기본적으로 사회 권력을 둘러싼 갈등과 투쟁이 놓여 있다.

바로 이 네 명의 공존에 반대하는 저항이 있다. 예를 들면 이른바 주도 문화(Leitkultur, 독일에서 나온 사회 정치 개념으로 다양한 이민자들이 들어와도 기존 사회의 중심되는 가치, 문화가 통합의 원리가 되어야 한다는 주장을 담고 있다. 관용, 자유, 남녀평등 등의 가치를 내세우지만 좌파나 녹색당에서는 인종주의적이라고 비판한다.) 또는 '독일의 주도 문화'로, 공존에 저항하고 자기만의 삶의 양식을 확립하려 했다. 규범적이고 구속력 있는 민족 문화를 뜻하는 개념인 주도 문화는 두 가지를 구하려는 시도였다. 그러나 바로 그 때문에 이중으로 실패한 위치에 서게 된다.

먼저 주도 문화는 민족이라는 생활 및 사회 환경을 일자(一者) 즉 모든 환경의 원칙이자 근거로 다시 살리려고 한다. 왜냐하면 주도 문화는 이와 같이 오직 당연하고 문제 제기를 받지 않는 생활 세계가 되어야 할 것 같기 때문이다. 이것은 '자기 문화'의 허물어진 당연함을 (도대체 이 자기가 무엇이든 간에) 내용의 규정을 통해 다시 세우려는 시도다. 그러나 이 시도는 주도 문화에서는 내용이 중요하지 않다는 점을 간과하고 있다. 주도 문화에서는 내용과 관계 맺는 방식이 중요하고, 내용을 전달하고 살아 있게 하는 당연함이 중요하다. 그러므로 이 시도는 강제된 구속력으로 주도 문화가 구하려는 것이 바로 주도 문화를 무력화하는 그 당연함임을 간과하고 있다. 그러나 당연함은 구할 수가 없으며 더 이상 생성되지 않는다. 주도 문화가 선포되고, 논쟁과 토론이 뒤따랐다는 사실만 보더라도 주도 문화라는 환경이 더 이상 난공불락이 아님을 알 수 있다. 주도 문화는 그저 환경의 일부, 즉 부분적인 환경이며, 바로 그렇기 때문에 주도 문화는 더 이상 실재하는 포괄적 환경이 아니다.

다른 한편으로 주도 문화 논쟁은 이 환경이 일자의 당연한 것으로서의 위치를 잃어 가고 있고, 동시에 그 주도권이 더 이상 분명하지 않다는 점도 보여 준다. 민족이라는 주도 문화의 확립은 패권을 다시 세우려는 시도다. 그러나 패권이 없다면, 그리고 자기 주도권이 흔들린다면 패권을 위해 먼저 싸워야 한다. 당연함의 상실은 말하자면 '정상성'의 상실이기도 하다. 이 말은 '정상'이 무엇인지에 대해 더 이상 제시하거나 묘사하지 못한다는 뜻이다. 왜냐하면 '정상성'을 정의하는 일이야말로 가장 거대한 사회 권력이기 때문이다. 여기에서 이렇게 말해야 한다. 정상성, 당연함은 단지 그 정상성의 형태가 통용되는 집단에 소속된 이들만을 위한 가치다. 다른 이들에게 정상성은 정상이 아니다. 정상성은 배제의 역학이자 제외의 역학이다.

우리는 환상을 가져서는 안 된다. 다양성은 기분 좋은 공존이 아니다. 단결? 존중? 현수막에서 보이는 병존은 현실의 한 모습이지만 동시에 주술이기도 하다. 이 상황을 모든 이들이 수용하기를, 이 상황이 평화롭기를 바라는 주술.

다원화를 위한, 혹은 다원화를 방지하는 만병통치약이 있다는 생각도 이런 주술에 속한다. 주도 문화와 깊은 관련이 있으면서 그보다 훨씬 많이 쓰이고 있는, 만병을 다스리는 마술 모자에서 가장 최근에 나온 토끼는 '우리'의 가치다. 원래는 교육이 만병통치약의 가장 앞자리에 있었으나 지금은 그 자리에 가치가 있다. 가치 논의들은 대체로 이 '우리'의 가치가 고정된 목록이자 확정된 규범이지, 언제나 새롭게 협의하고 협상되어야 할 것이 아님을 전제하고 있다. 그러나 이는 바로 정확히 우리의 민주주의에서 핵심 가치인 협상 가능성 자체를 은폐한다. 바로 그 가치들을 반복해서 협의하고 새롭게 수정할 수 있는 가능성이 은폐된다. 가치 논의는 언제나 기본 가치의 수용에 대한 논쟁으로 전환된다. 이민자들, 새로 온 자들은 우리의 기본 가치를 수용해야 한다. 그러지 않으면 완전히 잘못될 것이다. 민주주의는 기본 가치들로 허용의 범위를 정한다. 그러나 가치 논의에서는 새롭게 규정될 수 있는 가치 자체에 대해서는 토론하지 않는다. 기본 가치는 논의될 수 없고 질문할 수도 없는, 고정되고 확정된 데다가 (바로 주도 문화처럼) 본질화된 모습으로 등장한다. 그래서 가치에 대한 호소는 민주주의적 과정이 전혀 아니며, 대신 가치에 대한 복종이 주제가 된다. 이 복종이 어떻게 가능할지는 아직 분명하지 않다. 가치는 제공되어야 할까? 혹은 가치로 물을 들여야 할까? 이 논의의 주제는 재교육일까, 세뇌일까? 재기호화일까, 신념일까 아니면 유혹일까? 가치는 페티시처럼, 주술 기도처럼, 낯선 것들의 등장을 방어하기 위해 불려나온다.

그러나 누구도 이 '가치'를 주입할 수 없다. 마치 보크부어스트(Bockwurst, 독일 베를린에서 유래한 소세지 종류)나 슈니첼(Schnitzel, 오스트리아식 커틀릿 요리)이 세계의 장벽을 넘어서 그 자체로도 복된 것일 수는 없는 것과 같다. 독일 혹은 오스트리아 '문화'를 변화로부터 보호하기 위해 보호종으로 지정하거나 차단막을 세울 수는 없다. 문화는 오로지 그 문화의 내용과 대상으로만 구성되지 않으며, 대상과 관계 맺는 방식으로도 구성되기 때문이다.

그러므로 '통합'으로는 규정되기에는 불충분한 변화는 훨씬 일찍, 내용이 수용되기 훨씬 전에 시작된다. 그 내용이 현재 늘 충돌을 일으키는 여성 해방, 인권, 동성애라도 마찬가지다. '통합'은 내용 차원에서 발생하지 않는 하나의 과정이다. 그리고 바로 그렇기 때문에 통합은 이민 문제에만 적용되지도 않는다. 만약 세계화와 이민이 사람들을 탈영토화하고, 국경에 따른 정착과 물려받은 정체성을 해체한다면 다음과 같이 말할 수밖에 없다. 다원화는 모든 것을 탈영토화한다. 물리적으로 이동한 사람들뿐 아니라 모두를.

이렇게 볼 때 다원화는 타자의 변화만을 뜻하지 않는다. 다원화는 우리도 변화시킨다. 다원화는 우리가 사회에 속하는 방식도 바꾸며, 나아가 우리 자신의 정체성도 바꾼다. 아마도 이것이 가장 내밀하고 깊은 변화일 것이다. 다원화는 우리의 가장 깊은 내면, 즉 자기 자신과 맺는 관계 방식도 바꾼다.

동질 사회가 우리의 완전한 소속을 약속했다면, 그러니까 우리를 온전하게 만들어 주고 우리에게 완전한 정체성을 제공하기로 약속했다면 지금은 그 반대로 말할 수밖에 없다. 이질 사회, 다원화 사회, 다양성의 사회는 사람들이 이 사회에 더는 온전하게, 직접, 당연히 소속되지 않는다는 것을 의미한다. 이질 사회는 또한 우리가 더 이상 같은 종류의 자아가 아니라는 것을 의미한다. 우리는 예전처럼 같은 종류의 우리로 구성되지 않는다. 우리는 이제 온전하지 않다.

다시 한번 현수막으로 돌아가 보자. 지금까지는 오스트리아인이라는 말의 뜻이 명확했다. 독일인도 마찬가지였다. 그러나 오늘날에는 더 이상 명확하지 않다. 현수막에 있는 네 명 모두 오스트리아인이다. 전통 모자를 쓴 남자만이 아니라 오스트리아인의 유형이 바뀌었다. 독일인 유형도 마찬가지다. 그러나 이 변화는 예전의 변화와는 다르다. 다음과 같이 말할 수도 있겠다. 심지어 변화가 변화했다. 왜냐하면 오늘날 변화는 더 이상 정상형을 규정하지 않기 때문이다. 오늘날 독일인, 오스트리아인이 될 수 있는 사람은 너무 다종하고 다양하다. 오늘날의 변화는 차라리 유형 자체를 해체한다. 일자로서의 유형은 더 이상 존재하지 않는다. 이 말은 유일한 유형이란 이제 존

재하지 않으며, 모두를 위한 구속력 있는 유형 또한 없다
는 뜻이다. 그 안에서 사람을 알아볼 수 있는 상세히 규정
된 형상은 없다. 이 경험은 (서)유럽에 있는 모든 국가에
유효하며, 유형에서 나오던 유사성으로는 더 이상 사회를
규정하지 못한다는 의미를 담고 있다.

그런데 사회에서 이 변화는 무엇을 의미할까? 사회
는 다원화 때문에 시끄러운 개인들로 분산되는 것일까?
우리는 모두 단지 다를 뿐일까? 우리는 순수 개인주의에
도달했을까? 이 지점에서 개인주의라는 주제로 되돌아갈
필요가 있다.

우리는 1장에서 옛날의 1세대 개인주의를 살펴봤다.
1800년대부터 1960년대에 걸친 '개인주의 시대', 모든 개
인을 동등하게 만든 모순된 개인주의였다. 당시 개인주
의는 출신의 추상화, 사회 지위의 추상화, 특수한 규칙들
의 추상화를 의미했다. 그렇게 피에르 로장발롱이 명명한
"보편적 개인"이 생겨났다. 이는 투표자이자 법적 주체로
서 민주주의 주체의 기본이 되며, 자신의 구체적 특징의
배제와 추상화를 통해 사회화되는 주체를 말한다. 그러므
로 개인주의는 개별화가 아니라 추상적 동등체로서, 시
투아앵으로서 사회에 들어감을 의미한다. 또한 이 개인주
의는 개인을 완전히 개별적이고 특수한 주체로 규정하는

것과는 반대쪽에 있는, 일반적 형상을 제공하는 민족 유형의 기초였다.

　개인주의의 역사에서 1960년대는 전환점이라고 부를 수 있다. 이 시기에 완전히 다르고 '새로운' 2세대 개인주의가 시작된다. 옛 개인주의와 새 개인주의, 1세대 개인주의와 2세대 개인주의의 차이는 다양한 규정들에 있다. 옛 개인주의에서는 정당이나 교회, 학교와 같은 거대한 단체들이 중심 기관이었다. 이 거대한 단체들은 1세대 개인주의에서 이미 정해진 삶의 방향과 방식을 제시했고, 다양한 실천을 통해 개인들의 삶에 성공적으로 깊숙이 침투했다. 다음과 같이 말할 수도 있다. 이 모든 실천들이 각각의 거대한 기획 안에 기입됨으로써 성공할 수 있었다. 예컨대 종교 학교를 통한 교육이나 종교 수업은 교회와 연결되었고, 스포츠 동호회에서의 여가 활동 혹은 신체 활동은 정당과 연결되었다. 이 성공은 개인들을 거대 집단에 강하게 결합시켰고, 그 결과 강력하고 분명한 정체성이 제공되었다. 바로 이 지점에서 새로운 2세대 개인주의가 시작된다. 2세대 개인주의는 기존 삶의 양식과 표현을 거부했으며, 자기만의 새로운 길을 택했다. 찰스 테일러(Charles Taylor)에 따르면 이 여정은 "자기 진실적(authentisch)인 생활 형태와 표현 형태"[9]의 추구이다. 그래서 테일러는 2세대 개인주의 시대를 "자기 진실성(Authentizität)의 시대"라고 명명했다. 마이클 월저(Michael Walzer)의 표현처럼 삶은 "개인의 프로젝트"[10]가 되었다. 이는 새로이 구별되는 개인주의일 뿐 아니라 1세대 개인주의와 완전히 반대다. 2세대 개인주의는 거대 체제의 침식과 정치적, 종교적, 계급 규정적 생활 세계의 종말을 알렸기 때문이다. 월저는 이 상황에 대해 결합 대신 프로그램상의 자유, "독립된 존재들의 무리"가 출현했다고 말했다.[11]

점점 더 많은 구속받지 않는 개인들이 거대 정당이나 교회같이 사회 전체와의 결합을 생산했던 옛 조직들을 떠났다. 이렇게 사회와 정치로 들어가는 입구는 점점 더 개인에게로 옮겨 갔으며, 더 이상 국가의 배경에 자리 잡아 보호받을 필요가 없어졌다. 예를 들어 정치적, 종교적 유형에 맞추어진 해결책들은 당연히 언제나 공동체나 큰 집단으로 인도될 수 있었다. 그렇지만 이들 공동체나 집단 또한 느슨한 모임이 되었고, 일시적으로만 결합할 수 있게 되었다. 이러한 상황은 바로 2세대 개인주의의 정치 주체가 자신의 삶 전체를 특정 공동체와 관련지어 관계하지 않음을 의미한다. 이제 정치 주체는 제한된 시기 동안만 결합하는, 생애의 한 시기를 함께할 모임을 찾는다. 정당이나 활동, 실천으로 대변되지 않으며, 대신 작은 모임 안에서 자기 진실성을 드러낼 수 있다. 바로 그렇기 때문에 2세대 개인주의는 본질적으로 표현적이다. 정해진 소속은 더 이상 중심이 아니고, 개인의 주장된 정체성이 핵심이 된다.

생활 양식의 다원화는 이 개인주의에 잘 어울렸다. 이에 상응하여 이른바 정체성 정치가 20세기 말 중심이 되었다. 정체성 정치는 생활 양식의 다양화와 '신사회 운동'에서 나왔다. 신사회 운동이란 여성 운동, 동성애 운동을 비롯하여 그 밖의 모든 소수자 운동을 포함하며, 2세대 개인주의에 큰 영향을 끼쳤다. 정체성 정치는 일인칭의 정치를 열었으며 성별, 인종, 종교, 민족과 같은 정체성 요구를 다루는 정치를 열었다. 정체성 정치를 통해 정치의 장에 등장하게 된 자아감(Ich-Gefühl)에는 세 가지 특징이 있다.

첫째, 행위자는 자신이 동일시하는 특징들을 "마음대로 할 수 없는 특징"[12]으로 경험하는데, 이것은 결코 당연한 일이 아니다. 그러한 특징을 마음대로 할 수 없고 협상할 수 없는 것으로 경험하는 이유는, 가령 성별이나 피부색이 그렇게 보이듯 그게 무슨 자연적인 규정이라서가 아니기 때문이다. 이러한 특징은 다음과 같이 기능한다.

즉 행위자는 사회화를 위해 자신이 지닌 많은 특성 중에 특정한 것을 고른다. 다른 규정들을 가지고도 그렇게 할 수 있을 것이다. 여성이 정체성 정치에서 반드시 여성으로 등장할 필요는 없으며, 예를 들어 종교를 통해서도 사회화할 수 있다. 그러나 행위자가 어떤 특정한 정체성을 마음대로 할 수 없는 특징으로 경험한다면, 그것은 그 정체성이 "깊게 사회화된 경험"[13]이기 때문이다. 다시 말해 그것은 바로 그 특징으로 인한, 깊게 사회화된 차별의 경험이기도 하다. 그러므로 그러한 특징은 오직 주관적 느낌의 차원에서만 마음대로 할 수 없다. 그런데 이런 마음대로 할 수 없음은 동시에 2세대 개인주의의 핵심 특징이기도 하다. 이렇게 갈등의 경계는 더 이상 국경을 따라, 경제적 이해관계 혹은 객관적 계급 상황에 따라 그어지지 않게 되었다. 경계는 전통적 정치 상황과 반드시 대응하지 않으며, 대신 상황들을 가로지른다. 이 모든 것이 철저히 정치적 소속의 감소와 일치한다. 그러나 이 말은 정체성 정치가 규정되지 않는 유연한 정치적 정체성을 통해, 규정된 정치적 정체성을 해체하는 데 동참한다는 뜻이다. 이렇게 정체성 정치의 특징은 역설적 상황에 빠진다. 한편에는 유동적인 정치 소속이 있고, 다른 편에는 주관적 경험에 따른 정치적 정체성의 재량권 없는 특징이 있다. 즉 유동성과 고정성이 동시에 있는 것으로, 오늘날 심각해진 역설이다.(7장에서 이 주제로 돌아갈 것이다.)

2세대 개인주의의 두 번째 특징은 사람들의 핵심 기대와 관련이 있다. 2세대 개인주의의 핵심 기대는 변화가 아니라 확인받기다. 1세대 개인주의는 거대 조직들에 개인을 변화시키는 일을 맡겼다. 예를 들어 개인은 자신을 변화시켜 주고 당원이나 동지로 만들어 주는 정당에 가입했다. 조합이나 연맹도 개인의 변화를 의미했다. 그리고 이 점이 2세대 개인주의와의 근본적인 차이다. 2세대 개인주의에서는 자신이 변하지 않는 것이 중요하다. 찰스 테일러에 의하면 자기 진실성의 시대에는 자기 자신의 길을 선택하는 일, 예컨대 자기 자신의 교회, 자기 자신의 정당 또는 자기 자신의 어떤 집단을 선택하는 일뿐 아니라 이 조직이 "나에게 말을 걸도록" 하는 일도 중요한데,[14] 여기에 다음을 덧붙여야 한다. 이 조직은 나에게, 있는 그대로의 나에게 말을 걸어야 한다. 여기에서 변화는 계획되지 않는다. 그래서 거대 정당들의 교육 개념, 즉 주체를 교육시킨다는 생각은 이미 오래전부터 헛된 일이 되었다. 유동적인 정치 정체성은 동시에 변화하지 않는 정체성으로, 지금 그대로의 자신으로서 인정받기 위해 싸운다. 이런 주체들이 정치 무대에 등장하고 있다. 정당은 더 이상 삶의 형식을 지정할 수 없다.(기껏해야 갈등 상황에서 정체성의 균형을 잡아 줄 뿐이다.) 따라서 국민 정당(Volkspartei)과 같은 거대 정당들은 새로운 개인주의 시대에 정체성에 기초한 더 작은 집단과 단체들에 의해 해체된다. 헬무트 두비엘(Helmut Dubiel)이 "생활 양식에 따른 소수자 거주지(Lebensstilenklaven)"[15]라고 부른 이 작은 집단들이 정확히 변화 없는 상호 인정의 순간을 충족시킨다.

　2세대 개인주의와 이에 기초한 정체성 정치의 세 번째 특징은 변화된 환경에서 나온 정체성이다. 큰 집단에서 개인은 당연히 집단의 일부였다. 그러므로 이 당연함은 소속됨의 결과였다. 여기에서는 동등함, 유사함과 관련이 있었고, 당원 혹은 동향인이 중요했다. 당연히 경쟁 집단과 적대 집단도 존재했다. 그러나 동등함에 기초한 정체성 형성은 (국가 혹은 정당이라는) 공공의 배경에서 이루어졌다. 국민 정당도 민족처럼 이질적인 개인들이 유사한 존재로, 그래서 동등한 존재로 동일시할 수 있는 집단 정체성과 유형을 마련했다. 이와 반대로 정체성 정치의 영향을 받은 무대들에서는 동등이 아닌 차이, 불일치가 중요하다. 자신을 다른 존재, 구별되는 존재로 규정하기 위해 사람들은 자신들의 공동체를 넘어서서 공적 공간에 들어온다. 1세대 개인주의의 공적 영역이 동등의 공간이었다면, 2세대 개인주의의 무대는 차이의 공간이 되었다. 여기에서 간과하면 안 되는 점은 관계 안에서 차이가 갖는 의미이다. 차이는 적응이나 편입 없이 자신의 정체성을 주장하는 것이다. 즉 차이는 자기 자신을 확증받는 일이다. 정체성 정치는 공인과 사인, 시민과 국민 사이에 있던 차이를 걷어 내려는 시도였으며 시도이다. 정체성 정치는 사회 구성원의 개인적 특징이나 특수함을 아무 매개 없이 직접 사회화한다.

이렇게 2세대 개인주의에서 차이는 1세대 개인주의에 기초한 동질 사회와 달리 더 이상 부차적인 것이 아니다. 차이는 훨씬 공적인 성격을 갖게 되었다. 공적인 것으로서 단일 형태는 공공의 자리에 정해진 유형으로 등장했다. 그러나 2세대 개인주의의 개별 주체들은 1세대 개인주의와는 완전히 다르게 자리 잡았다.

그러나 우리는 아직 다원화된 사회에 도달하지 않았다. 왜냐하면 2세대 개인주의를 오늘날 우리 상황과 혼동해서는 안 되기 때문이다. 2세대 개인주의는 생활 양식의 다원화에서 비롯되었다. 그러나 오늘날 우리는 인구의 다원화를 경험하고 있다. 이 사실은 단순히 2세대 개인주의와 다른 점이 아니다. 지금의 다원화는 오히려 2세대 개인주의와 접하고 있는 경계다. 다원화는 새로운 유형의 개인주의다. 이 유형을 분명하게 밝히는 것이 이 책의 근본 목적이다. 그러므로 '다원화는 3세대 개인주의를 의미한다.'라는 명제에서 출발하겠다. 3세대 개인주의는 1세대 개인주의와는 잘 맞지 않는다. 즉 유사성을 통한 동등함 만들기가 아니다. 또한 다원화된 2세대 개인주의와도 구별해야 한다. 즉 개별적인 특성을 공적 공간에서 주장하지도 않는다. 후자의 차이를 구별하는 일은 더욱 어려운데, 여기에는 두 가지 이유가 있다. 첫째, 하나가 해소된 것이 아니라 두 개인주의가, 더 정확히 말하면 세 개인주의 모두가 공존하기 때문이다.(그리고 종종 대립하기도 한다.) 2세대 개인주의와 3세대 개인주의를 구별하는 것이 어려운 둘째 이유는 둘 사이에 공통점과 교차점이 많기 때문이다. 두 개인주의 모두 유사성을 통해 작동하지 않는다. 다시 말하면 두 개인주의 모두 민족 형태의 침식에, 단일한 민족 유형을 해소하는 데 영향을 미친다. 그러나 영향을 미치는 방식이 서로 다르다.

2세대 개인주의의 정치 즉 정체성 정치는 원래 두 가지 목적이 있었다. 정체성 정치의 주체를 시투아앵의 추상에 등록하는 일이 첫째 목적이었다. 즉 시투아앵의 추상을 확장하여 그 일부가 되고 법적 주체이자 투표하는 주체로서 권리를 주장하는 것이었다. 둘째 목적은 민족 유형의 범위를 다시 정하는 일이었다. 이 일에는 의식적인 정치 개입이 필요했다. 민족의 형상 안에 여성을 등록시키는 일 또는 동성애자를 등록시키는 일이 중요한 과제였다. 말하자면 다른 정체성을 온전한 정체성의 규범 안에 수용시키는 일이 중요했다. 이것은 정상성, 즉 무엇을 정상으로 여길지를 정하는 일에 관한 문제였다. 반면 다원화는 이와 크게 다르다. 다원화는 정치 운동이 아니라 목적 없는 변화가 낳은 효과다. 다원화는 민족의 형상을 재규정하려 하지 않는다. 오히려 민족 형상의 침식을 촉진한다.

민족 형상의 침식이 무엇을 의미하는지는 이미 1장 끝부분에서 논의했다. 다음과 같이 요약할 수 있겠다. 민족과 민주주의라는 서로 반대되는 사회 운동이 서로 분리된다. 둘 사이의 관계가 느슨해진다. 그렇게 민주주의는 다시 벌거벗은 상태로 돌아간다. 민족의 형상 없는 벌거벗은 상태로 돌아가는 것이다. 심리 정치적으로, 상징적으로 민주주의의 핵심 요소인 것을 덮어 주던 민족의 형상이 없으니, 민주주의는 이제 텅 비어 빈자리가 되었다.

민주주의는 "민주주의 혁명"[16]에서 나온 지배 형식이다. 유럽에서 민주주의는 말하자면 단두대에서 출발했다. 단두대가 민주주의의 원초적 장면이다. 단두대에서 군주의 머리만 잘린 것이 아니라 군주라는 한 사람에

게서 분명하고 생생하게 체현되는 권력의 방식도 효력을
다했다. 그러나 단두대가 주권의 종말을 뜻하지는 않았
다. 오히려 주권에 대한 표상, '권력의 장소'는 변함없이
존재했다. 이러한 표상은 구체적 형태를 갖지 못했는데
바로 이 점이 민주주의의 본질적 특징이다. 클로드 르포
르의 유명한 진단에 따르면, 이 장소는 그때부터 비어 있
다. "권력의 빈 장소"는 르포르의 전설적인 개념 규정이
다. 이후 이 개념은 이론 논쟁 분야에서 엄청난 성과를 낳
았다.

  이것이 의미하는 첫 번째는 더 이상 특권을 가진 장
소 소유자, '당연시되는' 권력의 소유자가 없다는 것이다.
모든 민주주의의 권력자와 선출된 정부는 단지 일시적인
권력의 대리인일 뿐이다. 정치 행위자들은 이 자리를 단
지 특정 시기에만, 유한한 시기 동안에만 차지할 수 있다.
그들은 이 자리를 체현하거나 채울 수 없다. 지속되는 권
력의 점유는 없으며, 만약 있다면 그것은 민주주의의 종
말이 될 것이다. 권력의 자리에 번갈아 가면서 앉을 뿐
이다. 결국 이는 상징의 관점에서 민주주의 질서의 본질
은 이러한 권력의 체현을 막는 데 있음을 의미한다. 권력
자들은 통치할 때마다 우리에게 권력의 부정적인 모습만
제공한다. 누구도 국민을 체현할 수 없다. 누구도 체현된

형태로 국민을 대의할 수 없다.

다른 한편으로 르포르의 주장에 따르면 민주주의 사회에는 여전히 중심이 있지만(왜냐하면 권력의 장소라는 말이 다름 아닌 중심이 있다는 뜻이기 때문이다.) 이 중심은 텅비어 있다. 즉 민주주의의 중심은 비어 있는 자리다. 그리고 이 연구는 현기증이 날 만큼 엄청난 발견이다.

지금까지 우리의 논지에 따르면, 민주주의에서 반드시 필요한 중심의 빈자리를 민족의 형상이 덮어 주었다. 여기에는 부연 설명이 필요하다. 민족 형상은 군주제와는 완전히 다른 것이다. 군주제와는 달리 민족 형상이 만드는 중심은 한 인격에 고정되지 않는다. 어떤 개인도 절대로 민족 형상을 체현하거나 실제로 현실화하지 못한다. 민족 형상 안에서 단지 다시 재인식될 수 있을 뿐이다. 또한 여성 운동이 성공적으로 보여 주었듯이 그 형상의 범위를 다시 설정할 수도 있다. 민족 형상은 변한다. 그러므로 민족 형상은 사회 전체를 실제로 체현했던 군주처럼 빈자리를 채우지 못한다. 이런 관점에서 민족 형상은 민주주의의 중심에 있는 빈자리를 완전히 채우지 못한다. 단지 덮어 주고 가려 줄 뿐이다.

그러나 오늘날 다원화와 함께 민주주의는 그 형상을 잃어버렸다. 이제 민주주의는 벌거벗었다. 그렇다면 각 개인에게 이 상황은 무엇을 의미할까? 어떻게 개인은 주체로서 사회에 기입될 수 있을까? "한 사회 안에 한 기관이 증명되려면, 의식 안에 대응물이 있어야 한다."[17] 피터 버거는 이렇게 적었다. 그렇다면 빈자리는 의식 안에 어떻게 기입될 수 있을까? 추상적으로 말하면 공제, 빠짐으로 등록될 수 있다. 빈자리는 자신을 덮어 주던 민족 형상처럼 형상으로서 실증적으로 드러날 수 없다. 단지 빠진 존재로, 감소되고 작아진 존재로 드러내고 보여 줄 뿐이다. 바로 이것이 3세대 개인주의, 다원화된 개인주의의 본질이다. 감소된 주체, 작아진 자아.

다시 한번 세 개인주의를 살펴보자. 1세대 개인주의에서는 주체의 변화가 중요했다. 왜냐하면 본질적으로 교육 기관들을 통해 수행되었기 때문이다. 그러므로 기관들은 주체를 변화시키려고 했고, 대부분 규율을 통해 작동했다. 이와 반대로 1960년대 이후 출현한 2세대 개인주의에서는 성별이나 성적 지향성같이 자신의 정체성을 위해 본질적으로 선택된 특징과 함께 주체를 바꾸지 않는 게 중요했다. 그러므로 여기에서는 본질적으로 개인의 표현이 중요했고, 중요하다. 이와 반대로 3세대 개인주의(다원화 개인주의)는 개인의 분열, 우연성의 경험, 불확실의 경험, 원칙적인 개방성 등을 의미한다. 달리 말하면 3세대 개인주의는 우연이라는 요소가 심장으로 진입하는 것을 의미한다. 우연성에 대항하는 데서 생명을 얻는 정체성의 심장에 바로 이 우연성이 들어왔다. (여기에서 다시 한번 상기해야 하는 것은 세 개인주의가 강조점과 주도권은 바뀌었지만, 여전히 구별되는 무게로 오늘날에도 동시에 나란히 공존하고 있다는 사실이다.)

그 결과 우리는 오늘날에도 언제나 반복해서 우리가 누구이고, 우리 자리가 어디인지 확인해야 한다. 보증은 더 이상 그냥 주어지지 않는다. 우리가 누구인지를 보증해 주는 것은 더 이상 당연한 일이 아니다. 보증은 더 이상 외부에서, 공적으로 제공되지 않는다. 보증은 말하자면 사유화되었다. 이 상황은 개인에게 많은 것을 요구한다. 개인은 스스로 자신의 정체성을 확인하고 보증해야 한다. 우리는 매일매일 나 자신의 정체성을 보증해야 한다.

오늘날 우리의 정체성은 언제나 다른 정체성과 나란히 서 있다. 이 상황은 단순히 외적인 만남에 그치지 않고, 나아가 끊임없이 반복해서 새로운 질문을 던진다. 그리고 바로 이 경험, 즉 우리 자신의 정체성이 언제나 다른 정체성들 사이에 있는 선택이라는 경험이 우리를 바꾸고 있다. 우리와 우리의 정체성 사이에는 피할 수 없는 거리가 놓여 있다. 말하자면 우리는 우리 자신과 거리가 있다.

오늘날 누구나 자신이 타자들과 나란히 서 있는 단지 하나의 가능성임을 최소한 느끼거나 알고 있다. 자신의 정체성을 '정상'이라고 주장할 수 없다는 것도 알고 있다. 타자에게 유일한 정체성으로, 다시 말하면 타자에게 더 이상 정상의 기준으로 제시될 수 없다. 나아가 우리는 스스로에게도 정상을 제시하지 못한다. 이 말은 우리가 더 이상 의문의 여지가 없고, 온전하며, 당연한 존재가 아님을 뜻한다. 왜냐하면 우리는 매일매일 우리가 완전히 다르게 살 수 있고, 완전히 다른 존재가 될 수 있다는 것을 경험하기 때문이다.

한편 이러한 경험은 지금까지는 소수자의 전형적인 경험이었다. 소수자는 온전하고 완전한 정체성으로 살아갈 수 없었다. 소수자는 어떻게 주류 사회에 대응하여 균형을 잡을 수 있을지를 언제나 자문해야 했다. 그러므로 소수자의 기존 경험이 이제는 사회의 기본 경험이 되었다. 심리 정치적으로 볼 때 오늘날은 주류 사회도 소수자 사회처럼 기능한다. 오늘날에는 우리 모두 다양성과 다원성 곁에 서야 한다. 다양성은 우리의 의지와는 상관없이 우리 내면으로, 우리 자신의 전체 정체성에 진입했다.

그러므로 다원화는 우리 각자 안에 자리 잡은 다양성을 의미한다. 그리고 개인들에게 다원화가 미치는 의미를 번역한다면, 감소된 정체성이다! 오늘날 우리는 더 작은 자아다. 왜냐하면 우리는 작아졌고, 우리는 더 이상 당연한 우리가 아니며, 의문에 놓여 있기 때문이다. 우리는 완전하지 않은 자아이며, 오늘날 우리 자신의 개인적인 정체성은 언제나 우리와 완전히 다른 정체성에 연결된다. 우리는 오늘날 어쩔 수 없이 외부의 관점을 내면의 관점으로 포함시켜야 한다. 우리가 누구인지를 묻는 내면의 관점이다. 우리는 당연함이 축소된 자아다. 우리는 정체성의 프레카리아트(Precariat, 불안정하다는 뜻의 이탈리아어 Precario와 노동자를 뜻하는 프롤레타리아트의 합성어로 저임금, 저숙련 노동에 시달리는 불안정한 노동 계급을 가리킨다.)로 살아간다. 프레카리아트처럼 안정되고 고정된 관계에 비해 더 많은 노동을 요구받는다.

이것은 더 작은 자아가 되기 위해 더 많은 수고가 필요하다는 뜻이다. 다원화된 개인주의가 낳은 모순된 결과다.

한 교실에 무슬림 학생 옆에 유대인 학생과 무신론자 학생이 앉아 있고, 이민자 학생 옆에 비이민자 독일 학생이 앉아 있다면, 여기 있는 모든 학생들이 저마다 변한다. 혼종 정체성 같은 혼합된 형태가 필연적으로 나타나서가 아니라, 혼합보다 더 근본적으로 기존의 정체성이 변하는 것이다. 오늘날 모두가 타자와 이웃이 다른 정체성을 지니고 있음을 인식하면서 각자 자신의 정체성을 경험한다. 이 경험은 정체성의 당연함을 빼앗는다. 원래의 정체성을 축소시키고, 원래의 정체성이 여러 개 사이에 놓인 하나의 선택지에 불과함을 알게 된다. 이런 관점에서 다원화는 우리 각자의 정체성을 감소되고 공제된 정체성으로 우리 안에 기록한다. 이런 의미로 우리 모두는 이미 작아진 자신의 불안정한 정체성을 각자 보호하고 증명해야 한다.

여기에서 정체성의 불안정화는 사회 전체의 불안정화와 분리해서 생각할 수 없다는 점을 지적할 필요가 있다. 경제의 탈규제화는 우리의 모든 실존에서 안전에 대한 보장을 약탈했다. 경제의 탈규제화는 전후 서양 사회질서 안에서 살아가던 우리의 모든 것을 안전한 복지 시나리오에서 떠나게 했다. 이른바 자유화된 것이다.

그럼에도 '신자유주의'라는 개념으로 이해되는 자본주의의 변화를 사회적 정체성의 심리 정치적 변화와 단순히 동일시해서는 안 된다. 경제와 정체성의 관계를 기계적으로 생각해서는 안 되기 때문이다. 양자의 관계는 단순히 경제 결정론 관점에서, 아무런 매개 없이 직접 규정받는 관계로 볼 수 없다. 정체성의 변화는 새로운 자본주의뿐 아니라 다원화, 즉 완전히 새로운 사회관계에 의해 일어났기 때문이다.

종합하면 주체성은 경제적 기준에 인해 소멸되지 않는다. 그렇게 1세대 개인주의의 민주주의적 법적 주체는 이미 산업 자본주의의 공격을 넘어섰다. 마찬가지로 2세대 개인주의의 개별화된 개인도 신자유주의가 낳으려 했던 단순한 주체가 아니다. 늘 자기 최적화를 향해 일하고, 경쟁 사회에서 연대의 공동체 없이 홀로 극복해야만 하는 고립된 주체가 아닌 것이다. 자본주의적 과정에 완전히 예속된 고립된 주체. 주체성은 그러한 과정을 넘어 그리고 그에 거슬러 발전한다. 또한 '인간' 자원 전체, 즉 노동력뿐 아니라 정신적 잠재력도 빼내려고 하는 신자유주의 같은 극단적으로 정교한 시스템도 결코 인간의 생활, 사회, 주체성을 완전히 규정할 수 있는 전체주의적 체제가 아니다. 고립화의 사례가 이를 분명하게 보여 준다.

신자유주의적 주체로서 우리는 고립된 개인들의 사회이며, 각자의 직업적 성취라는 궤도만 따라간다. 이와 반대로 다원화된 주체로서 우리는 당연히 집단들의 일부다. 사회는 고립된 자들의 집합이 아니라, 수많은 정체성들이 만드는 집단들의 조합이다. 여기에서 일어나는 일은 바로 이 집단 정체성들, 이 하위 집단들의 변화다. 이 변화는 신자유주의가 기대하는 해체나 고립화가 아니며, 오히려 집단 소속의 다원화다. 신자유주의와 세계화를 통한 자본주의의 변화가 '지구촌', 다시 말해 단일 문화의 생성으로 기록되었다면, 다원화는 완전히 다른 결과를 보여준다.

널리 퍼져 있는 추측과는 반대로 우리는 오늘날 고립된 존재가 아니라 다양한 하위 집단, 대부분은 여러 개의 하위 집단에 속해 살아간다. 즉 환경과 집단 정체성이 다원화된 것이다. 이 다양한 하위 집단들의 병존은 전통 의상을 입은 남성 옆에 무슬림 히잡 여성이 서 있는 현수막처럼 모종의 효과를 낸다. 그리고 이것은 '지구촌'이라고 부를 수 있는 효과와는 거리가 멀다. 그보다는 '지구 도시'에 가깝다. 여기에서 '지구 도시'는 사스키아 사센(Saskia Sassen)의 개념과는 다르다.[18] 이 개념을 주조한 그는 전 세계적인 도시 시스템을 세계화의 중심으로 보았다. 그러나 현재 지구 도시는 우리 앞에 존재하는 도시적인 것과 관련이 있다. 도시적인 것, 도시성을 이질적이고 다원적인 삶의 양식이 병존하는 것으로 이해한다면 이제는 포괄적인 도시화를 논의할 수밖에 없다.

먼저 오늘날 시골 공간 자체가 도시화되었다. 동질적 생활 양식의 전형인 마을도 다원화되고 있다. 독일이나 오스트리아의 어느 외진 마을에 가도 터키식 길거리

케밥집이 있다. 어느 고향 마을에서나 '이곳 출신이 아닌' 것처럼 보이는 사람들을 만날 수 있다. 그러니까 시골의 도시화가 이루어지고 있다는 뜻이다. 이런 관점에서 오늘날 도시는 거의 모든 시골을 장악했다. 다른 한편으로 도시로 들어온 시골 문화도 아무리 거대한 봉쇄막을 친들 변화와 변환을 피하지 못한다. 독일 대도시의 터키 아나톨리아 마을 전통도, 빈 시내에 있는 유대인의 슈테틀 문화나 알프스에 남아 있는 영토도 이를 피하지 못한다. 시골이든 도시든 이제 마을은 더 이상 존재하지 않는다. 생활 세계들의 병존이 모든 것을 바꾸어 놓았다. (스스로 순수한 도시라고 여기는 모든 생활 세계들도 마찬가지다.)

차이의 경험과 이에 따른 지식, 다양성의 체험이 우리 모두에게 각인되었다. 서 있는 위치와 상관없이 이 영향이 미치고 있다. 개인과 관련지어 해석하면 다원화는 자신의 고유한 정체성의 축소이자 제한이다.

이제 독일의 헌법학자 에른스트볼프강 뵈켄푀르데 (Ernst-Wolfgang Böckenförde)의 유명한 주장에 주목할 필요가 있다. 그는 "자유롭고 세속적인 국가는 스스로 보증할 수 없는 전제 조건 위에 존재한다."라고 썼다.[19] 뵈켄푀르데가 보기에 국가 결속력의 전제가 되는 시민의 "내면 규제력"은 본질적으로 종교적 믿음에 기반을 둔다. 민주주의 질서에 영양을 공급하는 이 정치 이전의 "도덕적 본질"은 이어진 논의에서 종교 이외에 다른 종류의 구속력도 포함하게 되었다. 그러나 실제로 종교, 도덕, 정체성 인지와 상관없이, 이 '전제들'은 민주주의 국가의 어찌할 수 없는 탄약고가 아니다. 오히려 민족 형성으로부터 분리된 벌거벗은 민주주의의 과제는 이 '전제'를 바꾸는 일이다. 오늘날의 벌거벗은 민주주의는 (스스로 무장하기 위해) 자신의 낯선 무기고에 의지하지 않는다. 오히려 변화된 습득물인 그러한 정체성들이 살아가는 새롭고 축소된 방식에 의지한다. 이런 의미에서 오늘날 민주주의는 가치와 내용이 아닌 사회 즉 정체성 집단들과의 특별한 관계로, 그리고 민주주의 자체와 맺는 특별한 관계로 이해해야 한다.

따라서 뵈켄푀르데와 그의 추종자들이 생각했듯이 민주주의는 완전한 정체성 체계에 빚을 질 수밖에 없는 불완전한 질서 체계가 아니다. 심리 정치적으로 민주주의는 순전히 민주주의적인 주체, 즉 정체성의 결핍과 제한을 (방해물이 아닌) 동력으로 삼는 주체의 생산물이다.

그런데 제한된 정체성을 가진 다원화된 주체는 진정한 민주주의 주체일까? 그렇다고 볼 수 있다. 축소된 자아는 심리 정치적으로 민주주의의 빈자리라는 개념과 잘

들어맞는데, 다원화된 주체의 감소된 정체성이 빈자리의
한 요소에 속하기 때문이다. 다시 말하면 자기 정체성의
수정 가능성, 변화 가능성에 속하는 것이다. 옛날에 왕이
전 사회를 체현했던 것과 달리 다원화된 주체들은 더 이
상 스스로 체현하지 않는다. 다원화된 주체들은 단지 자
신의 정체성을 점유하는데, 이 점유는 언제나 바뀔 수 있
다. 그러므로 다원화된 주체는 민주주의의 진정한 주체
다. 그렇지 않다면 다원화에 반대하는 방어 형태가 동시
에 등장하지 않았을 것이다. 이 방어 형태들에 대해서는
다음 장들에서 다루겠다.

이미 언급했지만 우리 모두는 새롭게 구성되어야 하
고 재영토화되어야 한다는 것을 지금 분명히 알아야 한다.
우리 모두는 유목민이든 정주민이든 상관없이 탈영토화되
었기 때문이다. 모든 정체성은 오늘날 불안정해졌다. 그
러므로 재영토화는 다원화 사회에서 새로운 무언가로 통
합됨을 의미한다. 이것은 상당히 어려운 모험이다. 국가
를 부를 줄 모른다거나, 이민자들이 새 시민권 심사를 받
을 때 받는 질문에 대해 모두 답할 수 없다고 해서 어려운
것이 아니다. 통합이 어려운 이유는 우리가 새로운 방식
으로 통합되어야 하기 때문이다. 우리는 사회와의 새로운
관계, 우리 자신과의 새로운 관계를 찾아야 하는 것이다.

이민자들은 축구 경기 때 어느 편을 응원하느냐는 질문을 자주 받는다. 이를 통해 통합의 정도를 측정하려는 것이다. 그러나 이 질문은 지금의 변화를 완전히 잘못 이해하고 있다. 터키계 이민자가 독일을 응원한다고 해서 그가 완전한 독일 정체성을 가졌다고 할 수 없다. 그리고 그가 터키를 응원한다고 해서 완전한 터키인이 되는 것도 아니다. 민족 정체성은 다원화되었다. 시민들은 이제 완전하지 않은 정체성을 가지게 되었다. 여기에서 감정은 지표가 아니다. 완전하지 않다는 것이 냉담해졌다는 것을 의미하지는 않기 때문이다. 혼성화나 독일계-터키인처럼 이음표로 연결하는 정체성도 아니다. 다원화를 통한 변화는 훨씬 더 나아간다. 왜냐하면 이 변화는 혼합되는 사람에게만 일어나지 않기 때문이다.

　　심지어 우리가 섞이지 않았더라도, 문화적·민족적 정체성이 충분하더라도, 설령 개신교 문화권에 사는 북독일인이나 가톨릭 문화권에 사는 오스트리아인일지라도 우리 모두는 오늘날 불완전한 정체성이며, 불완전한 시투아앵이다. 이런 축소는 어떤 가치에 따른 결정이 아니며, 도덕적 규율이나 훈련된 관용에서 나온 것도 아니다. 이 상황은 오히려 다원화의 결과다. 인종적, 종교적, 문화적, 사회적 정체성조차 다원화를 통해 불완전한 정체성이 되었다. 이렇게 볼 때 우리는 오래전부터 뼛속까지 모두 다원화된 개인이다.

이런 불안정하고 불완전한 정체성은 장점일까, 혹은 단점일까? 이 질문에 분명하게 답하기는 어렵다. 지금 답할 수 있는 것은 3세대 개인주의란 원하던 정체성이 아니며 의지로, 싸움으로 획득한 것이 아니라는 사실이다. 이 정체성은 그냥 생겨났고, 오늘날 삶의 환경에서 나온 효과이자 결과다. 그리고 그 결과는 자율적 주체가 아니며, 스스로 힘이 있는 주체가 아니다. 먼저 다원화된 개인주의는 자기 내용이 없다. 추상화된 시투아앵이나 개별화된 정체성 주체와는 다르게, 다원화된 개인을 규정하는 자기 규칙은 없다. 다원화된 개인주의를 드러내는 유일한 특징은 자기 정체성의 제한이다. 이것이 결정적인 차이다. 1세대, 2세대 개인주의와는 다르게 사람들은 대부분 자기가 오래전에 다원화 주체가 되었다는 사실을 알지 못한다. 그러나 자신들의 전통이 부서지고, 자신들의 정체성이 불안정해졌음을 느끼고 있다. 불안정한 정체성을 만들고 지키는 일이 매우 수고스럽다고 느낀다. 누군가는 이를 자유, 해방으로 느낀다. 그러나 누군가는 이를 상실, 깊은 불안감, 위협으로 느낀다. 어찌 되었든 과거 동질 사회의 주체였던 우리가 오늘날 다른 주체라는 사실은 분명하다.

더 나아가 우리가 충분히 나이를 먹었다면, 어느 정도 상대적으로 동질 사회였던 20세기 후반의 우리와 지금의 우리는 완전히 다른 주체다.

그리고 여기에서 제기되는 질문은 이렇다. 우리는 어떻게 이런 다원화된 개인으로 함께 살 수 있을까? 왜냐하면 이 다원성에서 근본적인 새로움은 단지 우리 사회가 도덕적, 종교적으로 다양해졌다는 것이 아니기 때문이다. 근본적인 새로움은 (찰스 테일러가 말했듯이) 이제 우리 "모두가 공유하는" 세계관이 없다는 데 있다. 그렇다면 어떻게 공통된 세계관도 없이, 공유하는 확신도 없이 다원화된 개인들인 우리가 함께 살 수 있을까?

3세대 개인주의의 다원화된 사회는 포괄적인 정체성, 모든 것을 품을 수 있는 정체성을 제공하는 데 어려움이 있다. 사회가 제공할 수 있는 것은 '중립성'뿐이다.

중립성은 구역, 공간, 공적 공간으로 구체화된다. 다양한 문화, 종교, 정체성이 한 사회를 '공유'해야 하는 상황에서 서로 만나면 중립적인 공공 영역이 시급하게 필요하다. 다양한 존재들이 서로 만날 수 있는 중립 지역이 필요하다. 사람들이 다양하고 다원화된 상태로 동등할 수 있는 영역. 중립적인 만남의 장소로서 공공 영역과 공적 공간이 필요하다. 이 만남 구역(Begegnungszone, 만남 구역이란 오스트리아, 스위스 등에 도입된 교통 구역으로, 자동차는 20킬로미터 속도로 다닐 수 있으며 보행자의 안전을 우선하는 곳이다. 저자는 이 개념을 다원 사회 구성원의 공존을 위한 비유로 사용한다. 자세한 논의는 6, 7장을 참고하라.)은 동등함의 공간인 것만은 아니다. 전통 모자를 쓴 남자들끼리의 모임처럼 유사성을 통해 동등함을 생산하는 곳이 아니다. 이 만남의 장은 다름이 동등할 수 있는 다름의 공간이다. 지금까지 이런 만남의 장은 법과 같은 추상의 영역에서만 실현되었다. 그러나 오늘날 우리에게는 다름이 동등하게 만날 수 있는, 추상적이지 않은 만남의 장이 필요하다.

왜냐하면 피에르 로장발롱이 제기한 우리 시대 공존을 위한 핵심 질문이 다음과 같기 때문이다. "어떻게 동등하면서도 동시에 서로 다를 수 있을까?"[20] 우리 사회의 미래는 이 질문에 대한 대답을 찾는 데 달려 있다.

3장 종교 무대—다원화된 신앙인

2장에서 우리는 우리의 현재에 큰 영향을 미치는 새로운 개인주의와, 오늘날 우리 모두가 되어 있는 새로운 개인을 살폈다. 바로 다원화된 주체다. 이제 우리는 다양한 영역에 등장하는 다원화된 주체의 유형을 따라가 보려고 한다. 다원화된 주체에게 특별하고 중요한 의미가 있는 첫 번째 무대는 바로 종교다.

종교와 관련해 중요한 점은 다원화가 가져온 변화를 관찰하는 일이다. 또한 비다원화된 신앙과 다원화된 신앙의 차이를 이해하는 일도 중요하다. 다원화된 신앙인에게는 무엇이 중요할까? 이 종교성의 특징은 무엇일까?

변화를 측정하기 위해서는 먼저 일반적이고 기본적인 종교의 기능, 더 정확히 말하면 종교성의 기능에 눈을 돌려야 한다. 슬라보예 지젝은 이 주제에 대한 신뢰할 만한 정보와 통찰을 제공한다. 무엇보다 그는 불편한 사례들을 특별히 사랑하는 철학자이기 때문이다. 우리의 문제에 대해, 종교에 대해, 그러니까 종교의 기능에 대해 이해하기 위해 지젝은 늘 마니차로 돌아간다. 마니차는 이렇게 작동한다. 기도를 종이에 적고, 종이를 말아서 마니차 원통 안에 집어넣는다. 그리고 원통을 기계적으로 돌린다. 이 부분이 가장 중요하다. 사람들은 기계적으로 마니차를 돌린다. 지젝에 따르면, 이 말은 사람들이 각자의 방식으로 "가장 지저분하고 음란한 환상"에 빠진 채, 이 기도에 동참할 수 있음을 의미한다. "사람들은 객관적으로는 기도한다."

이 사례는 종교적 신앙을 단순히 내면의 확신으로, 주관적 믿음으로 한정 지을 수 없음을 보여 준다. 종교적 신앙은 이를 넘어 언제나 외면적인 무언가, 온전히 물질적인 무언가와 결합된다. 그러므로 신앙은 주관적 측면과 객관적 측면을 동시에 갖고 있다.

그러나 지젝은 여기에서 실제 관계를 축소시켰다. 예를 들어 나는 여기 앉아서 몇 시간 동안 마니차를 돌릴 수 있고, 그 영성적 효과 또한 작지 않을 것이다. 음란한 환상을 하든 하지 않든 말이다. 그러므로 이렇게 보충해야 한다. 신앙이 전체 안에 자리 잡고 보호받을 때, 신앙이 가족이나 전통, 문화와 같은 '유기체적' 환경 안에서 유지될 때에만 신앙의 객관성은 작동한다. 종교적 신앙은 단순한 내면적 확신이 아니며, 외면적 사물이나 제도에 의해 유지된다. 나아가 신앙은 외면적 사물과 관계 맺어야 한다. 티베트의 마니차는 다음과 같은 의미를 알려 준다. 신앙인이 이 우주의 일부이고, 영적인 힘이 이 마니차 안에 있다고 여기는 종교 문화가 그의 세계라면, 종교 의식에 대한 내면적 헌신은 부차적인 문제다. 내면적으로 믿을 필요까지는 없더라도 마니차를 '믿어야' 한다. 그래야 탈선적인 환상도 가능하다.

따라서 종교적 신앙은 전통적인 형태에서(여기에서 나는 의도적으로 종교들을 특정하지 않는다.) 소속의 특별한 방식이며, 공동체에 개인이 결합하는 한 형태였다. 전통적인 의미에서 종교는 전체 사회라는 우주 안에 신앙인으로 자리 잡게 하고 보호해 준다. 이 세계에서는 종교가 개인의 자리를 지정해 준다. 이 자리는 전통이 정해 준 자리다. 전통은 조상에게서 왔고, 이 전통에 아무것도 추가하지 않는 개인들을 관통하여 후세에 계속 전달된다.[21] 그러므로 종교에는 수직적 관계, 즉 하늘이나 신과의 관계만 있는 것이 아니라 시간을 관통하는 수평적 관계도 있다. 이 관계는 개인을 그의 조상 그리고 후손과 연결한다. 그러므로 종교는 개인성을 장려하지 않는다. 오히려 종교는 개인을 하나의 사슬 안에, 연속된 세대라는 사슬 안에 배치한다.

이것은 소속을 만드는 역설적인 방법이다. 한편으로 소속은 탈주체화를 통해 이루어진다. 개인을 사슬 안에, 전통 안에 배치하는 일은 자기의 노력 없이 이루어진다. 이런 관점에서 종교는 탈주체화하는 질서다. 그러나 다른 한편으로 신앙인은 이런 배치를 통해 완전한 정체성과 직접적이고 당연하며 온전한 소속을 얻는다.

여기에서 우리는 순수한 형태의 완전한 정체성이 보여 주는 모순을 본다. 사람들은 탈주체화될 때에만 완전한 정체성을 갖게 된다. 정해진 자리에 배치될 때 온전한 자아가 된다. 종교에서 보았듯이, 당연한 정체성 획득과 사슬 안에 배치되는 일은 동시에 일어난다.

이것이 전통적인 방식이었다. 그러나 오늘날 우리는 다원화된 사회에 살고 있다. 그리고 다원화는 모든 완전한 정체성이 위기에 빠진다는 것을 의미한다. 가치 중립적으로 말하면, 모든 완전한 정체성은 거대한 변화를 경험하고 있다. 사회의 다원화는 단순한 다양성을 의미하는 것이 아니라, 지금 유럽 사회에서 일어나고 있는 심대한 변화를 의미한다. 다원성 안에 있는 근본적인 새로움은 우리 사회의 종교와 도덕이 단순히 다양화되었기 때문이 아니라, 공통된 세계관을 더 이상 갖지 않는 사회에서 우리 자체가 뿌리부터 변화하고 있기 때문에 나타났다. 지금의 변화가 개인에게 의미하는 것은 개인의 당연함이 변화하고, 지금까지 완전했던 정체성이 침식되고 있다는 것이다. 특히 변화는 종교에서 두드러지게 나타난다. 그리고 종교인과 신앙인들에게도 적용된다.

이 지점에서 한 가지 알아야 할 사실은 오늘날 종교와 관련된 질문을 다루는 일이 결코 당연한 일이 아니라는 점이다. 계몽주의 이후 근대는 사회의 세속화를 의미했다. 세속화는 진보의 방향이었다. 따라서 사회는 더 근대화될수록 더 세속화된다고 생각했다. 그러나 지난 10년 혹은 20년 동안의 변화는 이 주장이 틀렸음을 보여 주고 있다. 놀랍게도 우리는 예상하지 못했던 종교의 귀환을 확인해야 했다.(비록 실제로 종교가 완전히 사라진 적은 없었지만 말이다.)

종교의 귀환을 근대의 후퇴 또는 퇴보라고 볼 필요는 없다. 얼핏 보면 대단한 증거처럼 보이기도 하지만, 그보다는 근대의 개념을 새롭게 세우는 일로 보아야 한다. 오늘날 근대성은 다원화를 통해 사유해야 한다. 오늘날 근대의 표징은 종교의 퇴보가 아닌 종교의 변화, 다원화를 통한 변화다.

오늘날 신앙이 치르고 있는 변화와 이동은 결코 신앙의 내용에 관한 것이 아니다. 그보다는 신앙의 형식과 방법에 대한 것이다. 다시 말해 '오늘날 우리는 무엇을 믿을 것인가?'의 질문은 맞지 않는다. 오히려 어울리는 질문은 이것이다. '오늘날 우리는 어떻게 믿을 것인가?' 그리고 이 변화는 정확히 기존의 두 가지 모순된 요소를 건드린다. 첫째, 다원화는 신앙인의 완전한 정체성을 변화시킨다. 둘째, 전통 안에 배치되는 신앙인의 탈주체화를 변화시킨다.

이미 보았듯이, 오늘날 모든 완전한 정체성, 모든 완전한 소속은 변화를 경험한다. 쪼개진 부분들이 정체성으로 가는 입구를 스스로 찾았기 때문이다. 이 상황은 종교적 정체성에도 적용된다. 이 상황이 문명의 진보나 해방으로 가는 발전인지는 아직 모른다. 그러나 하나는 확실하다. 완전한 소속이라는 생각은 환상이지만, 잘 작동하는 환상이었다는 점이다. 나아가 오늘날 완전한 소속이라는 환상은 이성이나 인식, 통찰이 아니라 단순히 다원화라는 현상에 의해 방해받는다. 수많은 '완전한' 정체성이 나란히 존재하는 다원화가 환상을 방해한다.

찰스 테일러는 『세속의 시대(*A Secular Age*)』에서 오늘날 신앙인은 모든 것을 포괄하는 신조를 믿지 못한다고 논했다. 한 신앙은 언제나 다른 종교 및 신앙, 그리고 비신앙 옆에 존재하기 때문이다. 즉 경쟁하는 정체성들,

확신들, 공동체들의 다원성은 신앙으로 가는 입구를 스스로 찾아냈다. 스스로 찾기는 단순한 주장에 그치지 않고, 다른 신앙 형태와 비신앙에 대한 반대 주장으로도 기능하고 있다. 이와 관련해서 우리는 이중적 다원화를 말할 수 있을 것이다. 한편으로 한 사회 안에는 많은 종교들이 공존하는 종교의 다양성이 있고, 다른 한편으로 세속 세계와 (다양한) 종교 세계가 한 사회 안에 공존하는 또 다른 다원화가 있다. 그래서 피터 버거는 "두 가지 다원주의"[22]를 말했다. 특히 이 말은 오늘날 어떤 경우에도 실제로 대안이 존재하므로 "자신의 신앙을 지속하는 일이 어려울 수 있다는 것"[23]을 의미한다. 본래 그대로인 것, 즉 직접적이고 당연한 것은 더 이상 믿을 수 없게 되었다.

종교적 정체성은 오늘날 더는 완전한 정체성 유형으로 기능하지 않는다. 가장 확신에 찬 신앙인도 오늘날 자신의 종교 공동체에 완전히 소속되지 않은 채, 불완전하게 소속된다. 불완전이란 자신의 확신과 결합이 언제나 여러 개 중 하나의 가능성임을 잘 안다는 뜻이다. 말하자면 사람들은 '그럼에도 불구하고' 믿는다.

이 상황을 부분적 세속화라고 부를 수 있을 것이다. 종교적 믿음은 오늘날 단지 부분적으로 세속화된 믿음일 수밖에 없다. 이 또한 모순처럼 들릴 수 있다. 부분적 세속화는 본질적으로 그 이상의 요소에 의해, 바로 다양한 종교들의 새로운 가시성을 통해, 즉 다원화와 함께 다양한 종교들이 점점 더 많이 눈에 들어오게 되면서 촉진된다.

합스부르크 다민족 국가를 계승한 오스트리아에는 오래전부터 소수 종교들이 많았다. 그러나 얼마 전까지는 이 상황이 종교 다원주의를 낳지 않았다. 여기에는 두 가지 이유가 있다. 첫째, 여전히 지속되고 있는 가톨릭교회의 특별한 지위 때문이다. 둘째, 얼마 전까지 오스트리아는 논쟁의 여지가 없는 요제프주의의 영향 아래 있었기 때문이다. 요제프 2세가 1781년에 공포한 '종교적 관용에 대한 칙령'은 종교적 소수자들의 종교 행위에 대한 권리를 보장했지만, 오직 '미나레트 없는 사원과 길로 향하는 입구'만을 보장해 주었다. 다시 말해서 눈에 띄지 않는 의례만 보장했던 것이다. 오늘날에도 빈 소재 유대교 중앙 회당은 밖에서 봐서는 알 수가 없고 종교 기능을 숨긴 건물로 남아 있다.

그래서 오스트리아에서는 이슬람 사원의 미나레트에서 히잡까지, 모든 보이는 종교 상징을 둘러싼 싸움에서 다음 질문이 암묵적으로 함께 따라다닌다. 요제프주의, 즉 가톨릭이 아닌 다른 종교의 노출을 막는 비노출 정책은 여전히 적절한가? 계몽된 절대주의의 한 형태인 요제프주의적 관용은 다원화된 민주주의에서도 여전히 적절한가? 그렇다면 이 비노출은 무엇을 의미하는가? 다른 종교를 수용하되, 사회적 인정은 하지 않으려는 의도다.

그러나 타 종교가 점점 더 눈에 띄게 되면서 다음 질문도 제기된다. 소수 이민자들의 가시적 종교 상징은 누구를 위한 것인가? 오는 자들을 위한 것인가? 아니면 이곳에 이미 와 있는 사람들을 위한 것인가? 상징은 새 종교 집단이 도착했고 그들이 이곳에 자신들의 자리를 요구한다는 뜻인가? 아니면 그들은 이곳에 자리 잡기를 원하지 않으며, 대신 자신들의 평행 사회라는 중간 영역을 제도화하기를 원한다는 뜻인가? 종교 상징들을 눈에 띄게 하는 일은 실패한 '통합'일까, 아니면 성공한 '통합'일까? 여기에서 문제는 종교 상징들이 명료한 표징들이 아닐뿐더러 오히려 '평행 사회'와 '통합'을 동시에 의미한다는 점이다.

종교의 가시성 문제에서 대표 사례이자 수없이 인용되었던 바로 그 히잡도 이러한 양가성을 피할 수 없다. 이슬람의 히잡은 단지 천 조각일 뿐이라고 재차 주장하더라도, 논란과 흥분을 일으키는 것은 히잡의 재료가 아니라 상징의 내용이라는 반박을 그 정당성과는 관계없이 피해 가기 어렵다. 그리고 이 반박은 다음을 의미한다. 히잡은 완전하고 훼손되지 않은 문화적, 종교적 소속을 드러내는 완전한 표징이다. 그래서 사회적 자극과 논란을 일으키고, 그래서 이 천 조각은 사람들을 흥분시킨다.

공적인 공간과 사회에서 히잡은 최소한 완전한 표징으로 인지된다. 그러나 착용하고 있는 여성 자신에게는 정확히 그 반대일 수 있다. 여기에서 표징의 양가성이 드러난다. 예를 들어 히잡은 젊은 여성이 주류 사회에 대한 저항을 드러내는 구별의 표시일 수 있다. 또한 의식적으로 정체성을 주장하는 상징이 될 수도 있다. 자신에게 권한을 부여하는 표징이지, 아무 문제 제기 없이 수용하는 완전히 소속된 상징이 아니라는 말이다. 히잡의 동기는 이렇게 복종부터 저항까지 다양한 영역에 걸쳐 있다. 겉만 보고 히잡에 대한 최종 판결을 내릴 수 없다. 그렇지만 명백한 것은 히잡이, 그리고 여성의 몸을 가리는 다른 모든 것들도 광범위한 공공 영역에서 완전한 상징으로 이해되는 한 다원화 사회에 어울리지 않는 것에 머물게 된다는 점이다.

그러나 그 의미, 즉 표징의 명백한 속성은 바뀔 수 있다. 다원화는 히잡의 의미와 완전하고 명백한 상징으로 인지되는 그 효과를 무력하게 만들 수 있다. 다원화는 히잡의 의미를 불명료하게 만드는 데 기여하고 사회적 인정을 촉진시킬 수 있다.

이 새로운 의미를 새겨 넣는 본질적인 구조 가운데 패션이 있다. 패션은 종족, 문화, 종교, 정치 상징을 순전히 미적 차이로 축소한다. 예를 들어 몇 년 전에는 전통 복장으로 이런 축소를 시도하기도 했다. 아마도 히잡을 쓴 멋진 젊은 여성을 거리에서 점점 더 자주 보게 되는 것이 문제의 해결책일 수도 있다. 그들은 히잡에 새로운 의미를 새겨 넣는 데, 즉 종교적 표징을 미적 상징으로 바꾸는 데 성공할 것이다. 이렇게 명료한 상징이 분명하지 않은 상징으로 전환된다.

어쨌든 이미 이곳에 하나의 운동이, 의미의 전복과 전환이 있다. 우리는 사회적 거부가 점점 더 히잡에서 부르카로 옮겨 가는 데서 이러한 변화를 읽을 수 있다. 지금은 부르카가 의심할 여지 없이 명백하고 완전한 표징이 되었다.

그러나 어떤 경우든 다양한 종교들의 새로운 모습을 더 자주 보게 되는 것은 다원화의 원인이자 결과다. 일단 볼 수 있게 되면서 여러 종교로부터 다원성이 생겨났다. 그리고 바로 이 눈에 보이는 다원성 때문에 오늘날 모든 종교적 믿음은 다른 신앙과 나란히 존재해야 하며, 부분적으로 세속화된 신앙을 가질 수밖에 없는 상황에 처하게 되었다. 이것이 다원화 사회에서 종교에 생겨난 첫 번째 모순이다.

두 번째 모순은 종교가 큰 영향을 미치는 또 다른 요소의 변화에서 생겨난다. 신앙인의 완전한 정체성만 변한 것이 아니다. 신앙인을 전통 속에 편입하는 일, 연속된 세대 속에 편입하는 일, 외부에서 자리를 지정해 주는 일, 즉 신앙인의 탈주체화(Ent-Subjektivierung)도 변했다.

그리고 이 변화 때문에 근본적으로 세속적인 한 요소인 결정이 신앙 안으로 진입한다. 돌이킬 수 없는 다원화 사회에서 신앙을 위해서는 결정을 해야 한다.

우리는 2012년 쾰른 지방법원의 흥미진진한 '할례 판결'을 기억한다. 판사는 판결 근거를 다음처럼 설명했다. 할례를 통해 신체는 "돌이킬 수 없이 변화된다." 이를 통해 "나중에 스스로 자신의 종교 소속을 결정할 수 있는" 어린이의 이익이 침해된다. 바로 이 결정이 대단히 중요한 분기점이다.

왜냐하면 결정은 세속의 요소이기 때문이다. 결정하는 주체는 신앙의 주체성과는 맞지 않는, 완전히 반대인 주체성이 필요하다. 한 종교를 결정하고 선택하는 일은 성숙하고 자율적인 주체에 부합한다. 그러나 결정은 대부분 종교가 소속을 정할 때 사용하는 방식이 아니다. 종교 관점에서 볼 때 신앙인은 종교를 자유롭게 선택하는 성숙한 시민이 아니다. 종교 내부의 관점에서 볼 때 신앙의 선택이란 존재하지 않기 때문이다. 신앙의 선택이 존재한다면, 신앙인은 이전에 선택할 능력이 있었던 사람임을 전제하게 된다. 그러나 종교의 관점에서 볼 때 종교적 정체성은 기본적이고, 당연하며, 규정하는 정체성이다. 이 정체성에 따라 이후 행동이 정해진다. 신앙 공동체에 소속되는 일은 동호회 회원이 되는 것과 다르다. 둘은 완전히 반대되는 일이다.

쾰른 법원의 판결은 결정의 단계를 통해 자유와 성숙이라는 요소를 신앙과 종교에 도입하려 했다는 점에서 주목할 만하다. 결정은 당연히 반대할 수 있는 가능성도 열어 놓는다. 이 판결로써 법원은 신앙인 또한 국민처럼 성숙한 주체로 만들고자 하는 세속적 인간관을 지지한다. 이 판결은 유대교와 이슬람교, 즉 남자아이의 포피를 자르는 두 종교에게 종교의 세속적 이해, 세속화나 다름없는 것을 요구하고 있다. 종교 공동체들의 시끄러운 반응은 놀라운 일이 아니다. 그들은 종교의 자유라는 개념을 완전히 다르게 이해하고 있다.

실제로 법원은 아주 혼란스러운 문제를 만났다. 오늘

날 우리의 신앙이 살아가는 방식은 바로 우리가 신앙을 선택하는 데 달려 있다. 사람들은 개인적으로 소속을 찾아간다. 이 상황이 진보, 그러니까 종교적 진보일까?

슈퍼마켓 계산대에서 한 남성이, 자신은 크리스마스 축제를 지낸다고 내게 말했다. 아프가니스탄에서 온 그는 크리스마스가 자신의 전통은 아니지만 이 축제를 즐긴다고 했다. 12월 31일 송년 축제(Silvester)도 마찬가지로 즐긴다고 했다. 그리고 자신의 전통인 새해 축제와 또 다른 축제 두 개도 챙긴다고 말했다. 이것이 바로 오래전 다문화주의가 꿈꾸던 것 아닌가? 나의 축제, 당신의 축제 모두를 즐기는 것.

그런데 자신의 전통 축제를 행하는 것과 자기 전통이 아닌 축제를 즐기는 것 사이에 무슨 차이가 있을까? 이 단순한 질문이 다원화 사회에서는 시급한 질문이다. 그렇지만 대답은 매우 모순적이다.

자기 축제는 자기 종교의 축제다. 크리스마스도 마찬가지다. 모든 소비주의와 크리스마스의 모든 세속화된 형태에서도, 즉 크리스마스를 다룬 저급한 영화에서부터 크리스마스에 대한 보편적인 과잉 감정까지도 모두 종교 축제다. 이런 축제들은 자기 문화 안에 자리 잡고 보호받고 있다. 어느 정도 규정되어 있으며, 사람들은 티베트인들이 마니차를 돌리듯이 축제를 지낸다. 자동적으로, 당연하게, 그 의미를 묻지 않은 채 즐긴다.

그러나 다원화 사회에서는 완전히 다르다. 다원화 사회에서 신앙은 결정해야 한다. 이민자들만이 크리스마스를 축하할지를 결정할 수 있는 것은 아니다. 모태 가톨릭 신자도 결정할 수 있다. 아니, 세속화되고 다원화된 세계에서는 크리스마스를 축제로 지낼지 말지를 결정해야 한다.(종교적 잔재로서 가족과 관계된 문제가 될 수 있다.) 사람들은 바로 이 결정을 성숙하고 자율적인 주체로서 마주한다. 종교들이 소속을 결정하는 방식과 정확히 반대인 상황이다. 종교 공동체에 속하는 일은 절대로 자기 자신의 결정에 기초하지 않기 때문이다.

오늘날 우리는 신앙을 선택한다. 하나 또는 여러 개의 신앙을 개수와 상관없이 선택하는데, 핵심은 선택이다. 이 점이 과거 종교에 대한 이해와 완전히 다른 점이다. 선택은 세속적이기 때문이다. 세속 사회는 오늘날 종교 세계 옆에만 존재하는 것이 아니다. 세속적인 것은 종교의 심장으로도 진입했다. 전승 안에서 배치되는 대신 자기 전통 혹은 외부 전통을 스스로 습득한다. 어떤 자리에 배치되는 대신 자기 힘으로 어떤 자리를 차지한다. 스스로 선택된 전통은(이 무슨 모순인가!) 과거 종교성과는 반대되는 효과를 낳는다. 세대라는 사슬에 배치되어 탈주체화되는 대신, 선택한 자아가 강화된다.

그러므로 계산대에서 만난 남자가 그 지방의 크리스마스 축제를 즐겼다면, 앞에서 살핀 의미에서 이 축제는 이 남자에게 전통 축제보다 더 큰 축제가 된다. 전통 축제는 그에게 이미 제시된 것이지만, 크리스마스 축제는 그 자신이 자율적인 개인으로서 선택했다. 이렇게 종교는 오늘날 성숙한 주체를 장려한다. 이 상황은 사실상 모순적이다.

한편 형식적으로 성숙한 이 결정이 언제나 내용적으로도 성숙한 것은 아니다. 결정이 반드시 성숙을 위한 결정은 아니다. 왜냐하면 결정의 무대가 된 종교는 결정을 통해 바로 근본주의로 가는 관문이 될 수 있기 때문이다. 전통의 보호를 벗어난 종교, 자신의 당연함에서 떠나온 종교는 불안정하고 불완전하며 불확실한 신앙인을 낳는다. 이렇게 종교 다원화는 종교적 의심을 촉진한다. 종교 다원화는 모든 신앙인에게 몹시 힘든 균형을 요구한다.

그래서 오늘날 우리의 다원화 사회에는 신앙인의 새로운 전형이 있다. 바로 개종자들이다. 개종자는 스스로 신앙을 결정한 사람들이다. 개종자에게서 오늘날 신앙 형태의 이전이 무엇을 의미하는지를 보게 된다. 오늘날에는 믿는 모든 이들이 개종자들이다. 자기 종교 안에서도 마찬가지다. 사람들은 자기 종교 안에서도 어느 정도는 개종한다. 왜냐하면 신앙의 기초인 우리 신앙생활의 방식이 개종자의 방식, 바로 선택한 것이기 때문이다. 이것은 새로운 신앙생활의 양식으로 들어가는 일이다. 우리는 신앙을 다른 어떤 것, 그렇다, 거의 반대되는 것으로 만들었다. 그러고는 그것을 우리의 정체성으로 만들었다. 이것이 오늘날 다원화된 주체들의 신앙생활 형태다. 그리고 이를 통해서 정체성과 관련된 종교의 모순적인 결합은 정확히 거꾸로 바뀐다. 탈주체화에서 벗어나 자아를 강화시킨 정체성을 지닌 신앙인이 되는 것이다. 완전한 정체성에서 불완전한 정체성으로 변환되며, 오늘날 종교는 이렇게 불완전한 자아의 형성에 도움을 준다. 다른 모든 다원화된 정체성과 마찬가지로, 다원화 시대에는 종교적 정체성 역시 불안정한 정체성이다. 그리고 모든 불안정한 관계들처럼 다원화 시대에는 종교 또한 개인에게 더 많은 수고를 요구한다.

그리고 여기에서 공존에 대한 질문이 제기된다. '부분적으로 세속화된 신앙인들은 마찬가지로 부분적으로 세속화된 다른 신앙인들과 어떻게 함께 살 수 있을까?' '완전한 세속인들과는 어떻게 살아갈 수 있을까?' '이 공

존에 적합한 정치 형태는 무엇일까?'

　종교 다원화는 실로 중립적인 국가를 요구한다. 다원
화를 통일시키려는 시도를 하지 않는, 동질이 아니라 다
원적인 새로운 단일체를 적극 수용하는 국가다. 다시 말
하면, 다원주의를 관리하는 중립적인 국가가 필요하다.
정교분리에 기초한 국가가 필요한데, 정교분리는 들리는
것보다 덜 당연하고, 덜 분명한 개념이다. 왜냐하면 정교
분리주의라는 계몽주의의 멋진 유산에는 여러 모델이 있
기 때문이다. 크게 분류하면, 엄격한 정교분리와 유연한
정교분리로 구분할 수 있다.

　엄격한 정교분리의 기본 원칙은 공적인 것과 사적인
것의 분리, 공공 영역의 중립성, 그리고 개인 문제와 종교
의 분리다. 중요한 업적이며, 이 모델은 프랑스의 라이시
테(laïcité, 정교분리를 지향하는 사상)에서 가장 분명하게 실
현되었다.

　라이시테의 위험은 이 업적을 넘어서는 과잉에 있다.
비판가들은 '국민을 중립적인 공공 영역에 통합시킨다.'
는 라이시테의 목표가 실제로는 모든 차이를 지워 버린
다고 비판한다. 이렇게 보면 국가는 중립적이 아니라 편
파적이다. 즉 무신론을 장려한다. 더 나아가 라이시테 원
칙은 공적 공간에 종교적 신념을 위한 자리는 없다고 서

습없이 말한다. 심지어 국가의 중립성을 하나의 독자적인 신앙으로 바꾼다. 세속 국가는 교의가 되고, 정교분리주의는 대체 종교가 된다. 오랫동안 라이시테 원칙은 잘 기능했다. 그러나 지금은 이 모형의 위기를 부인하기 힘들다.

예를 들어 프랑스 공립학교에서 히잡을 쓴 여학생을 퇴교시킨다면 라이시테가 동질 사회에 유용한 모델이었음이 드러나는 셈이다. 그러나 다원화된 다종교 사회에서 대체 종교로서 이처럼 엄격한 정교분리는 적합하지 않은 것처럼 보인다.

이 프랑스적 과잉의 이면에서 다음을 분명히 해야한다. 엄격한 정교분리주의는 '종교는 사적 문제'라는 규정에 따라 종교를 개인과 연결시킨다. 완전히 세속화된 이곳에서 종교는 신앙인의 개별 인격에 고착된다.

이 점이 두 번째 유형인 유연한 정교분리와의 근본적인 차이다. 유연한 정교분리는 다음을 의미한다. 국가의 중립성, 모든 신앙 형태와 마주 보고 있는 공적 영역, 즉 공공 영역이 모든 종교와 같은 거리를 유지하는 것이다. 종교의 말소가 아니라, 모든 종교를 같은 거리에 두는 이 정책은 얼핏 다종교 사회에 유용한 모형처럼 보인다. 모든 신앙 형태에 대해 중립을 유지하면서, 종교 대신 국가를 믿을 필요가 없기 때문이다. 그러나 이 모형에 문제가 없는 것은 아니다.

엄격한 정교분리가 종교 공동체를 위한 특별법이 없음을 의미한다면, 유연한 정교분리는 모든 종교 공동체를 위한 특별법이 있음을 의미한다. 만약 오스트리아에서 엄격한 정교분리주의가 적용된다면, 종교 협약의 종말이나 가톨릭교회를 위한 특별법의 종료를 요구할 것이다. 이 말은 종교와 공공성의 완전한 분리를 뜻한다. 예를 들면 공립 학교에서 십자가나 크리스마스 노래, 첫 영성체 노래 등을 금지하라고 요구할 것이다. 이와 반대로 유연한 정교분리주의는 모든 종교 공동체를 위한 특별 규정을 요구한다. 종교 축제일에 대한 요구를 넘어 음식 규정, 여학생을 위한 체육 수업에 이르기까지 모든 것을 요구한다.

왜냐하면 유연한 정교분리는 종교를 개인이 아닌 종교 집단과 연결 짓기 때문이다. 이 때문에 특별 규정들이 보장된다. 그리고 이런 규정들을 통해 유연한 정교분리는 중립적인 공공 영역과 사적인 종교 영역 간의 중요한 분리를 사회 평화를 위해 약화시킨다. 왜냐하면 유연한 정교분리는 공적 공간을 더 적게 세속화시키는 것을 의미하기 때문이다. 지금까지의 세속 규정들은 점점 더 많은 자리에서 종교적 규정들을 지키기 위해 약화되었다. 그러므로 유연한 정교분리주의는 공적 공간을 점유하여 그 의미를 다시 설정하려는 시도다.

이렇게 유연한 정교분리는 정교분리주의를 완전히 거꾸로 돌린다는 점을 분명히 해야 한다. 유연한 양식의 정교분리에서 정교분리주의는 모든 종교에 대한 반대에서 모든 종교에 대한 요구로, 등등한 대우를 요청하는 종교들의 요구로, 모든 종교를 위한 특별 규정들로 변환된다.

그러나 하나가 아니라 두 개의 다원화가 있다는 것을 우리는 살펴보았다. 하나는 종교의 다양화이고, 또 다른 하나는 세속적 당연함과 종교적 당연함의 공존이다. 이 두 가지 다원화는 같은 종류의 다원화가 아니다.

왜냐하면 세속화 논의에서 세속 세계는 다른 여러 세계들 중 하나가 아니기 때문이다. 세속 세계는 다양한 종교들과 나란히 서 있는 것이 아니며, 오히려 다양한 종교들의 공존을 가능하게 만들 의무가 있는, 그렇다고 스스로 대체 종교가 될 필요가 없는 관리자이자 조직이다. 그러나 다원화된 종교들과 다원 사회를 살아 있게 만들려면 피터 버거가 말했듯이, 일종의 "평화 규칙"이 필요하다.[24] 이런 평화 규칙을 위한 기초는 다원화를 관리하는 데 최상의 사회 형태인 민주주의다. 그러나 민주주의는 세속화와 세속 공간들이 필요하다.

결과적으로 다원 사회의 필요와 요구에 잘 맞는 민주주의적 평화 규칙은 아마 이 두 가지 정교분리주의가 혼재된 형태일 것이다.

다원적이고 '개방된' 정교분리주의를 원한다면, 종교 또한 '열려 있고' 다원적인 종교가 되어야 한다. 다시 말해 종교들은 자기 옆에 다른 확신과 가치 체계가 있음을, 다른 종교들의 확신과 가치 체계뿐 아니라 세속 사회 질서의 가치 체계도 있음을 인식하고 수용해야 한다.

유연한 정교분리주의는 부분적으로 세속화된 종교에서만 작동한다. 마찬가지로 엄격한 정교분리주의는 열린 공공 영역에서만 살아남을 수 있다. 열린 정교분리주의는 스스로 신앙이 되어서는 안 된다. 그리고 어떠한 신앙도 시민들에게 요구해서는 안 된다. 평화 규칙은 이 두 가지 정교분리주의의 과잉에 대응하려고 한다.

예를 들면, 2016년 여름 니스 해변에서 이슬람 수영복 부르키니 착용을 금지한 사건은 엄격한 정교분리주의를 과잉 적용한 사례다. (이는 니스 지역 경찰이 부르키니를 착용한 여성에게 탈의를 부탁하는 초현실적인 장면을 연출했다.)

또한 보편적인 가리기를 금지하는 오스트리아의 새

법률도 과잉된 적용이다. 이 법률은 제 앞가림도 제대로 하지 못하는데, 실제로는 부르카 금지를 위한 법률이다. 여기에서 정치는 다종교 사회에서 나타나는 현실적인 문제들, 말하자면 예외적인 규칙으로만 대답할 수 있는 문제들을 실존하는 시나리오로 재기호화하려고 성실히 노력했다. 그래서 이 사실상의 부르카 금지 법률에서 진짜 문제는 몇몇에 불과한 부르카 착용 여성이 아니다. 소수에 불과한 이들이 그런 노력까지 할 필요는 없을 것이다. 부르카는 그보다 훨씬 오래전부터 하나의 상징으로 올라섰다. 그리고 상징으로서의 부르카는 극복할 수 없는 존재가 되었다.

미나레트도 극명하게 의견이 갈릴 수 있는 한 사례다. 이 미나레트를 거부할 수도 있고, 이 거부에 대해 별다른 이해관계 없이 반대할 수도 있다. 심지어 어떤 사람들은 미나레트가 아름답다고 생각할 수도 있다. 즉 미나레트는 상징으로서 허점투성이였다. 그렇지만 부르카는 다르다. 누구도 부르카를 방어하지 않을 것이고, 하물며 부르카에 공감을 표현하지도 못할 것이다. 부르카의 미적 가치에 대해서도 말을 아낄 것이다.

반대로 부르카의 정치적 부가 가치는 명백하다. 이종교성의 과잉이 전체 인간을 어떻게 장악하려고 하는

지, 천으로 온몸을 감싸는 것만큼 더 직접적으로 명백하게 보여 주는 건 없다. 이렇게 부르카는 거부감을 불러일으키는 데 이상적인 상징이다. 부르카는 극단적인 외국인 혐오자들의 거부만 불러오는 것이 아니기 때문이다. 개방적인 시민들조차 불편한 감정을 느끼고, 많은 무슬림들도 부르카를 거부한다. 그러므로 부르카와 관계된 문제는 우리 자신들의 양가성이다. 부르카는 양심의 거리낌없이 거부해도 되는 낯선 것의 상징이다.

이렇게 볼 때 부르카 금지는 소수의 부르카 착용 여성과 관련된 문제가 아니라, 불편함을 느끼는 거대한 대중과 관련된 문제다. 오스트리아인들에게 이 법률은 기쁜 소식이다. 우리는 당신들의 불쾌감을 인정해 준다는 뜻이기 때문이다.

2016년 여름, 바이에른주에서는 또다시 한 무슬림 판사보가 제기한 소가 인용되었다. 그 판사보는 법원에서 일할 때 히잡을 착용해도 된다는 판결을 받았다. 이 판결 이후 독일 법원은 허점이 있는 법률 하나를 다듬고 있는데, 종교의 자유에 대한 법관의 중립 의무를 뒷받침하는 법률 근거를 마련하려고 한다. 판사는 모든 국민과 모든 종교에 대해 중립적일 때에만 세속적일 수 있는 세속 국가를 대리하기 때문이다. 이 공정한 자리에 앉기 위해 판사는 이 중립성을 몸으로 드러내야 한다. 그러나 중립성을 체현하는 일, 즉 공공성을 특정한 신체를 통해 드러내는 일은 하나의 모순이다. 그래서 법관은 가시적으로 중립적이어야 한다.

그런데 중립성은 어떻게 생겼을까? 흥미롭게도 중립성을 표현하는 상징은 없다. 중립성을 연상시키는 그림들은 있다. 이 그림들은 언제나 '정상'으로 인정받는 장면들이었다. 왜냐하면 우리는 정상을 중립으로 느끼기 때문이다. '정상'을 드러내는 이 그림들은 사회적 논쟁과 투쟁 과정에서, 예를 들면 여성권 투쟁 과정에서 많은 변화를 경험했다. '정상'이란 시간의 흐름 속에서 언제나 변하는, 구성된 중립성임을 이 그림들보다 더 잘 보여 주는 것은 없다. 변하는 것은 중립성의 속성이며, 변하지 않는 것은 이 중립성의 실제 본질이다. 그리고 모순처럼 들리지만, 이렇게 말해야 한다. 눈에 보이는 중립성이란 외형적인 것만은 아니다. 종교적 상징이 이를 분명하게 보여 준다. 왜냐하면 종교적 상징의 포기 자체가 세속 국가의 기초인 국가와 종교의 분리가 실현되었음을 보여 주기 때문이다. 이는 보편적 공공성과 개인 각자의 사적인 것을 구분하는 일이 개인에게 위임되었고, 개인이 이 구분 작업을 완수한다는 뜻이다. 예컨대 종교적 혹은 다른 특별한 신념, 기호 등은 사적인 것이다. 국가의 중립성은 바깥 어딘가에 있지 않다. 중립성은 컨테이너가 아니다. 중립성은 개인에게, 특히 국가의 대리인에게 자기가 양분된다는 사실을 지식과 의식 차원에 각인시킬 때만 존재한다. 모든 판사들은 자신들에게 사인과 공인이라는 두 개의 인격이 있음을 인정해야 한다. 그리고 공적 인격은 바로 사적 인격과의 거리로 인해 존재한다. 사적인 성향 및 확신과 거리를 둘 때에만 국가의 중립성은 실현된다. 중립성은 자기 내용이 없고, 신앙 고백도 아니다. 중립성은 단지 시민으로서의 존재와 국가 시민으로서의 존재 사이에 있는 간극을 수용하는 일이다. 이런 점에서, 시투아앵은 '추가된' 감소다. 그리고 바로 이런 관점에서 판사는 절대 종교적 상징을 착용하면 안 된다. 히잡도, 십자가도, 키파도 안 된다. 중립성은 이런 방식으로만 '볼 수 있다'. 즉 특정 상징의 존재로서 '볼 수' 있게 되는 것이 아니라, 비중립적이고 종교적인, 성스러운 상징들의 부재를 통해 볼 수 있게 된다. 버거는 이렇게 적었다. "만약 한 사회 안에서 세속적인 대화 공간을 허락해야 한다면, 의식에도 그 세속적인 대화 공간이 주어져야 한다."[25] 그러나 이 또한 상징의 부재를 전제한다. 신체에서 그리고 공간에서도 상징은 사라져야 한다.

이것이 바로 속임수를 금지시키는 일이다. 예를 들어 오스트리아 정부는 법원에서 히잡 착용은 원칙적으로 금지하면서 십자가는 계속 걸려고 한다.

법원에서의 히잡 착용은 중립 의무를 위반하기 때문에 허용해서는 안 된다는 주장은 적절하다. 그러나 동시에 관련된 해명에서 주장하듯이 십자가는 '오래된 문화'이고 '당연한 것'이라며 건드리지 않는다면 이는 잘못된 방향으로 간 것이다. 더욱이 이것은 오래된 문화가 아니라 오래된 주도권일 뿐이다. 세속 공간 대신 법원이 이로써 '주도 문화'의 도구가 된다. 법원은 정교분리주의를 '가톨릭주의'의 지배로 바꾼다.(에티엔 발리바르(Étienne Balibar)) 이렇게 중립성은 완전히 반대의 길로 빠져 자유로운 공간에서 억압의 도구가 되어 버린다.

만약 우리가 동질 문화를 가진 단일 민족과는 달리 다원화된 사회의 통합력을 실제로 발휘할 수 있는 어떤 중립적인 국가를 원한다면, 만약 우리가 이질 사회에서 민주적인 평화 규칙을 실행할 수 있기를 원한다면, 자신의 행위를 통해 국가를 대의하고 국민을 대표하는 모든 이들은 가시적으로 중립적이어야 한다. 그들은 공공성이 실행되는 모든 공간과 마찬가지로 이 중립성을 함께 대표해야 한다. 왜냐하면 종교로부터 자유롭게 조직된 영역

이 필요하기 때문이다. 여기에서 중립은 모든 종교 상징
과 표시로부터 자유로워짐을 의미한다. 이런 세속적인 논
의를 위한 공간이 실질적으로, 그리고 상징적으로도 허락
되어야 한다.

찰스 테일러는 한 인터뷰에서 오직 행동만이 중요하
므로, 공공 영역에서 종교 상징을 제거하는 일은 "중립성
의 허상"이라고 폄하했다. 여기에서 그가 간과한 것이 상
징, 특히 종교적 상징이 갖고 있는 자기 동력, 자기법령성
이다.

히잡을 쓴 판사와는 완전히 반대 사례가 바로 해변
에서의 부르키니 사건이다. 수영하는 사람은 누구도 대표
하지 않는다. 그들은 단지 개인으로 해변에 있을 뿐이다.
공적 공간에서 모두 자신의 특성대로 살아가는 것은 완
전히 정당한 일이다. 부르키니를 금지시키기 위해 니스시
시장은 아주 독특하면서도 모순에 찬 주장들을 준비했다.
부르키니는 그것을 방어하는 효과가 있는 과시의 상징이
라며, 혹은 상징이 문제가 아니라 실질적인 이유가 있는
양 위생 문제를 거론하기도 했다. 부르키니 금지가 어떤
테러 예방을 위한 것인지 분명하지 않은데도 위협하는
테러를 이유로 댔다. 심지어 훌륭한 미풍양속을 위해서라
고 했다. 이 미풍양속을 위해서는 명백히 아주 적은 양의

천만 있어도 된다. 그리고 정교분리 원칙을 위해서라고도 했다. 바로 이 정교분리 원칙이 종교적 특수성을 개인의 문제로 만드는데도 불구하고!

그러나 이 부르키니 문제는 히잡을 썼다는 이유로 프랑스의 공립학교에서 퇴학당한 프랑스 여학생 사례와 같은 사건이다. 개인은, 사인은 어떤 경우에도 옷차림의 제한을 받아서는 안 된다. 그러므로 평화 규칙은 다음과 같다. 첫째, 공적 활동을 수행하는 공공의 대표자만이 모든 종교 상징을 제거해야 한다. 이 말은 먼저 다음을 의미한다. 빈의 전차 운전사처럼 공공 서비스에 종사하는 사람도 논쟁의 여지 없이 히잡을 써도 된다. 왜냐하면 이들이 가시적이기는 하지만, 공공 영역과 중립적인 국가를 대표하지 않기 때문이다. 이처럼 평화 규칙에서는 가시성이 아닌 대표성이 중요하다. 이 점이 중요한 차이다. 여기에 사적인 것과 공적인 것의 경계가 있다.

둘째, 학생과 같은 사인들은 이와 관련한 어떤 규정도 있어서는 안 된다. 이 질문을 세 가지 개인주의와 연결해 보면 다음과 같은 그림이 나온다.

1세대 개인주의 시대 때 부르주아와 시투아앵, 즉 시민과 국민 간 분열이 있었다. 그러나 동시에 이 시투아앵은 민족 형태와 일치해야 했다. 예를 들어 백인 그리스도교 남성만 판사가 될 수 있었다.

2세대 개인주의에서는 분열된 공공 영역과 개인 영역을 연결하려는 시도가 늘 있었고, 지금도 있다. 유연한 정교분리처럼 모든 이들은 공적 영역에 자신의 특징을 유지해야 한다. 그러나 그 결과 공공 영역, 공적 공간은 순전히 완전한 정체성들로 채워지게 된다. 히잡을 쓴 판사도 가능하다. 그러나 더 이상 세속적이고 중립적인 공간은 존재하지 않게 될 것이다. 여기에서 2세대 개인주의의 정체성 정치는 다원화로 인한 한계에 부딪힌다.

다원화된 3세대 개인주의에서는 반대로, 누구나 공공 영역에 자신의 특성을 가져갈 수 있지만, 완전하지 않은 정체성으로 들어간다. 2세대 개인주의와 달리 오늘날 다원화된 사회의 공공 영역에서 모든 특별한 정체성의 균열, 봉쇄, 제한이 필요하다. 마치 1세대 개인주의처럼 말이다. 그러나 1세대 개인주의와는 달리, 민족 유형이 침식되고 민주주의가 형태 없이 벌거벗은 오늘날에는 이 균열이 더는 채워지지 않는다. 여기에서 3세대 개인주의는 다원화가 낳은, 의도와 무관하게 초래한 어떤 한 효과에서 하나의 기획으로 변환한다. 즉 다원화되었을 뿐 아니라 실제로도 다원적인 사회 형성을 능동적이고 의지적으로 추구하게 된다.

주체들의 피할 수 없는 분열, 더 이상 내용적으로 규정되지 않는 분열은 단지 빼기일 뿐이다. 즉 국가 시민적 의식은 시민의 완전한 정체성과는 거리가 있고, 완전함에서 뭔가 빠진, 감소된 자아로 이해된다. 다원화된 민주주의 사회가 필요로 하는 중립성은 바로 이런 것이다. 즉 어떤 개인이 공인으로서 사회에 배치되어야 할 때, 그의 정체성에서 무언가를 빼는 것이 바로 중립성이다. 민족 형상은 더 이상 중립의 기준이 아니다. 이렇게 민족 형상을 '충족하는' 그리스도교 백인 남성뿐 아니라 무슬림이나 유대교 여성 또는 남성도 법관이 될 수 있다. 그러나 이들은 히잡, 종교적 가발, 혹은 키파를 쓰고 법을 말할 수 없다. 다른 모든 종교 상징물도 마찬가지다. 종교적 상징물을 착용한 공인은 완전한 정체성을 드러내기 때문이다. 공인은, 민족 형상의 종말 이후 시투아엥은 이 분열을 받아들여야 한다. 그러나 이 분열은 개인이 국가를 대의하는 곳에서만 적용되어야 한다. 개인이자 사인인 곳에서는 결코 적용되어서는 안 된다. '개인으로서 그가 어떻게 보이느냐'와는 아무 상관이 없다. 우리는 가시성과 대의성을 구별해야 한다.

4장 문화 무대—근본주의의 저항

다원화된 개인의 다음 무대로 향하기 전에, 우리는 지금까지 충분히 고려되지 않은 특징 하나를 다루어야 한다. 우리의 사회생활에서 기본 사실이 된 이 특징은 '모든 다원화된 삶의 무대들은 이중화된다'는 점이다. 어떤 무대들에 대해서는 이렇게 말할 수도 있겠다. 무대들은 분열된다. 일례로 정체성을 보자.

작가 나비드 케르마니(Navid Kermani)는 한 인터뷰에서 오늘날 우리는 '연약한 균형' 상태에서 살고 있으며, 연약한 균형은 끊임없이 다양한 정체성들에 의해 위협받고 있다고 말했다.[26] 케르마니에 따르면 "평화로운 상황에서는 정체성이 타인과의 거리 두기를 통해 스스로 형성되기" 때문이다. 대단히 명료한 문장이지만, 다원화된 사회에 완전히 들어맞는 말은 아니다.

다원화된 사회가 그 자체의 다채로움과 다양성에 기뻐하며 넓은 수용에 도취되기 때문이 아니다. 그러나 진정한 새로움, 사회의 다원화가 의미하는 거대한 변화를 파악하기 위해서는 이 문장을 거부해야 한다. 또는 최소한 다시 써야 한다. 다양성이 큰 사회에서 정체성은 타인과의 구별로만 형성되지 않으며, 자기 자신의 정체성과 경계 짓기를 통해서도 형성된다. 이 경계 짓기가 불완전한 정체성을 만드는데, 이것이 3세대 개인주의의 특징이다.

제3의 개인주의가 가지는 이 특징은 보기보다 덜 추상적이다. 이미 살폈듯이 축제, 식생활, 의복에 이르기까지 다양한 문화와 종교의 병존은 자기 확신이나 정체성, 신앙 등 모든 것을 여럿 중 하나로 경험하게 한다. 그러므로 다원화는 경험이 먼저다. 자신의 정체성이 당연한 것이 아니라는 경험이 다원화의 시작인 것이다. 이는 오늘날 자기 자신에게 결정이 필요하다는 경험이며, 자신의 삶과 세계 접근 방식이 완전히 달라질 수 있다는 경험이다. 이 경험은 각자 정체성의 심장에 우연성이, 다시 말하면 개방과 불확실성이 침입함을 뜻한다. 이 심대한 경험은 오늘날 누구도 피할 수 없으며 모두에게 도달한다. 우리가 모르는 사이에 그러나 근본적으로 우리의 당연함을 변화시킨다.

오늘날 우리 모두는 다원화된 개인이다. 그러니까 자신의 정체성을 제한받는 개인이다. 그리고 바로 이 경험 안에서 새로운 무언가가 효력을 발휘한다. '다원화의 보이지 않는 손'이라고도 부를 수 있는 무언가가 작동한다.

잘 알려져 있듯이 보이지 않는 손은 국민 경제의 창시자인 애덤 스미스가 시장의 구조를 설명하는 데 쓴 표현이다. 모든 사람이 자기 자신의 이익만을 좇으면 보이지 않는 손이 이끌듯이 전체 경제가 잘 돌아가게 된다는 구조를 표현한 것이다. 시장과 비슷하게 '다원화의 보이지 않는 손'도 기적을 낳을 수 있다. 자기 자신과의 관계, 즉 개인의 정체성이 의도치 않게 공동선을 촉진하는 기적이다. 바로 자기 자신이 제한된 정체성이기 때문에 가능한 기적, 혹은 제한된 정체성일 수 있기 때문에 가능한 기적이다.

그런데 오늘날 실제로는 다원화의 형태만큼 많은 방어 형태가 있다. 모든 다원화 무대가 이중화되기 때문이다. 다원화의 보이지 않는 손이 효력을 발휘하는 무대는 이중화된다. 즉 같은 무대 위에 바로 그 보이지 않는 손에 저항하고 그 활동을 방해하는 장면이 함께 있다. 그러므로 다원화의 무대를 관찰하는 일은 그 무대에서 일어나는 각각의 이중화를 조망하는 것을 의미한다.

따라서 우리는 다시 한번 종교로 돌아가 이중화라는 관점으로 이 무대를 관찰해야 한다.

다원화는 종교로 하여금 어려운 균형 잡기를 요구한

다. 한편으로 종교는 어떤 진리에 대한 믿음을, 그 권위에 대해 질문해서는 안 되는 신적 진리에 대한 신앙을 의미한다. 그러나 다른 한편으로 신앙의 진리들은 오늘날 다원화된 사회에서 서로 병존한다. 병존은 확실히 눈에 보이는 경쟁 상황을 지칭한다. 타 종교에 대한 지식을 자기 자신의 부분적 세속화를 그 자신의 신앙적 진리와 어떻게 화해시킬 수 있을까? 매우 어려운 균형 잡기다. 그리고 앞서 보았듯이 이 균형 잡기는 신앙인의 유형을 변화시킨다. 다원화는 모든 신앙인에게 다른 열린 가능성이라는 상황 앞에서 자신의 신앙을 결정하라고 요구한다.

그리스도교는 오랫동안 국가 종교의 위치에 있었다. 여기에서는 신앙을 위한 결정이 필요 없다. 그러나 오늘날에는 주류 종교뿐 아니라 소수 종교에 대해서도 자기 신앙에 대한 결정이 요구된다. 이런 의미에서 다원화된 사회의 모든 종교는 개종자의 종교가 된다.

이런 종교적 균형 잡기는 교회만이 아니라 개별 신앙인들도 숙달해야 할 행동이다. 균형 잡기는 개인에게 결정, 즉 형식적 성숙을 요구한다. 그러나 3장에서 언급했듯이, 형식적 성숙이 반드시 성숙한 결정으로 향하는 건 아니다. 바로 그렇기 때문에 다원화된 종교들은 불완전한 신앙인들이 근본주의로 향하는 관문이 될 수 있다.

근본주의는 오늘날 다원화에 대한 저항을 의미한다. 종교적 근본주의는 따라서 다원주의에 대한 종교적 저항이다. 이런 저항은 모든 종교에서 발견된다. 복음주의자들에게서, 극단적 전통주의 유대교 신자들에게서, 가톨릭 근본주의자들에게서도. 그러나 오늘날 가장 눈에 띄는 종교 근본주의는 이슬람 근본주의다. 이슬람 근본주의의 특징은 부분적 세속화에 저항하면서 동시에 그로부터 깊은 영향을 받고 있다는 점이다. 저항과 영향이 어떻게 함께 가는지는 이슬람 근본주의와 테러에 대한 논의에서 분명해질 것이다. 이 논의에서 두 명의 프랑스 이론가이자 이슬람 전문가인 올리비에 로이(Olivier Roy)와 질 케펠(Gilles Kepel)이 두드러진다. 두 사람은 다음 질문을 다룬다. 테러에서 종교의 자리와 가치는 무엇인가? 이슬람은 테러의 원인인가, 아니면 단지 표현 양식일 뿐인가?

케펠은 지하드주의가 이슬람 내부 투쟁의 일부라고 생각한다. 지하드주의는 정확히 이슬람이 서양 사회에서 통합이라는 문제에 직면할 때마다 등장한다. 말하자면 유럽에서 근본주의는 이슬람이 유럽에서 겪고 있는 부분적 세속화에 대한 응답이다. 그리고 이런 저항이 필요하다면 이슬람의 유럽화는 계속 진행될 것이다. 이는 '이슬람화', 즉 살라프 운동이 테러의 우연한 형태가 아니라는 뜻이

기도 하다.[27]

이슬람 테러에 종교의 차원이 있음은 명백하다. 이 점을 지울 수는 없다. 그러나 동시에 이 말이 설명해 주는 것은 없다. 최소한 원인에 대해서는 아무 의미가 없는 서술이다. 이슬람 테러를 문화, 정치, 사회를 통해 설명할 수 없는 것과 마찬가지다. 테러는 불의의 경험에 대한 전도된 표현이 아니다. 테러는 가난, 억압, 인종 차별 혹은 경제적 배제에 잘못된 방식으로 저항하는 단순한 복수가 아니다.

당연히 그 모든 것, 배제와 불평등한 자원의 분배와 억압이 존재한다. 절망적인 파리의 변두리 방리외(Banlieue), 빈민굴, 풀리지 않는 사회 문제들이 존재한다. 당연히 이런 상황이 불만과 절망, 폭동의 에너지를 키운다. 그러나 이에 대한 어떤 행동도 정치 기획으로 번역되지 못했다. 정치적 형식과 설명은 결코 등장하지 않았다. '아랍의 봄'에 걸었던 부드러운 희망을 기억하는 사람이 과연 있기나 할까?

테러에 대한 이 모든 설명에는 공통된 허점이 있다. 원인-결과 관계를 전제로 한다는 것이다. 그러나 실제로 테러주의는 이 '낡은' 범주로는 설명되지 않는다. 테러는 바로 이 범주를 삭제하려는 시도이기 때문이다.

늘 듣는 주장이지만, 테러는 우리들의 쾌락적이고 자유로운 생활 방식만 거부하는 게 아니다. 테러는 또한 우리가 여전히 어떤 식으로든 정치로 이해하는 모든 것을 거부한다. 비록 사회 문제들이 위험하고 긴박하더라도, 테러는 사회 문제로 환원되지 않는다. 테러는 원인을 부인하고, 원인-결과 논리를 떠나면서 완전히 다른 삶의 부호 체계를 만드는 일을 의미한다. 즉 모든 정치적인 것을 흡수해 버리는 부호 체계다. 정치적인 것은 삭제되어 버린다. 대신 종교가 갈등의 매개체로 자리 잡고, 문제에 대한 종교적 '설명'을, 낡은 관점의 종교들처럼 부족한 설명을 늘어놓게 된다.

한편 올리비에 로이는 테러가 전통 무슬림 공동체에서 나오지 않았다는 것을 보여 준다. 테러리스트들은 개종자이거나 2세대, 혹은 3세대 무슬림이기 때문이다. 로이의 근본 주장은 오래된 무슬림 문화, 즉 종교를 전통으로 삼는 문화와 새로운 개종자 집단, 즉 전통 무슬림 문화에서 빠져나와 스스로 조립한 이슬람을 따라가는 집단 사이에는 차이가 있다는 것이다.[28]

로이는 이슬람이 종교로서 테러를 방조하고 있는가를 묻지 않고, 어떤 방식으로 이 종교가 존재하는가로 질문을 바꾼다. 이슬람교가 전통문화로서 한 사회 계층과 환경의 지지를 받는지, 아니면 낯설거나 적대적인 생활 환경에서 탈영토화되고 상실감을 느끼는 개인들에 의해 정체성의 지표로 작동하고 있는지를 묻는다. 바로 2세대 혹은 3세대에서 종종 나타나듯이, 자신의 뿌리에 대한 구체적인 신앙 고백이 가능한지를 묻는 것이다.

전통을 잃어버린 사람들은 자신의 전통에 관해 아주 깊은 불안감을 가지고 있다.(우리는 그 지하드주의자들을 기억한다. 시리아가 붕괴된 후 등장한 이들은 『바보들을 위한 이슬람』이라는 이슬람교 속성 강좌 책을 소지하고 있었다.) 그들은 전통을 끊임없이 확인해야 한다. 그래서 종교적 규정이 핵심 역할을 하게 된다. 종교 규정들의 역할은 잃어버린 생활 환경을 대신하는 일이다. 프랜시스 후쿠야마는 "이슬람 관련 웹사이트를 보면 이맘에게 하람(haram, 금지된 것)과 할랄(halal, 허용된 것)을 묻는 질문이 끊임없이 올라온다. 이 상황이 종교 규정의 역할을 설명해 준다."[29] 라고 썼다. 종교 규정에 대한 강박에서 영성적인 면은 중요하지 않다. 대신 어떤 정통의 재구성, 그들이 잃어버린 것의 재구성이 중요하다. 규칙과 의무를 정확히 따르는 일은 현세의 삶을 이끌어 가는 데 목적이 있지, 초월적 신앙을 향한 것이 아니다. 종교가 하나의 확신에서 하나의 정체성이 될 때, 종교는 더 이상 그 너머가 아닌 자기 정체성을 지향한다. 대부분의 개종자에게서 볼 수 있듯이 외면적으로 엄격한 자기 정체성을 지향하는 것이다. 바로 이 현상이 정확히 오늘날 이슬람 근본주의에서 일어나고 있다.

이슬람 테러리스트 대부분 이런 의미에서 개종자들이다. 특히 자신이 다시 태어났다고, 깨달은 자라고 생각하며, 처음 제대로 이슬람교인이 되었다고 생각하는 2세대 혹은 3세대 무슬림이다. 개종자로서 이들은 문화적 영향을 따르지 않고, 자기 스스로 선택한 전통이라는 모순을 따른다. 한 전통이 사회적 규칙 양식이 되었다. 그런데 이와 같은 자기 스스로의 선택은 무엇을 의미할까? 게다가 이슬람교에서조차 특별히 시대에 뒤떨어진 양식을 선택한다는 것은 무슨 의미일까?

이 선택은 비성숙한 결정이며 복종을 위한 결정이다. 그들은 이로써 선택이라는 요소, 결정이라는 요소를 전혀 모르는 종교를 선택하는 것이다. 완전히 근대적이고 세속적인 이러한 행동을 통해서 그들은 7세기로 뛰어든다. 그리고 종교는 완전히 종교의 전통 속성과는 반대로 움직인다. 종교가 스스로 선택된 정체성으로 변환된 것이다. 바로 이 지점에서 다원화의 영향은 지속된다. 이런 결정 및 개종은 다원화에 대한 방어이며, 그렇기 때문에 특히 단단하게 결합되어, 외부와 더욱 철저하게 선을 긋는 특히 패쇄적인 공동체를 생성한다. 공동체 구성원들을 결속시켜야 할 뿐 아니라, 동시에 다원화에 대해 반대해야 하기 때문이다. 테러의 종교적 차원은 사라지지 않았다. 그러나 이 종교는 그 '옛' 종교와는 다른 것이다.

이런 의미에서 옛 종교와는 다르게 근본주의는 자신이 막아 내려는 다원화의 영향을 받았다. 부분적으로 세속화된 종교는 다원적 주체를 불러올 수 있다. 그러나 방어 양식으로 완전히 다른 주체, 즉 테러리스트도 낳을 수 있다.

이 테러리즘 주체들은 다원화와 다원적인 삶의 양식에 대해 방어만 하는 것이 아니다. 이들은 나아가 방어를 전쟁으로 선포한다. 선포는 자신들의 적을 규정하는 일이다. 지하드주의자들은 그들의 운동을 문화 전쟁으로 만들고, '그' 서방 세계와 '그' 이슬람 사이에 전선을 만들고자 한다. 전쟁은 지하드주의자들의 시나리오다.

여기에서 이슬람 국가, 이른바 IS는 마침내 이 시나리오에 대단히 끔찍한 변주를 가했다. 지금까지 묻지마 대량 살인과 테러 공격은 각각 '정신 장애'와 '정치 행위'로 구분할 수 있었다. 묻지마 대량 살인에서는 제정신이 아닌 개인이 분별없이 무차별적으로 사람을 죽인다. 이에 반해 정치 테러는 의미와 목적, 설명을 덧붙이며 그 또한 끔찍한 행동일 수 있음에도 행위의 정당성을 주장한다.

2016년 7월 14일, 프랑스 니스에서 축제를 즐기는 군중 속으로 한 남성이 화물차를 몰고 돌진했다. 그 이후로 새로운 '공격 방법'이 도입되었고, 많은 모방자들이 생겨났다. 이 사건 이후로 IS는 테러 또는 묻지마 대량 살인에서 '또는'을 지워 버렸다. IS는 묻지마 대량 살인을 '정치 행위'로 만들 수 있는 가능성을 '제공한다.' 즉 IS는 개별 정신 이상자를, 개인적인 혼란을 체제 안에 배치할 수 있는 가능성을 '제공한다.'

우리는 부정적 징후를 보여 주는 곳에서조차 어떤 식으로든 영웅주의 원리를 견지하려고 든다. 모범적인 행동의 원칙, 개인을 대단히 뛰어난 주체로 만들어 주는 평범하지 않은 능력을 떠올리는 것이다. 이와 반대로 IS는 반대 원리를 이용하는 데 성공한다. IS는 개인이 자신의 결함이나 실패, 장애를 넘어 더 큰 전체와 직접 연결되게 해 준다. 심리적 결함은 이러한 테러 공격에서 실제로 모든 것을 대신한다. 정치적 동기, 확립된 이념, 정치 조직 그리고 기술적, 조직적, 물리적 '능력'까지. IS는 개인의 고독과 뿌리 뽑힌 느낌, 정신적 불안정을 의미 없는 살인 행위를 통해 터져 나오게 하고, 이 감정을 해석해 준다. IS

는 폭발을 하나의 '해명'으로 변화시킨다. 마치 무언가 발언된 것처럼.

IS는 이를 어떻게 수행할까? 테러 행동 뒤에 따라와서 행위의 정당성을 주장하는 것인가? IS는 실행자들을 사후적으로 수용할까? 확실히 그렇다. 그러나 이 과정을 순전히 도구화로만 이해하는 것은 짧은 생각이다.

도구화에 선행되는 것은 호명이다. 알튀세르에 따르면, 호명은 주체 형성의 장치다.[30] 가족, 학교, 교회, 직장, 정당 등 모든 기관에서 개인은 호명을 받는다. 호명은 개인을 향한 부름이며, 이 부름이 이들에게 정체성을 부여하고 분명한 주체로 만들어 준다. 호명은 단순한 문장이 아니다. 호명은 오히려 다양한 물질적 배치와 명령을 통해 작동한다. 호명은 집단 의례, 습관, 모임 등을 통해 개인에게 도달한다. 호명은 물리적으로, 심지어 공간적으로 고정되어 있다. 그러므로 호명은 기관 전체를 통해서 전달된다.

바로 이런 호명이 IS에서 시작된다. 개인에게 정체성을 제공하는 부름은 거대한 전체와 개인들을 결합하고, 그들의 대변인으로 그들을 이끌 수 있으며, 그 이름 아래 개인들은 행동한다. IS는 '군인'이라는 지위와 칼리파트(Kalifat, 칼리파가 지배하는 제정 일치 국가)라는 목적을 준다. 선악을 가르고 허락된 일과 금지된 일을 구별하는 '규율'을 알려 준다. 그리고 핵심 규율을 통해 친구와 적이 누구인지 가르쳐 준다. 말하자면 IS는 개인들에게 모든 관점에서 '의미'를 제공한다.

여기에서 특별한 점은, 이 호명이 물질적 도구 없이 작동할 수 있는 것처럼 보인다는 점이다. IS는 가상 공간에서도 작동이 가능한 원시적 기관이라는 역설적 존재다. IS는 물리적 결합 없이 원거리에서 호명을 한다. 개인이 스스로 정체성을 만들 때 단계별 모형만을 제시하는 탈물질화된 호명을 시도한다. 모든 국가 정보 기관들에게 악몽과 같다.

IS는 질병처럼 취급받던 청소년들에게 소속 욕구의 온전한 충족을 살인을 통해 '가능하게 해 준다.' 정신적 결핍은 이렇게 IS의 순전히 파괴만이 가능한 '생산력'으로 전환된다. 이런 행동을 위한 심리 정치적 전제는 확고한 이념이 아닌 듯하다. 그들은 확신 때문에 많은 사람을 마구 죽이지 않는다. 자신들의 삶을 의미 없다고 여기며, 스스로를 잉여로 경험하면서 불필요하고 의미 없는 폭력을 행하는 사람들이 많다. 너무나 의미 없는 일이다. 그리고 IS만이 여기에서 부가 가치를 얻는다.

다원화에 대한 이런 저항의 전체 대역의 반대편에 다원적 주체가 서 있다. 다원적 주체는 정확히 테러리스트 주체와 반대된다. 이 두 주체를 동시에 보여 주는 사례가 아마드 만수르(Ahmad Mansour)다. 심리학자 아마드 만수르가 쓴 『알라 세대(*Generation Allah*)』(2015)는 무슬림 청소년들과 함께한 연구에 대한 책이다. IS의 주장에 쉽게 경도되고, 서서히 급진화되기 쉬운 청소년들. 아마드 만수르의 사명은 이들에게 다가가서 급진화되기 전에 구하는 일이다.

사명은 만수르 자신의 생애에서 나왔다. 이스라엘 출신의 팔레스타나인 만수르는 열세 살부터 열여덟 살까지 이슬람주의자였다. 폭력적이지는 않았지만 이슬람주의를 추종했다. 만수르는 이스라엘에 있는 한 코란 학교에서 급진화되었다. 그는 급진화가 어떻게 작동하는지를 상세히 설명한다. 배제된 자들은 힘과 권한을 부여받는 동시에 견고한 집단적 강제 아래 복종하는 복잡한 심리적 구성을 거친다. 공포 교육과 적개심 조성이 이 안에서 이루어지며, 급진화로 몰아간다. 그러나 핵심은 만수르가 어떻게 벗어났는가다. 열여덟 살 때 만수르는 텔아비브로 가서 심리학을 공부했다. 그가 말했듯이 "희망의 시간"이었지만, 그것만으로는 충분하지 않았다. 2004년 그는 팔

레스티나인의 테러 공격을 목격했다. 그리고 그 순간 결정했다. "이것은 나의 투쟁이 아니다." 그는 이스라엘을 떠나 베를린으로 왔다.

여기에서 우리는 왜 그 테러가 만수르에게 강렬한 사건이었는지를 이해해야 한다. 만수르가 보기에 그것은 사람들이 기대할 만한 무언가가 아니었다. '자기 자신'의 질서 안에 자신을 배치하는 호명도 아니었다. 오히려 반대였다. 이 사건은 만수르를 '자기 것'이어야 할 무언가로부터 등 돌리게 했다. 이 사건은 만수르가 속했던 집단의 손아귀에서 나오게 했다. 그러나 이 설명은 여전히 충분하지 않다. 외부적 압력도 중요하지만, 더 어려운 것은 내면의 압력에 대항하는 일이다. 자기 안에 있는 성스러운 존재의 손아귀에서 벗어나는 일. 왜냐하면 집단, 가족, 정체성은 외부적 요소일 뿐 아니라 우리 내면에도 존재하기 때문이다. 자기 집단에 성스러운 것은 그 집단의 모든 구성원에게 효력을 발휘하며, 공포를 주고 장악한다.

'이것은 나의 투쟁이 아니다.'라고 결정하기란 대단히 어려운 과정이며, 커다란 발걸음이라고 말할 수 있다. 한편 이는 다원화의 한 가능성, 즉 다른 부름과 호명을 따를 가능성이자 다원화 사회에서 모든 종교가 겪는 핵심 적응 과정이기도 하다. 즉 자기 성스러움의 부분적 세속화다.

근본주의자에게 그러한 행동은 배신이다. 하지만 비근본주의자에게는 자신의 성스러움과 거리를 두는 가능성일 뿐 아니라 배신도 아니다. 오히려 자기 자신의 성스러움과 함께, 혹은 이에 반대하면서 스스로 성숙하는 자신만의 방법이다.

이렇게 부분적 세속화를 통해서만 아마드 만수르는 근본주의에서 근대로 갈 수 있었다. 완전한 테러리스트적 정체성에 대항하는 새롭고 불완전한 무슬림적 정체성을 세웠으며, 이슬람적 급진화와 무슬림적 반유대주의에 대항하는 무슬림 신자로 설 수 있었다. 그리하여 급진화된 청소년들을 급진주의의 유혹에서 구해 내는 일을 시도할 수 있었다. 그러나 대가는 컸다. 과거 '자기 자신'이던 '이슬람주의자'들에게 그는 배신자로 낙인찍혔다. 그들로부터 만수르는 살해 위협을 받고 있다.

종교적 근본주의는 다원화에 대해 소수자 편에서 나온 방어다. 방어의 또 다른 형태는 주류 사회의 것이다.

다원화는 사실이다. 민족적, 종교적, 문화적 정체성을 비롯한 모든 것을 바꾸어 놓는 사실이다. 이런 현실은 강력한 저항 운동들을 불러온다. 주류 사회는 이를 통해 변화를 방어하려고 한다. 주도 문화, 서방의 본성, 독일의 본성 혹은 오스트리아의 본성 등 형태와 상관없이, 방어는 언제나 과거와 연결된다. 다원화에 반대하는 저항은 어떠한 미래 전망도 낳지 못한다. 이 저항은 언제나 과거로 향하지만 쉽게 '돌아갈' 길은 없다. 예상할 수 있듯이, '그때 그 시절'로 가는 직접적인 길은 없다. 그래서 모든 재수용은 소환이자 복원이다. 저항은 이렇게 방어하기를 원하는 다원화를 의도치 않게 인증한다. 복원이란 상실 이후에 필요한 일이기 때문이다. 오직 부재하는 것만을 소환할 수 있는 법이다.

안드레아스 가발리에(Andreas Gabalier)의 사례에서 이를 분명하게 볼 수 있다. 콘치타 부르스트(Conchita Wurst, 오스트리아 출신의 여장 남자 가수로 여자 옷차림에 수염을 그대로 기른 채 노래를 부른다.)가 2014년에 유로비전 송 콘테스트에서 우승한 후 안드레아스 가발리에는 부르스트의 대항마로 대표되었다. 얼핏 보면 개방성과 폐쇄성, 진보와 퇴행, 도시와 시골이 대립하는 것 같지만 실제 구도는 훨씬 복잡하다.

울리히 베크(Ulrich Beck)가 이에 대해 도움이 되는 이야기를 했다. 베크에 따르면, '이것 혹은 저것' 논리는 다른 시간대인 '제1 근대' 시대에 속하는 논리다. 그러나 오늘날 '제2 근대'에는 더 이상 이 배제의 논리가 지배하지 않으며 오히려 반대의 결합이 존재한다. 이것'과' 저것이 이것 '혹은' 저것을 해체하고 있다. 「폴크스 로큰롤러(Volks-Rock-'n'-Roller)」에서 가발리에는 패러다임의 전환을 잘 보여 준다. 이 앨범은 단순히 전통과 근대, 도시와 시골, 록 음악과 시골 음악의 대결이 아니다. 가발리에는 한 면에만 만족하지 않는다. 이 앨범에는 시골, 전통 의복, 감정의 과잉과 전원 생활에 대한 향수만 담긴 게 아니다. '이것 혹은 저것'이 아니라 훨씬 복잡하고 모순적인 '과/와'이다. 엘비스와 가죽 바지, 민속 음악과 로큰롤, 슐라거(Schlager, 독일 대중가요의 한 장르. 팝이나 록과 달리 주로 독일어로 노래하며, 단순한 음계와 쉬운 가사가 특징이다. 한국의 트로트와 기능과 위치가 유사하다고 볼 수 있다.)와 컨트리, 사투리와 영어가 함께 있다. 디른들(Dirndl, 오스트리아와 독일 바이에른주의 전통 여성 치마)과 록 음악이 만난다.

흥미로운 것은 이 만남에서 무엇이 나오는가다. 물론 디른들이 바뀔 수도 있고, 다른 어떤 것이 될 수도 있다. 젊은 사람들이 다시 전통 의상을 입지만, 그들은 전통 의상을 다르게 생각한다는 말을 종종 듣는다. 이 옷들은 패션이며 외양이다. 그런데 가발리에의 경우 실제로는 디른들이 아니라 로큰롤이 재의미화되었다. 전통이 바뀐 게 아니라 근대가 바뀌었고, 시골이 아닌 도시가 거대한 마을로 다시 정의되었다. 우리가 이미 보았듯이, 실제로는 다원화 관점에서 본 도시화가 거의 모든 시골로 진입한 이 시점에서 도시를 거대한 마을로 재정의한 것이다.

가발리에는 고향 숭배를 근대의 심장에 새겨 넣었다. 그는 대중음악이 마치 언제나 민족 숭배에 큰 효과가 있는 매체인 것처럼, 서로 완전히 반대는 아닌 것처럼 다룬다. 그는 아주 의식적으로 로큰롤을 고향으로 데려오는 작업을 수행하고 있다. 한편 오스트리아에는 극우 정치인 외르크 하이더(Jörg Haider)가 정치 영역에서 전통을 통한 현대의 적대적 인수를 이미 실행하고 있었다. 가발리에는 이 작업을 음악에서 모방한다. 목가적인 우익 록 음악의 표현이다.

현대의 얼굴을 한 이 전통은 완전한 정체성에 대한 욕구를 만족시키며, 이런 욕구는 완전한 정체성이 상실되었을 때 나온다. 가발리에는 이 상징, 전통 의상의 상징, 오스트리아의 본성이라는 상징을 재활시킨다.

헬무트 두비엘에 따르면 반근대의 선포자들은 근대의 토대 위에서 반응하도록 강제되고 있다.[31] 울리히 베크가 덧붙이기를 그들은 이 일을 "과거의 복장에 재결합함으로써"[32] 수행한다. 베크의 지적은 타당하지만 충분하지는 않다. 전통 의상의 부활은 의복 이상의 의미가 있다. 다원화에 대한 저항, 우리의 불완전한 정체성에 대한 저항에서 다원화를 실제로 공격하는 무언가를 재생산하는 데 전통 의상의 재활성화가 사용된다. 전통 의상은 외형과 형태를 넘어서는 훨씬 더 큰 의미가 있어야 한다. 이 전통 의상은 주체에게 다시 하나의 형상을, 하나의 공적이고 공동체적인 형태를 제공해야 한다. 바로 주체가 잃어버렸던 형상을. 전통 의상은 옷 이상이다. 전통 의상은 불안정한 정체성의 '벌거벗은' 주체를 덮어 주어야 하는 형상이다. 이런 의미에서 전통 의상의 부활은 본질적인 과정이다.

한편 다원화에 대한 주류 사회에서 보이던 저항이 문화 영역에서 시작된 것은 우연이 아니다. 문화는 다원화의 본질적인 무대이며, 다원화와 이에 대한 저항 사이의 본질적인 다툼과 논쟁이 일어나는 무대이기 때문이다. 다원화를 통해 가장 심하게 흔들리는 것이 문화적 당연함이다. 문화사회학자 안드레아스 레크비츠(Andreas Reckwitz)는 이 주제를 심도 있게 다룬 글을 《디 차이트(*die Zeit*)》에 발표했다.[33]

레크비츠에 따르면 "후기 근대라는 당대"는 문화의 "뛰어난 가치" 없이는 이해할 수 없다. 레크비츠는 '문제는 문화야, 바보야!'라고 모든 경제학자와 기술학자들에게 알려 주었다. 레크비츠는 문화를 "가치와 담화, 정체성과 감정의 영역"으로 정의한다. 여기에서 근본적인 사회 논쟁과 다툼이 시작된다. 문화를 '둘러싼' 투쟁이 시작되는데, 레크비츠에 따르면 이는 두 개의 반대되는 구조, 두 개의 모순된 문화 개념의 충돌이다. 바로 "하이퍼 문화와 문화 본질주의"다.

여기에서 좀 더 자세한 인용이 필요하다. 이 영리한 글은 레크비츠와의 대비 속에서 나의 관점을 좀 더 분명하고 날카롭게 정리할 가능성을 주기 때문이다.

레크비츠는 하이퍼 문화를 "시장 발전 및 자기 발전 모델"로 이해한다. 이 모델에서 서양 주체들은 자아 성장 및 발전을 위한 방대한 문화 상품들을 이용할 수 있다. "일본 무술 합기도 또는 인도의 요가일 수도 있고, 스칸디나비아의 디자인, 프랑스의 영화이거나 미국의 컴퓨터 게임일 수도 있으며, 크리올이나 남부 독일의 요리일 수도 있다." 다양성이 클수록 자아의 성장 및 발전 가능성도 커진다. 레크비츠에 따르면, 이 하이퍼 문화의 적대자도 문화를 호출한다. 그러나 그때 문화는 오래된 것을 반복하면서 동질 사회를 위한 고정된 정체성을 보장하는 본질주의적 개념의 문화다.

레크비츠의 문화 이해는 전적으로 동의할 만하다. 문

화는 오늘날 중심 무대이며, 그 무대 위에서 우리는 우리 사회를 다룬다. 문화에 대한 다양한 생각들이 만나고 충돌하는 영역이 곧 문화다. 그러나 문화는 레크비치의 서술처럼 "가치와 담화의 영역"인 것만은 아니다. 문화는 또한 기호의 영역이다. 말하자면 문화 영역에서 물건, 자산, 단어들이 의미가 있는 기호 또는 상징으로 변환된다. 이런 의미에서 문화는 정체성에 상징을 부여하는 기본 틀이다. 문화 영역에서 개인과 상징 사이의 관계가 다양한 방법을 통해 고정된다. 이 관계에서 우리가 정체성이라고 부르는 것이 나온다.

레크비츠는 가능한 주체 유형으로서 하이퍼 문화라는 한 측면만 묘사한다. 서양 사회의 독립적 주체들에게는 모든 것이 자신의 주체성과 자기 통치권을 보장하는 기회이자 가능성이 될 수 있다. 문화 자산과 상품들이 제한 없이 공급되는 상황에서 하이퍼 문화의 주체들은 선택을 통해 상징의 주인으로 인증받는다.

그러나 레크비츠가 패권과 문화적 주도권의 양식으로 보여 주었던 것은 오래전에 다양화되었다. 롤랑 바르트(Roland Barthes)의 멋진 표현처럼, 전 세계가 즐거움을 위해 사용할 수 있는 세련된 소비 행동은 오래전부터 '침전된 문화재'가 되었다. 요가, 스시 등 이국적인 음식들은 오래전부터 어느 시골에서도 찾을 수 있다. 그러나 더 본질적인 것은 어떻게 레크비츠가 주체와 상징의 관계를 개념화하는가다. '하이퍼 문화'에서는 독립적인 주체가 완전한 상징을 만난다. 이 상징들은 다양해지기만 한 것이 아니다. 레크비츠의 다원화에서는 오히려 바로 이 근대화된 자율 주체가 이 완전한 상징의 자율적 주인으로, 이 새로운 결합의 주인으로 인증된다. 그리고 정확히 이 지점에 나는 문제를 제기하고 싶다.

다시 한번 세 가지 개인주의 형태로 가 보자.

1세대 개인주의에서 문화는 개인을 잘 조직된 상징 세계에 (대중으로) 끼워 넣는 데 도움을 준다. 이를 통해 개인은 각자의 특별함을 포기하고 일반적인 상징 질서 안에 있는 주체로서 자신을 재발견한다. 즉 여기에서는 완전한 주체와 완전한 상징의 관계가 지배하고 있다. 단지 예술가들에게만 이 상징 질서를 어느 정도 흔드는 것이 허용되었다.

2세대 개인주의에서는 이 질서정연한 관계가 휘청거린다. 여기에서는 해체라는 주제가 널리 퍼졌다. 예를 들면 여성이 대표적이다. 정해진 역할, 장소, 상징 관계의 해체. 그리고 여기에서 레크비츠가 하이퍼 문화라고 부른 것이 시작된다. 새롭고 낯선 상징들의 점유가 일어난다.

이 상징들도 여전히 완전한 상징이지만, 다른 문화에서 온 완전한 상징들이다. 예를 들면, 요가는 향, 징, 요가 장인과 함께하는 영적인 삶의 형태다. 완전한 정체성과 완전한 상징들의 다양화로 다문화를 바라보는 전통적인 이해가 여기에 속한다. 종종 이 다문화주의는 소외에 대한 저항으로, 루소주의로 존재했다. 여기에서 문화는 자연으로의 귀환이다. 훼손되지 않은 자연과의 관계를 가진 문화를 추구한다.

　　그러나 아직 오늘날 지배적인 3세대 개인주의까지 오지 않았다. 이 3세대 개인주의는 정체성의 불안정화를 통해 규정된다. 이는 사회의 다원화 과정에서 자기 정체성을 외면적으로 보장하는 일이 개별 주체들에게 맡겨졌음을 의미한다. 자기 정체성의 불안정화, 유연화는 상징의 불안정화를 동반한다. 민족적, 종교적, 성적 상징 등 모든 상징이 자신의 분명함을 잃어버린다. 3장에서 언급한 무슬림의 히잡처럼 명료한 의미를 지닌 상징이 불러오는 광범위한 불편함을 기억해 보라. 오늘날 우리는 더 이상 명료한 한 가지 의미만 갖지 않는 상징을 경험한다. 이것이 오늘날 우리의 상징 경험이자 기본적인 문화 경험이다. 불명료하다는 말은 상징의 의미가 일시적이라는, 그러니까 변할 수 있는 의미를 지닌다는 것이다. 이제 상징은 우연이 되었다. 이 상황은 레크비츠가 보여 주는 모든 사례에 적용된다. 음식에서 예술까지, 영적 훈련에서 (오늘날 요가는 더 이상 영적 기술이 아니라 주로 신체 기술로, 즉 향이나 영적 지도자 없이 훈련된다.) 성과 젠더에 이르는 모든 영역에서 상징은 우연이 되었다. 이 상황은 단순한 문화적 재화의 다원화, 즉 완전한 상징들의 다양화가 아니라 상징의 불안정화다.

또한 여기에서 정체성에 던졌던 것과 같은 질문이 다시 제기된다. 이 불안정화, 보증되었던 명료함의 상실은 이익일까, 손해일까? 해방일까, 위협일까?

이 열린 질문은 단지 두 가지 대답만 불러온다. 다원화가 낳은 변화와 관계 맺는 방식에 따라 두 가지 전략이 존재한다. 콘치타 부르스트와 안드레아스 가발리에의 사례가 이 두 가지 문화 전략, 이 두 가지 상징 전략을 잘 보여 준다.

콘치타 부르스트의 부상은 어느 정도 예상되었다. 말하자면 이런 인물이 등장할 수 있는 무대가 이미 준비되어 있었다. 이런 의미에서 부르스트의 등장은 우연이 아니다. 아무 때나 생길 수 있는 사건이 아니었다.

부르스트가 출현한 사회적 맥락은 다원화된 사회가 만든 효과다. 그 효과란 불완전한 개인, 불완전하고 불명료한 상징과 질서, 그리고 이 상징과 질서에서 나온 불완전한 정체성들의 사회 생성이다. 만약 이것을 다원화 효과라고 말한다면, 이 사회 변화가 뜻하지 않고 의도하지 않은 결과라는 생각을 드러낸 것이다. (즉 스스로 계획하지 않은 과정이자 결과다.)

뜻하지 않게 독일인이라고 하면 떠오르는 관념과 오스트리아인이라고 하면 그려지는 이미지가 불명료해졌다. 오스트리아 문화, 독일 문화처럼 말이다. 마찬가지로 요즘에는 순수한 남성적 혹은 여성적인 것도 불명료하다.

콘치타 부르스트라는 인물은 정확히 이 효과가 하나의 기획으로 변환되는 지점을 가리킨다. 의도하지 않았던 결과가 의도적인 계획 안에서 재기호화되는 많은 순간들 가운데 하나다. 이런 의미에서 그의 등장은 정치적으로, 문화정치적으로 중요한 순간이다. 이는 불안정화된 상징을 능동적으로 다루겠다는 결정이자, 다원화를 가속화하는 사건이다. 상징의 불명료함을 권장하고 긍정한다는 의미에서 그렇다. 이렇게 다원화라는 사실이 다원주의의 기획과 프로그램으로 변환된다.

콘치타가 이런 긍정의 다양한 순간과 사건의 하나라고 말한다면, 다른 영역에서의 다른 사례도 여기에서 언급할 수 있겠다. 이민 영역을 한번 보자. 이 글을 쓰는 지금까지 여전히 구금되어 있는 독일계 터키 기자 데니즈 위젤(Deniz Yücel, 독일과 터키에서 활동하는 그는 2017년 2월 14일부터 2018년 2월 16일까지 테러 지원 혐의로 터키 감옥에 갇혀 있었다.)이 그 예다. 데니즈의 체포에 대한 항의로 자동차 행렬은 빈을 비롯한 열한 개 도시에서 조직되었다. 이때 자동차 행렬이란 시끄럽게 경적을 울리며 천천히 시내를 통과하는 것으로, 결혼식이나 승전 때 하는 대륙 남부 지역의 축제 양식을 말한다. 터키인들 중에서도 특히 외국에 사는 사람들이 매우 좋아한다. 이른바 손님 노동자 문화의 일부인 이 행렬은 도리스 아크랍(Doris Akrap)이 일간지 《타츠(taz)》에 썼듯 "완전히 터키적인 놀이"다.

터키인 부모를 둔 데니즈는 독일 플뢰르스하임에서 태어났다. 데니즈도 자동차 행렬을 좋아한다. 터키인이라서가 아니라, 바로 독일계 터키인이라서 그렇다. 독일계라서 터키의 전형적인 놀이를 할 수 있었고, 아이러니하게도 이 놀이를 자기 것으로 만들 수 있었다. 이런 역설적이고 사랑스러우며 감성적인 관계를 칭하는 진지한 표현이 '야영'이다. 데니즈는 야영하는 독일계 터키인 또는 터키계 독일인이다. 그러니까 불명료함을 지배하는 사람이다.

콘치타 부르스트는 성에 대한 영역에서 자신의 계획

을 위한 희미한 상징을 쳐들었다. 성적 질서의 균열을 드러내는 그림을 발견했다는 것은 결코 작은 성공이 아니다. 그것도 하위문화 영역이 아닌, 거대한 대중이 접근하는 영역에 등장한 그림이다.

변장이거나 트랜스섹슈얼의 그림이 아니다. 이 또한 새로운 명료함이기 때문이다. 오히려 모든 명료함에 반대하는 그림이다. 그리고 그 상징은 하필 수염이다. 요즘에는 수염을 기른 사람들이 아주 많다. 지하드주의자들도 힙스터처럼 수염을 기르기도 한다. 그러나 진지하든 빈정대든 수염은 언제나 남근의 상징이다. 여기에서 남근이란 신체 기관을 의미하는 것이 아니라, 순수한 남성성의 풍부한 상징이다. 콘치타 부르스트는 바로 이 남근적 수염을 재의미화한다. 부르스트는 수염을 완전한 성적 정체성을 방해하는 요소로 만들었다. 수염이 남근의 상징에서 불완전한 정체성의 상징이 되었다.

반대자들의 격렬한 반응이 바로 이 그림의 적확성을 보여 준다. 먼저 이걸 보고 혐오감을 일으키는 사람들이 있다. 대부분 남성인데, 이때 혐오 내지 역겨움은 혼란의 깊이를 보여 주는 개인적인 저항이다. 이 혐오는 최소한 어떤 의미를 담고 있다. 지식인들의 저항에서는 주장되지 않는 혐오다. 예를 들어 독일의 공영 라디오 방송인 도이칠란트풍크의 평가를 보라. 하지만 그러한 평가들은 모든 점에서 잘못되었다. '자극하는 반쪽 존재'에서부터 '자기 이중화'를 거쳐 '자웅동체'까지, 이 그림을 제대로 설명하는 개념이 없다. 그리고 도이칠란트풍크는 교훈을 놓치고 있다. (알튀세르를 흉내 내 말하자면) 순수한 성적 본성이라는 고독한 시간은 절대 오지 않는다. 또는 주간지《프라이탁(Freitag)》에 실린 논평은 콘치타 부르스트를 '가장 쓰레기 같다'라고 거만하게 질책한다. 그럴 수 있다. 이 아름다운 등장에 아무런 감동도 받지 않는 사람도 있을 수 있다. 그러나 '왜 수백만 명이 이 인물에 감동받고 매혹되었는가'라는 질문 정도는 던질 정도의 지적 정직함이 있어야 한다. 단지 모두 쓰레기라서 그렇게 감동했을까?

세 번째 반대 집단은 정치 영역이며, 이들의 격렬함은 믿기 힘들 정도다. 한 가요제에서 수상한 이 예술가가 도대체 무슨 도전이란 말인가? 이 장면에서 '유럽의 종말'을 보는 러시아의 반응도 있었고, 콘치타를 선거 현수막에 등장시킨 헝가리의 반응도 있었다! (헝가리 극우 정당 요비크(Jobbik)는 유럽 연합 의회 선거에서 걸었던 현수막에는 '일탈'의 상징으로 콘치타 부르스트가 전통 의상을 입은 금발 여성 옆에 서 있다. 그 그림 위에 굵은 글씨체로 '투표하라!'가 적혀 있다.)

오래전부터 우리가 우리의 사회상을 다루는 지점인 즉 문화 영역에서 동성애가 찬성과 반대로 갈라지는 지점이었다면, 콘치타와 함께 트랜스젠더 유형이 이 민감한 지점에 불쑥 들어왔다.

종교 영역에서의 개종자처럼 오늘날 트랜스젠더도 전형적인 인물 유형이다. 물론 국민 대다수는 트랜스젠더도, 퀴어도 동성애자도 아니다. 신앙인의 절대다수가 종교 개종자가 아닌 것처럼 말이다. 그러나 개종자는 종교 영역에서, 트랜스젠더는 문화 영역에서 무엇이 변했는지를 보여 준다는 점에서 전형적인 인물 유형이다. 이른바 '정상인'과 이성애자에게도 마찬가지다. 이들은 상징, 질서, 규정들이 불안정해졌다는 걸 보여 주는 인물 유형이다. 우리가 여전히 아무 생각 없이 '문화적인' 상징으로 간주하는 상징뿐 아니라 이른바 '자연' 상징, 그러니까 성별처럼 '자연적인' 의미로 간주하는 상징까지도 불안정해졌다. 콘치타의 수염이 직접 드러냈듯이 자연 상징들 역시 불안정해졌고, 각자의 우연성을 보여 주게 되었다. 콘치타의 수염은 '자연적인' 질서가 어떻게 문화적인 질서로 변환되는지를 보여 준다.

레크비츠가 말하는 하이퍼 문화 주체는 자기 결정권과 권한을 즐길 수 있는 자율적인 주체다. 반면 다원화된 주체는 우연적일 뿐 아니라 우연을 체험하는 주체다. 이와 같은 우연성의 체험이 심리 분석뿐 아니라 철학이 가르치듯이 모든 주체성은 우연이라는 인식론에 부합한다 할지라도, 개인은 우연성의 체험을 인식이나 진리가 아니라 모두가 대처해야만 하는 어려운 줄타기로 경험한다.

이런 의미에서 다음과 같이 말할 수 있다. 트랜스젠더는 문화 영역에서 3세대 개인주의의 전형적인 인물 유형이다. 그리고 이 점이 레크비츠의 하이퍼 문화와 다른 점이다. 다원화된 개인주의 시대에서 문화는 결코 훼손되지 않고 온전한 문화 재화들과 완전한 상징의 집합이 아니다. 문화는 오히려 불안정해진 상징과의 관계를 획득하려는 시도다. 다원화된 개인은 소수의 엘리트와는 달리, 전 지구 안에서 획득 가능한 완전한 상징들의 단순한 주인이 아니다. 다원화된 주체는 기껏해야 불완전한 상징과의 관계 속에서 불안정한 자율성과 권한을 얻을 수 있을 뿐이다.

오늘날 문화 영역을 구성하는 대립 관계는 레크비츠가 말한 하이퍼 문화와 본질주의적 문화와의 대립이 아니다. 사회의 핵심 무대인 문화를 구성하는 대립 관계는 바로 완전한 상징과 불완전한 상징 사이의 대립이다.

레크비츠의 하이퍼 문화의 의미를 되물을 수 있다면,

하이퍼 문화 영역의 반대편 극에 위치한 것, 이를테면 그가 문화의 본질화라고 불렀고 이 책에서 안드레아스 가발리에라는 인물로 대변된 그것에 대해서는 전적으로 동의할 수 있다. 레크비츠가 적절하게 서술했듯이, 반대자들도 문화 영역의 부름을 받는다. 그러한 논쟁이 이제 문화를 둘러싼 논쟁이 된다. 레크비츠는 이와 같은 문화 이해를 문화 본질주의라고 불렀다. 그러니까 문화 본질주의는 자기 자신을, 자신의 "종교, 민족, 인종적 관습을 영구적으로 유지하려는" 시도다.

바로 이 일을 안드레아스 가발리에가 수행하고 있다. 앞에서 보았듯이 전통 의상이라는 상징을, 오스트리아의 본성이라는 상징을 부활시키면서 말이다.

우리는 3장에서 상징은 변화할 수 있고, 상징의 의미도 변화할 수 있다는 것을 살펴봤다. 예를 들어, 패션은 하나의 재기호화다. 종교적, 인종적, 민족적 상징이 순수한 미적 차이로 바뀌었다. 이런 변화는 무슬림의 히잡에만 적용되지 않고 전통 의상에도 적용된다. 가발리에는 여기에서 거꾸로 간다. 가발리에는 전통 의상의 의미를 복원하여, 다시 완전한 상징으로 정착시키려고 시도한다. 완전한 상징은 레크비츠의 개념에서 보면 본질주의적 상징이다.

그러나 상징은 본질상 교환된다. 상징은 변화하고 유통된다. 상징의 본질주의화는 바로 이 본성을 지워 버리려고 한다. 이는 상징을 고정하고 자연화하려는 시도, 즉 상징의 순환에서 배제하려는 시도다. 여기에서 상징의 본질인 교환은 완전히 반대되는 것으로 바뀌어야 한다. 교환되지 않는 상징으로, 즉 동어 반복으로 전환되어야 하는 것이다. 동어 반복을 좀 더 상세히 말하면, 자기 자신은 자기 자신이다. 다른 정의는 용납되지 않는다. 그렇기 때문에 민족주의자들은 그들 문화의 실제 본질이 무엇인지, 기원이 무엇인지 말할 수 없다. 지식의 부족 때문이 아니라 그들이 가진 특수성 때문이다. '자신의' 문화는 '문화는 무엇무엇이다'라는 식으로 교환될 수 있는 어떠한 등가물도 갖지 않는다. 단지 동어 반복이다. 문화는 문화다. 내 것은 내 것이며, 자기 자신은 자기 자신이다.

바로 이 일을 가발리에가 하고 있다. 그는 팬들에게 가죽 바지는 가죽 바지이며, 유통될 필요가 없음을 보여 준다. 가죽 바지는 교환될 필요도 없다. 가발리에는 팬들에게 다음을 보증한다. 오늘날에도 모든 것은 그대로다. 모든 것이 여전히 잘 돌아간다. 하나의 거대한 공동체로 잘 유지되고 있다.

그러나 실제 자기 자신이라는 동어 반복은 다원화된

사회에서 방어책으로 기능한다. 이 사회에서는 가죽 바지의 반대편에 콘치타의 수염이 있다. 그리고 여기에서 가발리에의 가죽 바지는 결코 그 옛날의 가죽 바지가 아니라는 것이 분명해진다. 이미 말했듯이 다원화에 대한 방어는 단순히 옛것의 재소환이 아니라 오히려 재구성이기 때문이다. 가죽 바지는 오래된 상징이지만, 실제로는 새로 구성된 모습을 보여 준다.

이 새로운 구성은 튼튼한 방어 태세를 갖추었을 때만 제대로 기능한다. 왜냐하면 변화에 대한 방어이기 때문이다. 그리고 그 옛날의 완전한 정체성을 더 이상 생산하지 못한다. 단지 새로운 폐쇄된 정체성만 생산할 수 있는데, 새 정체성은 옛 정체성과는 다르다. 옛날의 완전한 정체성은 대체로 중심과의 집단적이고 긍정적인 관계가 특징이었다. 그러나 폐쇄적 정체성은 바로 정확히 가발리에의 주체들이 보여 주듯이 중심의 상실 이후 배제를 통해서만 얻을 수 있다. 배척을 통해서만, 배제를 통해서만 온전한 소속을 재구성하거나 새롭게 구성할 수 있다.

이런 공격적인 정체성 정치는 부정이고, 분열에 대한 방어이자 자기 자신에 대한 방어이며, 불완전한 정체성에 대한 방어이자 동시에 자기 자신에 대한 방어다. 새로운 정체성 정치의 강도와 공격성은 이렇게 설명될 수 있다.

한편 재구성은 소수자 집단뿐 아니라 주류 집단에서
도 발견된다. 소수자 집단의 전략은 봉쇄이며, 누구도 밖
으로 나가지 못한다. 주류 사회에서는 누구도 들어오지
못하는 전략이 된다. 배제를 통해서만 생산될 수 있는 폐
쇄된 정체성은 발전, 갈등, 문제에 언제나 같은 반응을 보
인다. 이런 상황에서 영향력을 행사하는 과도한 감정, 공
격성 그리고 자주 언급되는 공포가 반응의 지표들이다.
이런 반응들이 이성적인지 비이성적인지는 상관이 없다.
주류 사회의 반응은 차라리 거대한 사건에 주목하게 한
다. 신뢰받던 세계, 다시 말하면 정상성과 확실성이 의문
에 부쳐진 것이다.

볼프강 티르제(Wolfgang Thierse)는 이를 "실향 공포"[34]
라고 이름 붙였다. 실향 공포란 고향의 것이 변화하는 데
대한 공포, '자기 나라가 외국화'되는 데 대한 공포를 말
한다. 이때 실향이 실재 혹은 상상인지는 중요하지 않다.

지그문트 바우만이 말했듯이 오늘날 우리는 "세계적
인 문제를 지역적으로 풀어야 하는" 상황에 처해 있다.[35]
많은 사람들이 이때 다음과 같은 입장을 내세운다. 우리
는 그 문제를 풀고 싶지 않다. 우리는 거부한다. 울타리를
치고, 장벽을 세우며, 철조망을 쳐서 변화의 반대편에 설

것이다. 이것은 향수가 낳은, 경계와 명료함에 대한 열망이다. 외부적인 방어인 동시에 내면적인 방어다. 내면이 불안한 주체를 완전한 주체로 고정시키려는 것이다. 자신의 옛 정체성을 구하기 위해 확실성을 규정하는 것이다. 그러나 그 모든 장벽 뒤에서 옛날의 완전한 정체성은 배타적이고 폐쇄된 것으로 바뀌고 만다. 다원화 시대의 방어는 보호하려고 했던 정체성을 바꾸어 놓는다.

서로 거리 두기를 통해 형성된다는 나비드 케르마니의 정체성 이론은 다원화보다는 오히려 방어에 가깝다는 것이 여기에서 분명해진다. 그의 정체성 이론은 다원화에 대한 방어이자, 다원화의 '보이지 않는 손'에 대한 방어다.

다원화, 그리고 다원화에 대한 저항과 방어는 서로 반대일 뿐 아니라 '우리'를 만드는 두 가지 방식이기도 하다. 이 두 가지 흐름은 사회 안에 서로 다른 두 가지 분리선을 긋는다.

반다원주의자들이 설치하는 분리선은 교묘하다. 분명하면서도 동시에 기만적인. 이 경계는 본질적으로 자기 자신과 이방인 사이의 분리 위에 펼쳐져 있다. 이방인들을 거부하는 방법으로는 두 가지가 허락된다. 첫째, 우리 안에 모두가 포함되어 '이방인'이 아예 없도록 '우리'를 매우 넓게 구성하는 것을 허락하기다. 즉 친절하게 보이도록 한다. 둘째, 경계 지움이 내면적 분리가 아니라 외면적 분리인 것처럼 행동한다. 적대를 가장자리로, 사회의 경계선으로 옮겨 놓는 것이다. 더 정확히는 자신들 즉 반다원주의자들이 가장자리이자 경계로 정의하는 곳까지 밀어낸다고 하겠다. 이 경계선 안에 '오스트리아인', '오스트리아적인 우리'가 모여 있다. 결합하는 존재로 등장하고, 결합된 것처럼 보이는 매우 격렬한 분리다.

이것은 가발리에 현상을 이른바 실향 공포에 견준 것과 정확히 들어맞는다. 공격적인 '우리'와 고향에 대한 매우 공격적인 상상은 잘 어울린다.

이때 고향은 자연으로 덧씌워진다. 자연은 그 안에서 고향이 완성되는 매개물일 뿐 아니라 고향이 정해 주는 관계이기도 하다. 이런 의미에서 고향이라는 상징은 '자연'의 상징, 즉 고정된 상징이어야 한다. 가죽 바지는 마치 자연환경에 '자연'적으로, 변함없이 속해 있는 것처럼 되고, 이 점을 가죽 바지를 입은 사람들에게 보증해 준다. 그러나 보증은 스스로 '자연적인' 특징을 증명하는 착용자에게만 적용된다. 이 특징은 유사성이다. 왜냐하면 유사한 이들만이, '자연적으로 타고난' 이들만이 고향에 자기 몫이 있기 때문이다. 도달할 수 없으며 구매할 수 없는 이러한 유사성은 노력으로 얻을 수도 없으며, 그 안에서 사람들은 통합될 수도 없다. 유사성은 '자연으로부터 애초에' 주어진 것이다. 다음과 같이 말할 수도 있겠다. 아무런 행위 없이 유사성은 획득된다.

내면적 유사성을 보증해야 하는 외면적 유사성은 상징의 고정화를 통해, 즉 변경 불가능한 형상을 통해 고정된다. 알렉산더 판데어벨렌(Alexander Van der Bellen)의 2016년 오스트리아 연방 대통령 선거 운동에서 제기되었던 문제도 이와 같다. 그 문제만 없었다면 판데어벨렌의 선거 캠페인은 성공적이었을 것이다. 판데어벨렌은 고향 개념을 재기호화하여 다원화된 사회를 위한 새로운 의미를 부여하려 했다. 그는 포괄적인 '우리'를 '고향' 개념으로 이해하려고 시도했다. '우리'를 자연을 넘어, '자연적인' 소속을 넘어 정의하지 않고, 여기 살고 있는 모든 것을 포함하는 개념으로 이해하려고 했다. 여기에서 재기호화의 문제는 이 그림들, 형상들, 상징을 나타내는 언어가 정확히 옛날의 자연과 다시 연결되고 있다는 데 있다. 옛날의 자연은 더 이상 포괄적인 '우리'의 기초가 되어서는 안 되는 요소다. 그 자체의 성스럽지 않은 함의로 인해 옛 자연의 성스러움에 봉사하지 않을 새로운 그림들이 있었다면 좋았을 것이다.

가발리에와 그의 동조자들에게는 이 일이 쉽다. 그들은 공식들로 가득 찬 무기고로 돌아갈 수 있다. 부정적이고 배타적이며, 공격적인 '우리'라는 그들의 생각을 봉쇄된 정체성을 통해 완벽하게 보조하는 무기고.

고향은 이제 투쟁 공식이 되었다. 오늘날 가발리에에게서만 찾을 수 있는 게 아니다. '서양의 이슬람화에 반대하는 애국적인 유럽인들(Pegida)'이라고 자칭하며 서방의 구원자로서 거리를 돌아다니는 사람들에서도 찾을 수 있다. 이들은 또한 실제로는 내면적 구분선인 외면적 사회경계를 분명히 긋고 있다. 이른바 '그' 이슬람과 '그' 서구 사이의 구분선. 이들은 이슬람주의자들과 완전히 같은 면이 있다. 둘은 같은 경계에서 만난다.

이 같은 밀회에 함께하지 않는 것은 완전히 다른 경계선을 긋는 사람들이다. 이들은 경계선 바깥쪽에 서 있지 않다. 오히려 경계선을 거부한다. 포퓰리스트, 서구의 구원자들, 원한의 배달자들이 유럽 전역에서 선전하고 있는 것들에 맞서서, 완전히 다른 군사 경계선, 완전히 다른 사회적 구분선을 긋는다. 이 새로운 사회적 군사 경계선, 즉 유럽 사회를 분리하고 있는 정치적 전선은 이민자들과 소위 원주민 사이에 놓여 있지 않다. 우리는 다양한 전선 앞에 서 있다. 우리는 한 번에 분리되는 것이 아니다.

'이민 이후(postmigrantisch)'라는 단어가 있다. 우리 사회는 이민 이후 사회다. 이 말은 이민이 끝났다는 뜻이 아니다. 오히려 이미 성공적인 이민이 유럽 사회를 지속적으로 변화시키고, 심지어 다원화했다는 뜻이다. 오늘날 독일인 혹은 오스트리아인이란 단어로 떠오르는 그림은 과거와는 완전히 다른 것이다. 이런 이민 이후 사회에서 "이민은 더 이상 경계선이 아니다. 경계선을 만드는 것은 사회 형태에 대한 태도다."[36] 독일 사회과학자 나이카 포르탄(Naika Foroutan)의 말이다. 그러므로 전선은 원주민과 이민자 사이에 있지 않다. 정치 전선은 외부적인 것이 아니다. 정치 전선은 오늘날 포괄적인 '우리'를 원하는 이들과 배타적인 '우리'를 원하는 이들 사이에 놓여 있다. 이민으로 변화된 이민 이후 사회를 받아들이는 사람과 이민 이후의 현실을 수용하지 못하는 사람들 사이를 가로지른다. 후자는 변화를 위협으로 느끼고 '과도한 외국화' 또는 이슬람화로 재해석하는 이들, 말하자면 변화를 막고 싶은 사람들이다. 현실에 대한 이러한 저항은 변화하지 않는 '진정하고 순수한' 사회라는 환상에 기초하고 있다. 역사는 진실에 대한 거부와 부인이 힘을 얻을 수 있음을 가르쳐 준다. 이는 위험한 힘이다. 현실을 자신들의 환상에 맞추려 하기 때문이다.

5장 정치 무대—팬으로서의 참여

　　다원화된 개인을 추적하는 다음 무대는 정치다. 여기에서 정치는 환경 정치, 정당 정치 같은 것이 아니라 다음 질문에 대한 탐구다. 다원화된 주체의 관점에서, 그러니까 감소된 자아의 관점에서 정치는 어떻게 보이는가? 변화된 주체인 우리에게 어떤 정치 형태가 알맞을까? 이 변화를 정치적인 것에서는 어떻게 표현할 수 있을까?

　　질문들이 얼핏 진부해 보일 수 있다. 지속적인 탈정치화가 관찰되기 때문에 그렇게 생각할 수 있다. 오래전부터 우리를 지배했고, 최근 다시 부활하는 불평이기도 하다. 그러나 실제로 최근의 발전은 다음의 두 가지를 분명히 보여 준다. 첫째, 다원화된 주체는 정치에 대단히 관심이 많다. 둘째, 그러나 관심은 완전히 새롭게 구성되고 있다. 이 새로운 주체성에서 눈에 띄는 정치적 특성은 개입과 참여에 대한 열망이다. 우리는 참여하기를 원한다. 우리는 더 많은 참여를 원한다.

　　그런데 이런 주체들의 참여란 무엇일까? 이 참여의

특별함을 이해하려면 다시 한번 우리는 세 가지 개인주의를 돌아봐야 한다.

1세대 개인주의에서 참여는 이동에 기초한다. 개인들은 주어져 있었던 장소를 떠나야 한다. 거대한 대중 조직의 부분이 되기 위해, 타고난 환경에서 벗어나야 하고 자신들의 구체적 조건들을 추상화해야 한다. 봉기의 시대에 대중의 일부가 된다는 것은 대중 속에 녹아든다는 뜻이다. 일상에서 이 말은 정당의 주체가 된다는 뜻이다. 이런 주체로서 사람들은 사회 해방에 대한 희망을 공급받을 뿐 아니라, 집단의 일부가 되는 진정한 참여를 경험했다. 따라서 개인에게 참여는 집단 안에 녹아드는 것을 의미했다.

'신사회 운동'이 일어났던 2세대 개인주의 시대에서 참여는 완전히 반대 의미가 되었다. 참여는 이제 자신의 특수한 구체성을 무시하지 않고 분명하게 주장하는 것을 의미했다. 참여는 자기 자신으로서, 예를 들어 여성으로서, 동성애자로서, 흑인으로서 정치 주체가 되는 일을 의미했다. 행위자들은 이를 위해 자신의 다양한 특별함으로부터 어떤 규정을 찾으려고 했고, 이 규정으로 사회화되기를 원했다.(2장에서 보았다.) 개별 인간에게는 많은 정체성 규정이 있다. 젠더적 또는 성적 지향성만 있는 것이 아니다. 사람들은 자신의 복잡한 정체성 중 하나를 규정력 있는 부분으로 선택하여, 이 부분을 가지고 정치적 삶에 진입한다. 이렇게 참여는 부분이 되는 것에서 인정받는 정치 주체가 되는 것으로 바뀐다. (정치 주체는 스스로를 여전히 한 집단의 부분으로 이해한다. 이 집단이 비록 소수 집단에 불과하지만 말이다.)

당연히 부분이 되는 참여도 여전히 있다. 정당적 주체가 여전히 있듯이 말이다. 그러나 이는 더 이상 참여의 시의적절한 형태가 아니다.

3세대 개인주의에서 참여의 특징은 예컨대 '월가 점거 운동(Occupy)'에서 분명하게 드러난다. 월가 점거 운동은 금융 위기와 아랍의 봄(2010년 12월부터 중동과 북아프리카에서 일어난 반정부 시위. 대부분의 나라가 민주화 정부 수립에 실패했으며, 지중해를 건너서 유럽으로 가는 난민이 급증했다.)에 이어 2011~2012년에 벌어진 유명한 저항 운동이다. 월가 점거 운동은 격렬했지만 금방 꺼져 버렸다. 이 운동의 짧은 생명력을 평가하는 것은 의미가 없다. 여기에서 살펴보려는 것은 이 운동에 다른 특별한 점이 있기 때문이다. 월가 점거 운동은 오늘날 참여의 전형이었다. 여기에서 사람들은 처음으로 정치 참여의 새로운 형태를 관찰할 수 있었다. '액체 민주주의'와 함께했지만 최근에는 기억하는 사람도 거의 없는 해적당(Piratenpartei)과 마찬가지로, 월가 점거 운동은 정치적인 것의 활성화로 환영받는 한편 대단히 회의적인 평가도 받았다. 이런 방식의 참여가 효과적일까? 냉혹한 현실 영역에 이 운동이 무언가를 가져올까?

바로 이 지점에서 되물을 만하다. 만약 참여가 몫을 갖는 일이고, 결정하고 논의하는 것이라면, 참여는 진짜 결정에 참여하는 것이고, 진짜 함께 논의하는 것일까?

다르게 물어보자. 진짜 참여에서는 현실이 중요한가, 아니면 참여가 중요한가? 이 질문은 얼핏 봤을 때처럼 터무니없지 않다. 두 가지가 같다고 성급히 생각하면 안 되기 때문이다. 이 질문의 의미를 되묻지 않은 채 그냥 수용하면 안 된다. 그렇다면, 참여와 결정하기의 실재는 무엇인가? 이는 냉엄한 사실로서의 실재, 측정 가능한 결과로서의 현실일 뿐 아니라 참여 자체라는 실재, 즉 참여의 주관적인 현실이기도 하다. 참여의 주관적 현실로서의 실재는 소속되고 있고, 인정받으며, 고려받는다는 주체의 느낌을 의미한다. 이 느낌, 이 감정이 바로 3세대 개인주의에서 의미하는 참여다. 이는 실제로 참여한다는 순수 객관적 관점에서, 참여에 대해 주체가 느끼는 주관적 단계로 이동하는 것이다. 오늘날 참여는 실재에 참여하는 일이면서, 동시에 자기 자신의 실재도 갖는 활동이다.

이러한 주장을 다음처럼 무시하기 쉽다. 저건 속임수이며 단지 느낌일 뿐이다. 그것은 진짜 참여가 아니다!

그러나 느낌만으로 참여하는 일, 참여한다고 느끼는 일은 결핍이 아님을 이해해야 한다. 왜냐하면 참여한다는 주체의 느낌은 허공에 붕 뜬 것이 아니기 때문이다. 참여한다는 느낌이 싹트기 위해서는 장소가 있어야 한다. 느낌이 생겨날 수 있는 활동 영역이 반드시 있어야 하고, 경청받는 공명의 공간이 있어야 한다. 바로 여기에서 참여의 중요 기준이 냉정한 현실에서 공동으로 결정하는 데 있는 것이 아니라, 참여하는 현실 그 자체임을 알게 된다. 느끼기 위해서는 어떤 공간을 생성해야 한다. 참여는 그 자체의 실재를 갖는다는 말은 바로 이 공간의 생성을 의미한다.

참여한다는 느낌을 갖는 데 필요한 장소는 이미 정해져 있는 공간이 아니다. 그냥 거기에 있는 장소가 아니다. 정당 내부도, 정당 외부도 아니다.(지금까지 정당에서 이런 장소를 계획한 적은 거의 없다.) 이런 장소의 창조에 관해서는 빈에서 흔히 보는 전형적인 불평분자를 생각해 볼 수 있다. 빈에는 어떤 공개 행사든 예외 없이 떠벌이 불평분자가 하나씩 있는데, 대부분이 발표 주제와 맞지 않는 내용에 관해 끊임없이 질문을 던진다. 대단히 짜증 나는 상황에서 그는 그러나 중요한 문제를 제기한다. 참여는 참여를 위해 미리 준비된 자리에 참석하는 일인가? 아니면 참여의 본질은 준비된 자리를 넘어서는 데 있는가? 참여는 준비된 공간을 채우는 일인가? 아니면 참여는 그러한 공간을 초월하는 곳에서 시작되는가? '점거' 운동은 이 질문에 대한 정치적 대답으로 이해할 수 있을 것이다.

월가 점거 운동은 광장을 '생산'했고, 평범한 공간을 정치적 공간으로, 정확히 말하면 3세대 개인주의의 정치적 공간으로 충전했다. 왜냐하면 그곳은 주체가 참여의 순간을 실현시킬 수 있었던 새로운 장소였기 때문이다. 그곳에서 사람들은 절대적인 개별 개인으로서 관여할 수 있었다. 그곳에서 자신들의 구체적인 개체성을 갖고 공적 무대에 입장할 수 있었다. 실제 의미보다 진부하게 들리지만 말이다.

월가 점거 운동은 참여의 주관적 순간이란 곧 개인으로 존재한다는 뜻이고, 이럴 때에만 오늘날 개인들에게 참여 의지가 생긴다는 것을 보여 주었다. 3세대 개인주의의 감소된 자아, 감소된 주체는 자신의 구체적이고 개별적인 개체성을 지닌 채 참여하기를 원한다.

감소된 주체들은 집단에 들어갈 때 완전히 구체적인 개체성을 지닌 개인으로 인식되기를 원한다. 매우 구체적이고 개별적이라서, 그들은 어떤 종류의 정체성 지표로도 분류되기를 원하지 않는다. 개인들은 이런 방식으로만 참여할 수 있고, 참여해야 하고, 참여할 수밖에 없다. 민주주의를 향한 이 새로운 기본 열망을 완전 참여를 향한 열망이라고 부를 수 있겠다. 이것이 3세대 개인주의, 즉 다원적인 개인주의의 정치 형식이다. 완전 참여란 집단이나 계급 혹은 정당과 같은 어떤 보편에 의해 대변되지 않고 자신의 구체적인 개체성 안에서 자기 자신으로, 온전한 개인으로 존재하기를 의미한다.

　　실제로 대의제와 단체 결성에 대한 깊은 불신을 드러낼 뿐인 이런 상황은 탈정치화로 오인되었다. 불신은 모든 기관뿐 아니라 집단적 정체성을 규정하는 모든 방향으로 향한다. 사람들은 2세대 개인주의처럼 하나의 개별 특징이 아니라 자신의 모든 특징들, 자신의 온전한 개체성을 갖고 정치 무대에 입장한다.(인터넷에서도 스스로 만든 온전한 개체성을 갖고 등장한다.) 월가 점거 운동에서 '우리'와 짝을 이루는 유일한 등가물이 추상적인 숫자인 것은 우연이 아니다. "우리는 99퍼센트다." 이렇게 개별화된 사람들과 개인화된 정치 운동은 월가 점거 운동에서 처음 보게 되었다. 이는 어떤 생활 양식과도 결합되지 않는다. 생활 양식은 동질적인 정체성을 요구하거나 생산하기 마련이다. 요구 사항이나 명확한 목적이 없었던 것도 당연하다. 이 요구나 목적은 완전히 다른 집단 주체와 소속을 요구하기 때문이다.

3세대 개인주의는 모든 종류의 대의 체제, 모든 종류의 제도 및 제도화에 대해 회의적이다. 정치적 내용에 대해서도 회의가 지배적이다. 이를 "프로그램 피로증"[37]이라고 말할 수도 있겠다. 그러나 대안 없이 수행되는 저항이란 도대체 무엇인가? 실제 해답은 없는 것처럼 보이는 사회 운동을 어떻게 봐야 할까? 먼저 여기에서는 저항 세력의 대변인을 거부하는 경향이 두드러진다. 반대와 저항을 지휘하는 노조나 좌파 정당 같은 대변인을 점점 더 거부하게 되는 것이다. 이런 상황 때문에 장소, 현장, 광장에서 일어나는 사건이 더욱 중요해진다. 미래를 향한 특정 요구들이 아니라 저항의 순간 자체가 중심이 된다. 사람들은 월가 점거 운동과 타흐리르 광장(이집트 카이로에 있는 광장으로 이곳에서 2011년 아랍의 봄 시위가 시작되었다.)에서 열리는 토론회, 위원회, 준비 모임, 총회, 청소, 응급 구호 등의 활동을 하면서 환호하고 웃었다. 정치적 에너지를 다른 배수구 없이 분출하기 때문이다. 민주주의적 순간, 실제 민주주의적 사건의 부활을 보기 때문에 환호한다. 정치적 에너지의 탁월한 원천인 분노는 규정된 길을 거부하고 자신들의 저항을 구성하는 방법으로 어찌되었든 이곳에서 새로운 길을 뚫었다. 불가리아의 정치학자 이반 크라스테브(Ivan Krastev)에 따르면 민주주의는 "만족의 기계"가 아니라, "불만족과 관계 맺기"다.[38]

한 토론회에서 미국의 사회학자 리처드 세넷(Richard Sennett)은 월가 점거 운동이 시작된 '자유 광장'(월가 점거 운동은 뉴욕 주코티 공원에서 시작되었다. 시위자들은 이 공원 이름을 자유 광장으로 바꾸어 불렀다.)을 방문한 후 그곳에 있었던 노인들의 불만과 불쾌감, 실망을 설명했다. 이는 행복을 기대한 데 대한 실망이며, 동시에 정치적 신뢰에 대한 실망이다. 그곳에 있었던 개인들은 이미 홀로 변화했다. 그들은 자신들의 불만을 표현했고 개인으로서, 인격으로서 인정받는 순간을 경험했기 때문이다. 말하자면 이제 중요한 것은 표현 정치인 것이다.

잉골푸르 블뤼도른(Ingolfur Blühdorn)이 주장하듯이[39] 모든 것이 그저 모의 실험에 불과하고 유사 민주주의, 연출된 민주주의에 불과하며, 오래전에 포스트민주주의가 된 것은 아닐까? 실질적인 변화를 목표로 하는 민주주의의 실행이 아니라 우리 포스트민주주의 시민, 즉 겉모습만으로 존재하는 유사 민주주의 시민이 치르는 민주주의의 의례일 뿐인 것은 아닐까? 스스로를 민주주의적 개인으로 여기고, 공적으로 그렇게 자기를 드러내도록 하는 의례. 실질적인 변화에 아무런 영향도 미치지 않은 채, 우리의 정체성 안에서만 우리를 재확인할 수 있는 의례.

우리가 분노에 차 청원서에 서명하거나 좋아요를 클릭할 때 그것은 진짜 자기 결정이 아니며, 단지 우리의 정체성 안에서 우리를 확인하는 것일 뿐이다. 블뤼도른에 따르면 시위에 참여하거나 시민 단체 활동에 관계하는 일 혹은 공공장소에서 캠페인을 펼치는 일 등 이 모든 정치 활동은 단지 모의 실험일 뿐이며, 우리가 실제 민주주의 질서 안에 살고 있다는 커다란 환상에 기여할 뿐이다. 이 모든 일이 단지 포스트민주주의 연극의 일부일 뿐이며, 오늘날 일반적으로 축소된 민주주의의 모순된 모의 실험의 일부일 뿐이다. 이런 활동은 "민주주의의 자기 이해"를 경험시켜 주는 동시에 제외와 배제, 불평등의 정치를 정당화하는 "집단적 자기 환상"의 실천일 뿐이다. 더 나아가 이런 정치는 감정 해소를 통해서 견고해진다.

블뤼도른의 모의 실험 이론이 생각할 만한 가치가 있고 특수한 느낌에 부합될지라도, 이에 따르면 모든 개입, 모든 정치 행위가 의문에 처하고 모의 실험이나 가상 행위로 평가 절하된다. 그러한 정치 행위는 눈속임에 불과하며, 실제 변화와 엄혹한 현실을 외면하는 순수한 자체 위생이자 정치적 자족이라고 무시하는 일은 어렵지 않다. 그러나 포스트민주주의의 우울증에 푹 빠지기 전에 우리는 질문 몇 개를 던질 필요가 있다.

실제 참여와 주관적 참여, 현실과 가상, 실제 정치와 주체의 느낌을 서로 대립시키는 것은 오래된 유물론적 사유에서 나왔다. 유물론적 사유에 따르면 정치적 사건이 일어나는 진짜 장소가 있고, 다른 모든 것은 유도되었거나 심지어 가짜이다. 이러한 구식 마르크스적 사유를 토대와 상부 구조라 불렀다. 그러나 실제로 우리는 오래전부터 '실재하지 않는' 행동의 중요성과 사회적 효과를 이해하는 방법을 배웠다. 사실 정치적 행동이 일어나는 실재적이고 우월한 장소는 없다. 경제에서도, 국가상에서도 마찬가지다. 그리고 바로 오늘날, 3세대 개인주의 시대에는 실제 참여와 주관적 참여의 대립을 더 이상 수용하기 힘들어졌음을 경험하고 있다. 주관적 참여는 비실제적이고 효과도 없는 가상의 참여라는 고발이 소용없는 것이다.

다른 한편으로 민주주의는 언제나 그러한 집단적 자

기 환상을 만들지 않았나? 민주주의는 언제나 하나의 연출 아니었던가? 국민 주권, 투표자의 의지, 자율적인 시민이라는 연출. 우리는 이 오래된 연출과 새로운 연출을 쉽게 구별할 수 있을까? 옛날의 연출은 민족 체험을 생산하는 일이었다. 즉 대중 속에 녹아들 때의 거대한 느낌을 만드는 실천이었다. 반면 오늘날의 연출은 점점 다른 방향으로 가고 있다. 개인으로서의 개인을 표현하는 일, 즉 대중 안에서 스스로 개인을 표현하는 일이다. 오늘날 정치 운동은 이렇게 돌아가고 있다. 느낌들이 모일 뿐 아니라, 한 장소와 한 순간을 감정들이 빽빽하게 채울 때 작동한다. 바로 이 일을 월가 점거 운동이 했다. 바로 이것이 광장에서 무슨 일이 일어났고, 그곳에서 무엇인가 움직이고 있었다는 인상을 남겼다. 그래서 누구나 그곳에 있고 싶어 했다. 저명인사들은 그곳에 있었다고 포장했고, 이론가들은 그곳에서 발언하고 싶어 했으며, 내친김에 자기들이 이 사람들을 위한 기초 텍스트를 썼다고 언급하려 했다.

이반 크라스테브는 지식인들의 이런 과장을 보고서 오늘날 "민주주의적 감상주의"가 생겨났다고 지적했다. 바로 그렇기에 5000명의 사람들이 거리에 모인다는 것이다. 이전 정치 운동은 진짜였지만, 지금은 반대로 사람들이 축제를 미화하거나 모의 실험에 속아 넘어간다고 비판했다. 그러나 이미 그 진짜란 건 감상이 아니었던가? 정치 운동은 마르크스가 말했듯이 언제나 이미 "빌려 온 의상" 안에서 움직이지 않았나? 옷은 맞지 않는다. 모든 운동은 영향을 주는 장면들을, 사회의 원초적 장면을 흉내 낸다. 최상의 경우에 정치적으로 원초적인 장면에서 새로운, 다시 말해 근대화된 버전을 발전시키는 데 성공한다. 이를 위해서 새 버전은 사건이 되어야 하고, 여기에서 실제로 일어나는 일을 중재해야 한다. 만약 성공한다면 새 경험은 개인에게 참여한다는 느낌만 주는 게 아니라 또한 전형적인 경험이 된다. 다른 사람들도 이 경험에서 자신을 재인식할 수 있다. 이렇게 느낌의 실재는 효력을 발휘한다. 저항하는 사람들은 자신들을 지배하는 권력에 반대하면서 오직 자신들의 감정, 분노, 불평, 실망만을 보여 줄 수 있기 때문이다. 그렇지만 바로 이것이 풍부한 가치가 있고 민주주의의 중심 원료다.

왜냐하면 감정은 3세대 개인주의에서 특별한 기능을 하고, 대단히 중요한 가치가 있기 때문이다. 감정은 점점 더 기존의 배출구로부터 풀려나서 다원화된 주체들의 매개체가 되었다. 감정 안에서 사람들은 실제로 개별적인 개인이 된다.

이러한 방식으로 세상을 바꿀 수 있을까? 아마 안 될 것이다. 그러나 이러한 상황이 변화를 위한 전제는 될 수 있다. 현실주의자들에게 시인할 만하다. 네, 순진하고 단순하죠. 그러나 이것이 우리 시대의 정치 욕구다. 정당, 조직, 제도들의 합리성만으로는 더 이상 충분하지 않다. 변화는 다른 무언가를 요구한다. 변화는 '점거자'들이 가져다준 원료를 필요로 한다. 그다음에야 원재료를 가공할 수 있다.

월가 점거 운동은 막다른 골목으로 판명되었다고 볼 수 있다. 또한 그 자신들의 요구도 생명을 다했다. 그러나 그 광장에서 보여 주었던 것을 진짜 행위와 순수한 경험 공간의 반대항으로 보는 것은 정당한 평가가 아니다. 점거 운동은 하나의 가르침을 주었다. 다원화된 참여의 전형을 보여 준 것이다.

신앙에서의 개종자, 문화에서의 트랜스젠더에 해당하는 것이 바로 정치 영역에서의 완전 참여다. 전형적인 인물, 전형적인 형식. 모든 신앙인이 개종자는 아니고, 모두가 성전환을 하지도 않으며, 완전 참여가 일상에서 알맞지는 않더라도 변화를 분명하게 보여 주기 때문에 전형적이다.

완전 참여에 대한 열망, 즉 개인으로서 참여하고, 존

재하고 인정받고자 하는 갈망이 명확해질 때 그러한 형상은 전형적이다. 3세대 개인주의에서 민주주의적 기본 욕구는 다원화가 가져온 기본 변화와 밀접한 연관이 있다. 개인이 자신을 재인식할 수 있는 일반적인 형상의 침식, 부재, 불가능이 정확히 이 욕망을 불러왔다. 바로 인정을 향한 욕망이다. 2세대 개인주의의 인정과는 다르다. 오늘날 인정은 온전히 구체적인 개별성에 대한 인정이어야 한다.

인정은 단순히 개인의 욕망일 뿐 아니라 오늘날 소속이 실현되는 형식이기도 하다. 오늘날 사회의 부분이 된다는 것은 인식됨을 의미한다. 이것이 민주주의의 가치다. 소속이 바뀌면 비소속도 바뀐다. 지금까지의 논의에 따르면 배제된 존재는 인식되지 못함을 의미한다. 그러므로 오늘날 정의로운 사회를 향한 열망은 피에르 로장발롱에 따르면 인정을 향한 소망과 연결되어 있다.[40] 인식되지 못하는, 인정받지 못하는 존재의 형태 중 가장 흔한 것이 차별이다. 사람들의 구체적인 개별성을 배제하는 일이다. 이 불평등한 행동은 개인의 구체적인 개별성을 부정하는데, 한 개인을 출신, 종교, 성별로 축소하기 때문이다. 이런 점에서 3세대 개인주의의 정치적 대립 관계는 인정과 비인정 사이에 있다. 다시 말하면 참여와 참여로부터의 배제, 존재와 비존재 사이에 있다.

참여와 통합과 관련해서 이 대립 관계는 매우 민감한 문제다. 빈의 시의회 선거에서 빈을 위해 함께(Gemeinsam für Wien)라는 정당이 처음으로 터키인으로만 구성된 비례 후보 명단을 제출했을 때, 이 대립 관계가 얼마나 문제적인지 다시 한번 분명해졌다. 처음 있는 일이었고, 거대한 변화였다. 그러나 이 변화가 좋은 일일까? 대답은 결코 단순하지 않다.

쉬운 부분에서 시작하자. 먼저 정치적 우파들의 반응부터 살펴보자. 우파들은 순수한 공격 본능으로 반응했다. 이민자들만의 비례 후보 명단 제출이 바로 통합 의지가 없음을 보여 주는 증거라고 주장했다. 흥미로운 주장이지만 완벽히 거꾸로 된 주장이다. 왜냐하면 자신들의 비례 후보 명단이라는 그림은 믿기 힘든 강력한 통합 의지의 표현이기 때문이다. 그들은 주장한다. 우리는 여기 있고, 우리는 여기 살고 있고, 우리는 여기에서 일하고 있다. 또한 우리는 공적 생활에도 참여하기를 원한다. 우리는 참여하고 싶다. 개입하고 싶다. 이러한 더 많은 참여와 공동 결정권을 위한 싸움은 통합의 거부와 정확히 반대편에 있다.

이민자들과의 관계에 대한 주류 사회의 두 가지 잘

알려진 개념이 있다. 동화와 통합이다.

통합을 정치적 우파의 관점에서 이해하면, 통합에 대한 설명은 건너뛰어도 된다. 어떤 사람들은 이민자들에게 흔적 없이 주류 사회에 녹아들기를 요구한다. 그리고 주류 사회는 변할 필요가 없다고 가정한다. 잘 알듯이 이 과정의 이름이 동화다. 오스트리아 사회 안으로 들어오려는 중대한 발걸음인 그 자신들의 후보 명단이 동화의 관점에서는 거부로 보일 수도 있다. 그러나 자신들의 후보 명단을 만드는 행위는 흔적 없이 사회에 진입하라는 바로 그 주장을 거부하는 일이다.

오스트리아 정부의 통합 담당 부서 홈페이지에 가면 아래 내용을 읽을 수 있다. "출신이 아닌 그 사람의 능력을 고려해야 합니다. 통합은 능력을 통해 일어납니다." 처음에는 이 문장이 매우 개방적이고 명료하게 들린다. 그러나 실제로는 아주 중요한 질문이 제기된다. 사회가 쉽게 통합시킬 수 없는 능력은 어떻게 할 것인가? 단순히 경제, 스포츠, 예술 기준의 충족과는 거리가 먼 성공은 어떻게 할 것인가? 사회를 바꾸는 것이 본질인 영역에서 성공한 사람들은 어떻게 할 것인가? 정치가, 교사, 이론가, 활동가, 참여자들과 같은 사람들 말이다. 참여와 통합의 문제적 관계를 성찰하고 구체화하는 데 능력이 있는 사람들은 어떻게 할 것인가? 적극적인 참여를 통해 이들은 사회에 '도달'했을까? 또는 이들이 사회를 쇄신했을까?

통합은 단순히 한자리를 차지하는 일, 눈에 띄는 일, 제도의 일부 혹은 엘리트가 되는 일이 아니다. 통합은 능동적인 참여를 말한다. 참여는 이미 주어진 자리를 차지하는 것이 아니라, 도착해야 하는 장소인 사회 자체를 변화시키는 일이다. 기준을 채우는 능력이 아니라, 기준 자체를 바꾸는 일이다. 그리고 바로 이 일은 이미 존재하는 사회에 흔적 없이 편입된다는 환상, 곧 동화에 저항해야 한다. 이렇게 통합의 개념 자체가 바뀐다. 즉 통합은 규정의 충족이 아닌 변화다. 자기 자신의 정체성 변화이며, 타인의 정체성 변화이며, 사회의 변화다.

이 지점에서 터키인으로 구성된 비례 대표 후보 명단에 비판을 덧붙일 수 있다. 이 정치 조직에 대한 반대는 이들이 어디에서 왔는지를 따지는 것이 아니라 누구 편이냐에 대한 반대였다. 만약 주류 사회도 이렇게 다루어졌다면, 실제로 이 비판은 적절했을 것이다. 만약 오스트리아 사회가 앞서 언급한 통합의 원칙에 따라 이민자와 망명자들을 만난다면, 터키인 비례 대표 후보 명단은 실제로 낡은 행동이 되었을 것이다. 그러나 여기 살고 있는 사람들은 정확히 다른 기준에 따라 평가받고 있다. 출신이 소속과 삶의 기회를 규정하고, 차별이 이들의 구체적 개인으로서의 참여를 거부하고 있기 때문에, 배제된 자들을 대의하는 정치 조직화는 실제로 생각해 볼 가치가 있다. 이런 활동은 통합의 원칙에 대항하는 참여 원칙을 세우는 일이 될 것이다.

그렇게 될 것이다. 왜냐하면 터키 비례 대표 후보 명단이 가진 모순과 문제는 바로 여기에서, 즉 정치 관여(다시 말하면 실제 관여하는 것)의 방법에서 그 내용으로 관심이 옮겨 가는 지점에서 시작되기 때문이다. '빈을 위해 함께'는 순수한 터키인들의 목록이며, '오스트리아에 있는 터키인들'이 가입되어 있다. 터키의 대통령 레제프 에르도안(Recep Erdoğan)이 선거 운동을 하면서 빈에 나타나 이들을 소개했듯이 말이다.

그러나 지금 빈의 이민자들은 극단적으로 이질적이다. 여기에 목록을 둘러싼 논쟁의 핵심이 들어 있다. 이미 쿠르드인과 알레비파 추종자들(Aleviten, 13~14세기에 출현한 이슬람의 한 분파로 신자 대부분이 터키에 거주하고 있다. 정통 이슬람에서는 이단으로 보기도 한다.)도 거부감을 보이는 순수한 터키인의 목록, 순수한 한 종족의 목록은 역효과를 낳는다. 이 목록이 무슬림적 권력 이양의 우파적 유령을 실현시키기 때문이 아니다. 오히려 인종적 목록은

한 이민자의 목록이 수행할 수 있었던 일을 방해하기 때문이다. 그리고 동질적으로 이해되는 민족성에 대한 저항으로서 소수자와 이질성을 대변하는 일을 방해하기 때문이다. 이 목록은 (긍정적) 통합의 중요한 순간을 방해한다. 즉 이질적, 혼종, 다원화된 사회에서 모든 개인들의 정체성 변화를 방해한다. 이런 의미에서 이 목록은 진정한 대답과는 정반대 편에 있다.

참여는 권리와 권한의 부여를 의미한다. 말하자면 참여는 참여적인 주체를 생성하고 힘을 주는 일이다. 따라서 말하고 싶지 않아서 침묵하는 이들에게, 말할 수 없고 말하면 안 되는 배제된 자들에게 권한을 부여하는 데 인종적 게토는 도움이 되지 않는다.

참여는 일반적으로 참여적인 주체, 그러니까 참여할 수 있고 참여를 원하는 주체에게 필요하다. 그러나 이런 주체가 하늘에서 떨어지는 것도, 우리 모두 참여적인 주체인 것도 아니다. 언젠가 참여적인 주체가 되었다고 해서 언제나 그런 것도 아니다. 그러므로 참여적인 주체는 호명이 필요하며, 그리고 주체를 생성하고 활성화시켜 주는 과정이 필요하다.

여기에서 다음 질문이 제기된다. 이 권한 부여는 참여에 선행하나, 아니면 참여를 통해 비로소 생겨날까? 우리는 이미 권한과 권리를 부여받았기 때문에, 즉 우리가 이미 경청자를 만들고 싶어 하는 참여적 주체이기 때문에 참여할까? 아니면 권한 부여는 참여의 효과일까? 다시 말해 우리가 참여하기 때문에 우리는 관여하는 인간이 될까? 우리 시대의 새로운 주체, 감소된 자아에게 이 질문은 매우 민감하다.

그 대답은 이 둘을 모두 고려해야 한다. 왜냐하면 지금은 닫혀 있고 고립된 과정을 이야기하는 것이 아니기 때문이다. 우리의 생애를 보면 참여는 지속되는 일이 아니라, 각자의 역사를 계속해서 써 나가는 과정에서 반복되는 순간이다. 동시에 나아가 참여는 행동의 순간을 수반한다. 즉 참여하는 주체가 참여의 행동을 통해 혹은 행동 안에서 생성되는 순간, 우리가 참여하는 주체로서 갱신되고 쇄신되며 고양되는 그 순간이 참여와 늘 함께한다. 바로 참여의 광장, 참여의 자리에서 그 순간이 발생한다.

그래서 핵심 질문은 다음과 같다. 완전 참여에 대한 욕망, 개인으로서 존재하고 싶은 3세대 개인주의의 기대에 맞는 정치 형식은 무엇일까?

지금까지의 정당은 이 욕망, 이 주체성을 위한 적절한 형태와는 점점 더 거리가 멀어졌다. 정당은 1세대 개인주의에 적합한 기관이었다. 사람을 바꾸고, 교육하는 사명을 가진 교육적 기관이었다.(2장에서 보았다.) 바로 이 지점에서 정당은 프로테스탄트 정신과 연결된다. 프로테스탄트 정신은 노동과 생산뿐 아니라 교육과 정치를 위한 거대 조직에도 큰 영향을 미쳤다. 프로테스탄트 정신의 영향을 받은 조직인 정당 또한 금욕적인 이상과 다음 세 가지 본질적 요소에 의해 규정되었다. 규율, 권위, 충동의 지연이다.

이와 대조적으로 2세대 개인주의 시대에서 정치 형식은 시민 단체(NGO)였다. 시민 단체는 한때 정치 조직의 가장 앞서가는 형태였다. 무겁고 수직적인 규율을 가진 조직이자 권력 체제의 부패한 부분인 정당에 대항하며 협력하는 명료하고 해방적인 형태의 정치 참여였다. 시민 단체들은 정당에 대항하여 1980년대에 자리 잡았다. 새로운 도구로서 직접적인 관여와 참여, 지식의 축적, 효과적이고 의미 있는 행동, 특히 깨끗한 손을 약속했다. 시민 단체는 신뢰와 도덕적 힘을 의미했다. 정당과 달리 모든 점에서 '선한' 정치를 보증하는 정치 참여의 한 형식이었다.

그러나 3세대 개인주의 시대인 오늘날 시민 단체는 이러한 지위를 어느 정도 잃어버렸다. 시민 단체 자체가 늙어 보인다. 시민 단체가 제도의 일부가 되었기 때문이 아니라, 전통적인 정치 관계의 일부가 되었기 때문이다.

오늘날 다원화된 사회에서 정치적 관계를 이해하기 위해 우리 모두가 맞닥뜨린 중요한 변화에 눈길을 돌리는 것은 의미 있다. 이 변화는 정치적 주체로서의 우리에게만 국한되지 않고, 우리의 모든 삶의 영역과 관계 있다. 1960~1970년대 이후 서양 국가들에 들어온 좋은 삶, 성공한 삶에 대한 담론의 변화, 바로 쾌락주의다.

68 운동의 결과 문화 좌파(Poplinke)는 삶의 원칙으로 욕망을 강력하게 주장했다. 이들은 지루하고 편협한 속물, 즉 부모 세대에 대항하고, 동시에 교의적이고 청교도적인 좌파 동료들에 대항하며 욕망을 주장했다. 그들에게 쾌락주의는 아무 매개 없이 지금 여기에서 실현되는 행복과 자유에 대한 약속이었다. 즐거움은 해방을 향한 반역의 도구이자 작전이었다. 쾌락주의는 속물주의에서 벗어나는 길이었고, 제한적인 성, 노동, 삶의 윤리를 가진 지배적인 청교도주의로부터의 해방이었다. 쾌락주의가 우리를 꺼내 주었다. 쾌락주의는 완전히 다른, 충만한 삶이었다.

이 치열한 전투에서 청교도주의는 꾸준히 패배했다. 늦어도 1980년대 말에는 일반적인 탈규제화가 금욕적인 훈육의 과정을 장악했다. 이때부터 쾌락주의는 지금껏 유효했던 프로테스탄트 정신을 해체한다. 우선 경제 분야에서 해체가 일어났다. 막스 베버가 자본주의의 발생을 금욕주의적 삶과 노동 윤리라는 프로테스탄트 정신과 연결시켰다면, 유연한 터보 자본주의는 충동을 지연하는 견고한 삶의 지향을 낡은 것으로 만들고, 오늘날 자본주의가 완전히 그 반대로 기능할 수 있음을 보여 주었다. 쾌락주의는 주도 담론이 되었다. 성공한 삶이란 즐거움과 쾌락의 실현이자 향유다. 이 쾌락주의가 사회의 중심 개념이 되는 과정에서 자체의 의미를 바꾸었을 뿐 아니라 거의 뒤집었다는 것 또한 비밀이 아니다. 원래 쾌락주의는 욕망에 적대적인 도덕을 향한 저항의 징표이자 해방의 울림으로 여겨졌다. 하지만 오래전에 쾌락주의는 그 반대편에 자리를 잡았다. 실현과 성공을 통해 쾌락주의는 저항의 정신에서 빠져나와 참여와 소비의 도구이자 자본주의의 작동 원리가 되었다. 자본주의는 기능하는 노동력뿐 아니라 즐기는 소비자도 필요하기 때문이다. 자본 축적에 대한 저항으로 생각되었던, 1967년에 나온 조르주 바타유(George Batailles)의 개념인 '소비의 경제'는 시장의 거대한 파티로 변환되었다.

이 모든 일은 충분히 알려진 이야기다. 그러나 쾌락주의가 다원화된 주체들의 '정치적인 것'에서도 표징이

된 사실은 덜 주목받았던 듯하다. 3세대 개인주의의 정치는 정치적 쾌락주의다. 그러나 정치적인 것에서 쾌락주의는 재미 사회(Spaßgesellschaft)와 같은 것이 아니며, 재미 사회에서 말하는 재미의 부분이 아님에 주의해야 한다. 정치적 쾌락주의에서 볼 수 있는 것은 민주주의와 정치적인 것의 영역에서 나타나는 변화된 주체다. 이 변화 즉 정치적 쾌락주의의 구체적 의미는 규율, 권위, 충동 지연이라는 세 가지 프로테스탄트적 요소의 변화로 가장 잘 읽을 수 있다. 왜냐하면 쾌락주의 담론은 경제는 물론 정치 주체의 영역에서도 이 요소들의 위치를 바꾸기 때문이다.

1세대 개인주의는 스스로 선택한 권위를 따르는 것을 의미한다. 이와 반대로 3세대 개인주의를 이끌어 가는 추진력의 본질은 정확히 다른 곳에 있다. 모든 권위에 반대하고, 모든 권위(여기에는 모든 정치 제도와 기관도 포함된다.)를 불신 속에서 만나며, 권위들 대신 자기 자신의 길, 자신의 정치적 욕구를 따른다. 그러나 이것은 계몽주의자들이 오늘도 여전히 꿈꾸고 있는, 자신의 모든 영역에서 개인의 자율이 실현되는 것을 의미하지 않는다. 여기에서는 성숙한 시민이 실현되지 않고, 단지 다원화된 주체가 자신의 욕망을 따를 뿐이다.

그러나 이미 길이 주어져 있지 않을 때에만 자기 자신의 길을 갈 수 있는 법이다. 고정된 소속 대신 오늘날 정치 여정은 점점 더 짜깁기 약력으로 얼룩지고, 이 약력의 다양한 색깔은 '옛' 정당들을 '욕망에 적대적인' 공룡으로 보이게 한다. 그러므로 정치적 쾌락주의는 표현적이며, 표현하는 정치다. 정치적 쾌락주의는 마땅히 자체의 도덕적 요구를 가능한 한 정직하게 표현해야 한다. 그러나 정치적 쾌락주의는 정직성에 관한 한 가장 신뢰할 수 없다.

두 번째 변동은 규율과 관련된다. 규율은 제시된 삶의 방향을 따르고, 권위와의 관계 속에서 강력한 정치적 정체성을 만드는 것을 의미한다. 그러나 규율을 통해 만들어지는 정체성은 개인들에게 권한을 부여하기 때문이 아니라, 오히려 강력한 결합을 만들기 때문에 강력했다. 그러나 규율을 통해 기능하는 결합은 복종하는 결합이다. 규율화와 권위는 정치적 거대 기획의 본질적인 특징으로 불리는 지점, 즉 개인의 변화, 변환, 양육이라는 지점에서 큰 효과를 발휘한다. 이와 반대로 오늘날의 정치적 정체성은 정치 기관들이 요구하는 변화를 거부한다는 점에서 쾌락주의적이다. 정치적 쾌락주의는 변화를 거부한다. 정치적 쾌락주의는 자기 자신에 기초하며, 이것이 쾌락주의의 본질적인 길이다.

세 번째 중요한 이동은 충동 지연과 관련된 거부다. 충동 지연에 대한 쾌락주의의 거부, 쾌락의 성취에 대한 요구는 정치 영역에서 약속하는 미래의 모든 행복을 거부한다는 의미다. 행복을 위한 지연이나 기다림은 더 이상 없다. 미래를 가리키는 모든 정치적 약속들은 김이 새 버렸다.

민족은 언제나 현재를 과거와 연결 짓는 "기억의 공장"이었다.[41] 민족에서 이런 기능을 수행했던 거대 국민정당들은 그 이름에 이미 충동과 행복 지연을 내세우고는, 미래의 본질적인 지표를 세워 두었다. 그러나 정치적 쾌락주의는 완전히 현재에 정주했고, 지금 여기에서 성취하려고 한다. 이런 쾌락주의 정치는 현재 사회 질서가 변화 불가능하며 대안은 없다는 생각에서 생겨날 수도 있고, 마찬가지로 바로 지금 여기에서 정치적 교체를 이루려는 생각에서 나올 수도 있다. 정치적 대안 또한 더 이상 미래의 좌표가 될 수 없다. 요약하면 정치적 쾌락주의는 변화 없이, 수직적인 계층 없이, 충동의 지연됨 없이 개인으로서 완전히 참여할 때 실현된다.

그렇다면 정치적 쾌락주의와 완전 참여를 위한 형태는 무엇일까? 2세대 개인주의에서 시민 단체는 이를 위한 적절한 정치 조직의 형태가 아니다. 시민 단체는 여전히 낡은 조직형태에 기대고 있기 때문이다. 낮은 수준이기는 하나 시민 단체도 어쨌든 기관이므로 어느 정도는 여전히 무겁고, 규율적이며 규제력을 가지려 한다. 20년 전 새로운 시민 단체들이 기존 정당들에 대항할 때 사용되었던 것과 같은 비판이 이제는 시민 단체 자체를 비판하는 데 사용된다. 오늘날 정치적 쾌락주의 시대에는 정치적 감정에서 정치 행위로 바로 가는 길이 필요하다. 앞에서 언급했듯이 감정은 정치 주체들의 특권적 도구이며, 오늘날 정치적인 것의 핵심 요소다.

정치 행동은 더 자발적이고 더 역동적이고 더 수평해져야 하며 더 빨라져야 한다. 인권 운동가 필리프 존데레거(Philipp Sonderegger)는 이렇게 적었다. "요즘 집회는 플래시몹이라고 부른다."[42]

느슨하고 일시적인 네트워크가 이런 정치에 잘 맞는다. 본질적인 것은, 이 상황적이고 임시적인 연합들이 어떠한 공통분모도 거부한다는 점이다. 모든 추상화는 개인의 구체성을 묻어 버리려 한다는 의심을 받는다. 이를 우리는 월가 점거 운동에서 배웠다. 교훈은 특수한 정치 욕구를 보이게 만들 수 있다는 것이다. 완전 참여에 대한 욕구, 즉 정치적 쾌락주의가 성취되는 도구에 대한 욕구를 월가 점거 운동이 보여 주었다. 여기에서 시급하게 던져지는 질문은 '이러한 욕구를 위한, 일상에 어울리고 적절한 정치 형태가 있는가.'다. 이러한 열망은 정치적인 것으로 가는 입구를 어디서 찾을까? 이러한 욕구는 점거 운동보다 더 광범위한 효과, 말하자면 단지 새로운 전형성을 보여 주는 것보다 더 광범위한 효과를 어디에서 낼까?

실제로 이런 형태가 존재한다. 일상의 정치 행위에서도, 시민 사회에서도, 좁은 의미의 정치 영역에서도 실제로 현실화된 모습이 있다.

시민 사회 영역에서는 정치적 쾌락주의의 완전 참여에 대한 욕망이 개인의 적극적인 사회 참여인 앙가주망이, 더 정확히 말하면, 이 적극적인 사회 참여 경험을 통한 변화에서 실현된다. 한편으로는 참여에 대한 증가하는 소망, 모든 사회 영역에 개입하려는 욕구가 있다. 그러나 다른 한편으로 사람들은 사회 참여 문화의 변화를 분명하게 보여 줄 수 있다. 이것은 사람들을 사회 운동에 투입하는 식의 동원이 아니다. 이것은 헌신을 가져오는 자기 동원이다. 2015년 가을, 독일과 오스트리아의 기차역들에서 보여 준 압도적인 장면들을 떠올리면 된다.(2015년 시리아 난민이 유럽으로 몰려왔을 때 독일과 오스트리아 시민 수만 명이 자발적으로, 특별한 조직 없이 난민들을 돕기 위해 기차역으로 갔던 상황을 말한다.)

　그러나 자기 동원은 이 헌신적인 사회 참여가 조직화되지 않는다는 전제가 있어야 한다. 독일의 문학 비평가 이요마 만골트(Ijoma Mangold)는 《디 차이트》에서 "확신개인주의"라는 표현을 썼는데, 이는 "일반화를 피할 수 없는 한 정당의 깃발 아래 모일" 준비가 되어 있지 않은 사회 참여적 개인을 말한다.[43] 만골트에 따르면 사회 참여는 오늘날 주체들에게 "개인적인 참여라는 칵테일"을 만드는 일이며, 이때 칵테일은 "자신과 100퍼센트 동일하다." 이러한 사회 참여에서 개인은 실제 자신의 구체적인 개체성을 실현한다. 그리고 사회 참여를 통해 이익을 얻는다. 존중감, 자신의 능력이나 소질을 새롭게 보여 줄 가능성, 즐거움, 자기 능력의 향상이 그 이익이다. 요약하면 이 헌신적 사회 참여 속에서 다원화된 개인들은 자신의 정치적 쾌락주의를 실현한다.

　물론 정당 같은 기관들도 이와 같은 욕구를 고려해야 한다. 기관들은 변화를 강요받고 있다. 주체들의 참여와 참여하는 느낌을 위한 장소가 되어야 하고, 개인들을 대단히 일반적인 표지 아래, "일반화하는 하나의 깃발" 아래 놓지 않아야 한다. 이 말은 정당들도 오늘날에는 개인이 개인으로 경청되는 공명 공간을, 그리고 사람들이 말할 수 있는 토론장을 열어야 한다는 뜻이다. 이런 변화의 필요성을 이해하고, 변화에 대한 욕구를 진지하게 고려한 첫 번째 사람이 곧 에마뉘엘 마크롱이다.

2017년 프랑스 대통령 선거에서 마크롱이 거둔 믿을 수 없고 전례가 없는 승리와 프랑스 사민당의 재앙 같은 패배는 서로를 비추는 거울과 같다. 마크롱은 정치 영역에서 아마도 가장 본질적인 전환을 이해했다. 사민당이 이해하지 못했던 것을 마크롱은 이해했다. 그리고 어쩌면 사민당은 현재까지도 그들의 발목을 잡는 역사 깊은 형식 때문에 이해하지 못했으리라.

사회 문제가 오늘날 더는 예전의 방식으로 제기되지 않는다는 것을 마크롱은 이해했다. 옛날 방식은 사람을 계급으로, 집단으로 호명하는 방법이었다. 이 방식은 옛 사회 정치의 내용(계급의 이해)이자, 집단의 대의체로서의 정당이라는 형식이었다. 옛 계급 사회는 안정되고 분리된 구획을 갖고 있던 개인들에게 포괄적인 표현의 다양한 장을 제공했다. 조직, 적절한 정치적 대리, 언어, 심지어 노래까지 제공했다. 그것은 그 사회에 결합되기 위한 전체 의미 체계였다. 그러나 "온전한 개인 실존"[44]을 향해 노력하는 다원화된 개인의 시대에는 과거와는 달리 이런 통합이 더 이상 작동하지 않는다. 3세대 개인주의 시대에는 근본적으로 개인을 적절하게 대의하는 수단이 없다. 집단을 통한 대의는 오늘날 시민들의 정치적 욕구와 맞지 않는다. 사회 문제가 더 이상 없어서가 아니다. 그보다는 오늘날 사람들을 정치적으로 움직이고 건드리며 자극하는 것은 다른 무언가, 즉 완전 참여를 향한 열망이기 때문이다.

마크롱의 선거 운동은 스타의 화려한 등장일 뿐 아니라 본질적으로 프랑스 전역에서 이루어진 작은 규모의 만남이었다. 시민 총회의 진정한 의미는 시민들의 만남이다. 연설자의 말을 따르기 위해서가 아니라 사람들이 말하기 위한 자리였다. 말하자면, 개인들이 경청받는 공간, 전통 정당들은 기획하지 않는 공간이었다. 정당의 지역 모임이나 하부 모임처럼 동등하게 일하기 위해 정당 동료로서 만나는 자리가 아니다. 이곳에서는 완전히 다양한 개인들로 만난다. 자신들의 삶의 역사와 문제를 가진 채 어떠한 범주, 집단 혹은 정체성 영역으로 제한받지 않고 존재할 수 있다.

그들은 변할 필요가 없다. 그들은 다 같아질 필요도 없다. 왜냐하면 이 자리는 민족이나 계급 같은 집단 정체성이 조건으로 제시되지 않는 토론장이기 때문이다. 사람들을 묶어 주는 요소는 단지 문제를 해결하려는 의지이며, '조화'가 만들어진다. 이런 조화가 열광을 불러일으킨다. 이는 오늘날 모든 이들이 정치에서 찾으려 하는 마법의 원료이자 황금과도 같은 열광이다.

단순히 이 열광의 원인이자 촉발제만이 떠오르는 별 마크롱의 매력은 아니다. 그가 제공한 새로운 정치 모형과 형식도 이러한 열광을 불러왔다. 이 형식과 모형이 바로 오늘날 시민들의 정치 욕구 및 욕망과 잘 맞았기 때문이다. 즉 참여에 대한 욕망이며, 인정을 향한 기대다. 앞에서 보았듯이 인정은 옛날 방식의 인정, 즉 집단의 부분으로서, 계급의 부분으로서, 정당의 부분으로서의 인정이 아니다. 이미 말했듯이 이것은 자율적 주체의 실현도, 성숙한 시민의 실현도 아니다. 단지 감소된 자아의 욕구에 접근하는 일이며, 이를 채우는 일이다. 이것은 옛날의 해방을 의미하지 않으며, 대신 새로운 의미의 인정을 뜻한다. 그리고 인정 이후 따라 나올 정치에 대해서는 아무 말도 하지 않는다. 그러나 이 소망, 개인으로서 인정받고 자신의 특별함 안에서 개인으로서 인지되고 싶은 이 소망은 오늘날 삶의 형식과도 잘 맞는다. 우리 모두는 오늘날 개인으로서의 삶에 능통해야 한다. 그렇게 우리는 정치적인 것에서도 개인으로서 인정받기를 원한다. 대중민주주의에서 이는 미친 것처럼 보일 수도 있지만, 이것이 현재

정치의 근본 욕구처럼 보인다.

이 지점에서 프랑스 작가 디디에 에리봉(Didier Eribon)에 반대되는 의견을 밝혀야겠다. 멋진 책 『랭스로의 귀환(*Rückkehr nach Reims*)』에서 에리봉은 프랑스 공산당이 과거에는 수행했지만 지금은 더 이상 하지 못하는 일이 노동 계급을 "집단으로 동기화"시키는 일이라고 했다.[45] 에리봉에 따르면, 좌파는 노동 계급을 "정치 전통과 객관적 삶의 조건에 뿌리내린 자신감 넘치는 집단"[46]으로 형성했다. 따라서 그는 정치적 위기의 탈출구가 거기에 있다고 본다. 좌파가 노동자들을 다시 집단으로 호출하고 구성해야 한다는 것이다. 오늘날 마린 르펜 주변의 우파들이 하고 있듯이. 영리한 분석이지만 에리봉의 출구는 설득력이 없다. 오늘날 주체들의 정치적 욕구와 맞지 않기 때문이다.

이와 반대로 마크롱은 특정한 집단 정체성을 보여 주지 않았다. 그는 3세대 개인주의에 반대하며 등장하지 않았다. 그보다는 오히려 이들에게 자신의 마법 공식을 제공했다. 개인들이 대중 사회에 존재하도록 하는 이 마법 공식이 바로 열광을 불러왔다. 그러나 여기에서 개인은 옛 자유주의의 개인, 즉 사인으로서의 개인이 아니다. 또한 옛 공화주의의 개인, 즉 동등한 존재로서의 시민도 아니다. 오히려 이 주체는 새로운 공적 존재로서 개별적이고 구체적인 개인이다. '공적인 것'으로서 개인의 등장이다. 이것이 다원화된 사회를 위한 정치 공식이다. 개인주의는 여기에서 공동을 위한 새로운 기초가 된다. 그리고 그렇게 다 함께, 조화를 이루며, 이 다양한 개인들은 계속 앙 마르슈(en marche, 마크롱이 2016년 창당한 정당 이름으로 '전진'이라는 의미다.) 중이다.

이 정치 형태의 변화, 이 상부 구조의 붕괴, 3세대 개인주의의 도래가 반드시 진보는 아님을 오스트리아 사례가 보여 주고 있다. 프랑스의 이 최신 유행이 옛 정당 대신 새로운 운동이라는 형태로 오스트리아에도 도착했다. 그러나 이 지역에서는 옛 정당인 기존 오스트리아 국민당(ÖVP) 위에 추가된 비례 대표 후보 명단의 형태로 등장했다. 평론가들은 이 근대적인 '혼합 형태'에 크게 놀랐고, 이 혼종에 큰 매력이 있다고 확인해 주었다.

비례 대표 후보 명단과 정당이 혼합된 이 새로운 정치 형태에 과장된 열광이 결합되었다. 이 혼합이 정당에 먼지처럼 붙어 있고 상처의 딱지처럼 앉아 있던 것으로 경험되던, 즉 경직된 구조와 고정된 계층 관계 모두를 밖으로 내몰았다고 열광했다. 이런 정당의 옛 구조는 개인들에게는 복종과 적응을 의미했으며, 한때 이런 특징은 장점이었다. 대중 정당에서 교육과 동화의 기능을 가능하게 했기 때문이다. 그렇게 폐쇄적인 특정 집단을 만들 수 있었다. 또한 예전에는 신념과 연대 공동체를 만드는 장점이 있었다. 그러나 오늘날에는 이런 장치들이 모든 것을 덮어 버린다고 인지된다. 이 장치는 사람들의 생각과 에너지를 빨아들이는 흡혈귀 같은 제도이자 기관이다.

여기에서부터 정당에 기초한 정치 운동들의 매력이 흔들린다. 스스로 자신의 비례 대표 후보 명단 형태에서 흔들림을 보여 준다. 이 혼종은 민주주의라는 자유 시장에서 정치 운동처럼 주장하지 않아도 된다는 장점을 제공한다. 이 혼종은 재정과 조직에서 국가의 지원을 받는 정당 기구를 이용할 수 있다. 이 모든 형식에 적용되는 것은, 사회 운동이든 후보 명단이든, 이들이 정당과의 관계에서 마치 생애 한 시기만을 위한 부부처럼 행동한다는 점이다. 이런 의미에서 이들은 근대적이다. 평생 지속되는 관계 대신 제한된 시간 동안 유지되는 관계임을 알고 있다. 이는 자유, 유동성, 새로움, 역동성 등 많은 것을 약속한다.

새로운 비례 대표 후보 명단은, 비록 독립까지는 아니더라도 자유롭게 옛날 정당에 운동이라는 축복을 제공해야 마땅하다. 그러나 실제로는 바로 이 정당 비례 대표 후보 명단이라는 혼종에서 우리가 지금까지 정치 운동으로 이해했던 것과 오늘날 정치 운동 사이의 차이를 보게 된다. 새로운 운동은 이 정치 형식을 소위 빼앗아와서는 옛 운동 방식을 자기 것으로 만들었다. 그러나 권한을 부여하고 독립적인 행동을 지원하기 위해서가 아니라 이와 반대되는 목적을 위해서다. 여기에서 다시 3세대 개인주의의 변화가 반드시 진보는 아님을 알 수 있다. 변화는 오히려 훨씬 모순된 발전을 위한 장을 연다. 또한 반대 방향으로 넘어질 수도 있다.

이런 정치적 도약에 대한 새로운 설명은 마법 같은 단어인 '개방'을 중심에 둔다. 첫 번째 개방은 개인을 위한 조직의 개방이다. '옛' 운동은 대중의 운동이었다. 이 대중 속에서 가능한 한 명 혹은 여러 명의 지도자를 돋보이게 했다. 오늘날에는 조직을 돌보는 대신 개인을 고무시키는 것이 중요하다. 그런데 이 개인들은 어떻게 존재할까?

여기에서 위로부터의 출현과 아래로부터의 출현을 구분해야 한다. 위로부터는 단지 선택되고 선출된 개인이 출현할 뿐이다. 여기에서 개방은 과거 대중 조직에 있었던 주인공 원칙을 도입함을 의미한다. 주인공 원칙은 최고 자리에 있는 사람에게만 적용되지 않는다. 이번 오스트리아의 경우 최고 자리는 서른한 살의 당 대표인 제바스티안 쿠르츠(Sebastian Kurz)였다. 명단의 순위는 선호도 투표와 호감도에 따라 마치 당 간부 순위처럼 되었다. 아래로부터의 개인도 존재한다. 그러나 '옛' 운동에서 개인들은 참여자로 등장했고, 오늘날 이들은 지지자들이다. 본질적인 차이는 참여의 방법에서 두드러진다.

새로운 운동 형태에서 처음에는 위로부터의 참여 유형이 중요하다. 이를 위해 비당원도 초대된다. 이들은 전문가들이다. 초대받은 전문가는 이 운동의 새로운 일시적 동반자다. 문제에 대한 중립적인 이해자라는 환상이 이들을 전문가로 지탱해 준다. 마치 비정당적 지식, 순전히 객관적인 능력이 있는 것처럼, 그래서 그것을 위해 정당 당원들과 달리 가치 영역에서 기꺼이 동의를 축소할 수 있을 것처럼 말이다.

더 흥미로운 점은 '아래로부터'의 참여에서 일어나는 변화다. 개인은 단지 지지자로 존재한다. 소셜미디어를 통해 연결되고 다른 지지자들과 '접속'된다. 다른 지지자들이 전해 주는 소식을 얻는다. 그들은 그곳에서 운동의 진보에 관한 최신 정보를 얻는다. 일종의 속임수다. 왜냐하면 그것은 참여가 아니라 배당이기 때문이다. 성공에 대한 배당, 운동의 성공에 대한 배당, 특히 한 스타의 성공에 대한 배당. 이것이 새로운 정치 형태의 중심 요소일 것이다. 여기에서 변화는 다시 분명하게 드러난다.

앞에서 말했듯이, 1세대 개인주의 정당은 참여자들을 변화시키고 당원으로 바꾸는 기관이었다. 사람들은 제도에 의해 움직였다. 2세대 개인주의 정치 운동에서는 반대로 사람들이 스스로 움직였다. 그것도 다 함께 움직였다. 참여는 집단적인 변화이며, 이런 점에서 스스로에게 권한과 권리를 부여하는 행위다. 개인에게도 그리고 집단에도 마찬가지다. 예를 들어 환경 운동 참여자들은 그렇게 '녹색당원'이 되었다. 3세대 개인주의 운동에서는 이와 반대로, 가장 전형적인 사례인 월가 점거 운동 참가자뿐 아니라 마크롱 지지자들에게서도 보았듯이 사람들은 변하지 않고 그대로이며, 또한 변하지 않고 그대로이기를 원한다. 제바스티안 쿠르츠의 사례에서처럼 사람들은 변하지 않고 그대로다. 그때 움직이는 것은 그들이 아니기 때문이다. 이를 '운동의 외주화'라 할 수 있다. 운동은 스타에게, 전문가에게, 성공에 위임된다. 반면 대중은 함께 움직이고 함께 결정하는 것이 중요하지 않다. 경청받는 존재가 되는 일이나 그곳에 존재하는 일도 중요하지 않다. 그들에게는 단지 성공의 배당을 받는 일이 예정되어 있다. 그들의 전체 운동, 그들의 전체 변화는 전혀 다른 오늘날의 중심인물 안에 있다. 그들은 팬이 되어야 한다.

　　이것이 다원화된 개인주의가 정치 영역에서 보여 주는 첫 번째 방어 양식이다.

6장 정치 무대—포퓰리즘의 부상

정치적인 것에서 다원화에 대한 저항의 중심은 한 단어로 요약할 수 있다. 우익 포퓰리즘이다. 우익 포퓰리즘 개념은 종종 명료하지 못한 의미 때문에 비난을 받는다. 따라서 한편으로는 개념을 매우 정확하게 규정해야 한다. 다른 한편으로는 다원화에 대한 저항이라는 이 특별한 현상을 파악하기 위해 새롭고 고유한 개념이 필요하다. 이 개념을 좀 더 가깝게 규정하고 싶으면 다음 사항을 분명히 해야 한다. 포퓰리즘은 동질적인, 결코 다원적이지 않은 민족이라는 환상을 구성하기 위한 하나의 정치 전략이다. 또한 친구와 적이라는 상황을 생산하는 전략이다. 여기에서 적은 이중으로 구성된다. 위로는 '엘리트'가 적이며 아래로는 이민자, 망명자 그리고 난민이 적이다. 이와 같은 적의 규정은 필수적이지만 여전히 충분한 조건은 아니다. 독일 출신의 정치학자 얀베르너 뮐러(Jan-Werner Müller)가 제시했듯이, 하나의 전략이 "도덕적으로 유일한 대표 요구"로 격상되었을 때 포퓰리즘이 되기 때문이다. 하나의 전략이란 "오직 우리만이 진정한 민족을 대표할 수 있다."[47]라는 전략이다. 이제 이러한 포퓰리즘 구조의 윤곽을 상세하게 관찰할 것이다. 제기되는 첫 번째 질문은 다음과 같다. 오늘날 우파 포퓰리즘은 어떤 상황에서 개입하는가?

우파 포퓰리즘이 개입하는 상황은 '포퓰리즘적 국면'[48]이다. 중언부언처럼 들리기는 하지만 이 상황 규정은 동어 반복이 아니다. 포퓰리즘적 국면은 포퓰리즘과 같은 게 아니라 그보다 앞서는 어떤 것이다. 포퓰리즘적 국면이란 포퓰리즘이 뻗어 갈 수 있는 상황으로, 특정한 사회 분열이 시작되는 역사적 국면을 말한다. 정치, 경제, 문화의 균형이 흔들릴 때, 사람들의 경제적, 정치적 문화적 통합이 더 이상 굳건하지 않을 때 생겨나는 국면이다. 이때 전 국민은 "사회적 홈리스" 신세가 된다.[49]

역사를 볼 때 이러한 포퓰리즘적 국면은 여러 차례 있었다. 그러나 현재 상황은 한 가지 특징이 있는데, 포퓰리즘적 국면이 다원화된 사회와 만났다는 점이다. 특별하면서도 대단히 뜨거운 만남이다. 다원화가 단순히 포퓰리즘적 국면의 유일한 원인은 아니다. 오늘날 사회적 변동에는 세계화에서 신자유주의를 거쳐 기술적 역동화에 이르는 여러 이유가 있다. 그러나 이민의 다양화가 유일한 주요 요인으로 단순화되었고, 다원화는 이렇게 '가상의 원인'이 되었다. 그러나 동시에 다원화는 특별한 기능을 수행했다. 바로 포퓰리즘적 국면을 촉진하고 가속화했다. 이런 측면에서 다원화는 진짜 원인이기도 하다. 바로 가짜 원인과 가속화한 포퓰리즘 국면의 결합, 환상과 실제 사회 해체의 동시성이 지금 포퓰리즘 운동이 만연하는 이상적인 환경이다.

포퓰리즘적 국면, 사회 분열의 이 같은 주요 특징에, 기존 질서에 결합되어 있던 감정이 해체되는 지점에 포퓰리즘이 끼어든다. 다시 말해 포퓰리즘은 사회적 홈리스 상태가 또한 감정적 홈리스 상태임을 정확히 반영한다. 바로 이 점이 핵심이다.

따라서 반다원주의는 본질적으로 감정을 통해 운반된다. 포퓰리즘, 즉 반다원주의는 언제나 빵빵하게 채워진 감정으로 우리에게 다가온다. 길거리에서, 현수막에서, 텔레비전에서, 소셜 미디어에서 혹은 개인적 만남에서, 어디에서 만나든 마찬가지다. 사람들은 이 감정적 탈주를 종종 맨몸으로, 할 말을 잃은 채 관중으로서 대면한다. 이에 어떻게 대처해야 할까?

확신에 찬 민주주의자들이 내놓는 영원히는 상투적이고 늘 반복되는 대답이 있다. 계몽! 우리는 더 많은 계몽, 더 많은 정보, 더 이성적인 논의가 필요하다. 여기에서는 계몽과 이성이 한편에, 무지와 비이성이 반대편에 자리 잡는다.

그러나 확신에 찬 민주주의자들의 판단력을 흐리는 것은 바로 그들의 생각이다. 민주주의는 합리적이고 이성적인 사회 질서라는 그들의 상상. 사람들은 이성적인 논쟁을 나누고, 사안의 경중을 재며, 결국에는 영리한 타협책을 찾는다는 것. 이는 과장이 아니라, 계몽된 모습에 대한 상투적인 묘사다. 실재와 일치하지 않는다 해도 일말의 진실을 담고 있다. 이것은 우리 머릿속을 떠돌고 있는 정치의 이상이자, 아마도 우리가 진짜 모습을 모르고 있는 이상이다. 정치적인 것에서 감정이 출현할 때, 그리고 감정이 질병으로 다루어질 때 언제나 분명해지는 이상. 그러나 이상적인 합리성의 관점에서 감정을 관찰하면 감정은 일탈로 변한다. 이때 느낌과 감정은 병리적 혼란이자 정치 과정을 방해하는 비이성적인 것이 된다. 감정은 사회와 정치 질서를 방해하고 위협하는 존재가 되는 것이다. 그다음 이 비이성적 혼란을 치료하는 이성적 만병통치약으로서 바로 계몽이 호출된다. 그러나 문제는 그와 같은 방법이 이론적으로도 틀렸고 전략적으로도 멍청하다는 데 있다. 무엇이 더 나쁜지도 모르지만. 이제는 정치적 감정에 대해 이야기할 시간이다.

먼저, 모든 정치 주체들은 물론 느낌이 있다. 그리고 이는 잘못된 것이 아니다. 감정은 당연히 정치의 중요 요소로, 병리적 혼란이 아닐뿐더러 정치의 중심 원료다.

더하여 모든 종류의 감정이 원료에 속한다. '좋은' 감정만 고를 것이 아니다. 정치 영역에서는 사적 영역과는 달리 그 자체로 좋거나 나쁜 감정이 없다. 감정들은 고정된 정치적 의미를 갖고 있지 않다. 진보적인 감정도, 퇴행적인 감정도 없는 것이다. 마찬가지로 순전히 민주주의적인 감정도 전체주의적인 감정도 없다. 비록 신뢰나 공감 같은 몇몇 감정에 민주주의적이라는 이름표를 붙이려고 끊임없이 시도하지만, 사랑이나 공감 같은 감정이 분노나 노여움보다 더 민주주의적이라고 할 수는 없다. 그러니까 불의에 대한 분노는 좋다고 할 수 있더라도, 외국인을 향한 야만적인 분노는 부정적인 격정이다. 활동하게 하고 연결해 주며 참여하게 하는 긍정적인 감정도 없고, 늘 선동하거나 반대로 늘 움츠러들게 만드는 명백히 부정적인 감정도 없다. 감정은 본래 정치적 실체가 아니다. 그러므로 감정은 처음부터 정치적인 것에서 어떤 의미를 함축하고 있지 않았다. 감정은 어느 방향에서도 효과를 발휘할 수 있다. 이런 의미로 감정은 원료이자 위험이다. 하지만 어떤 경우든 감정은 정치적인 삶에 사실상 근간이 된다. 민주주의에서도 마찬가지다.

민주주의와 감정은 깊은 연관이 있다. 민주주의가 잘 작동하지 않는 곳에서도, 아주 잘 기능하고 있는 곳에서도. 민주주의는 처음부터 감정의 통로를 위한 정치적 거대 기획으로 발전해 왔다. 앞에서 보았듯이 그런 일이 국민 정당 및 대중 정당들의 과제였다.

독일의 철학자 페터 슬로터다이크(Peter Sloterdijk)가 이에 대해 "분노 은행(Zornbank)"이라는 멋진 개념을 제시했다.[50] 이 개념으로 슬로터다이크는 분노라는 정치적 감정이 사회 변화를 위한 핵심 원료이자 동력임을 인식하게 했고, 동시에 분노라는 원료를 생산적으로 만드는 시도를 묘사했다. 분노 은행은 풍부한 의미를 담은 개념이다. 슬로터다이크에게 분노 은행이란 좌파 대중 정당에 적용되는 개념이었다. 사람들은 자신들의 감정들, 자신들의 분노를 좌파 정당에 맡겼고, '은행들'은 그들의 예금을 관리할 뿐 아니라 잘 활용하여 키우겠다고 약속했기 때문이다. 그러나 슬로터다이크에 따르면 분노 은행들은 믿고 맡긴 예금을 탕진했다.

실제로는 분노 은행 개념을 모든 방향으로 확장해야 한다. 좌파 정당만이 감정의 저장고가 아니라, 모든 정당이 감정 은행이다. 그리고 그곳에 분노와 격노만 저장되는 경우는 거의 없다. 공포, 희망, 아픔까지 더 많은 감정들이 저장된다. 감정은 채굴을 기다리는 지하자원처럼 그냥 거기 있는 것이 아니다. 감정은 또한 생산되고 재생산되며 갱신되거나 약화된다. 그러므로 감정의 집하와 유통만이 아니라 감정의 생산도 있다. 하나의 온전한 감정 경제계가 있는 것이다. 그런데 이 감정 경제는 위기에 처했다. 감정을 관리하는 모든 은행들이 예금을 탕진한 것처럼 보인다. 특히 이전 국민 정당들이 그렇다. 국민 정당들은 감정의 부실 은행으로 전락했다.

그 효과를 우리는 이미 만났다. 사람들은 경청된다는 느낌을 받지 못한다. 고려받는 느낌도 없다. 분노 은행들은 제대로 돌아가지 않는다. 그 첫째 이유는 자신들의 대의 기능이 작동하지 않기 때문이다. 둘째 이유는 오늘날 정치 욕구에 합당한 무언가를 더는 제공하지 못하기 때문이다. 그들은 완전 참여를 제공하지 않는다. 셋째, 그들의 기능이 여전히 옛날식 집단 주체를 위해 맞추어져 있기 때문이다. 대신 오늘날 우리는 분노 시민이다. 이 집단적 감정 상태, 즉 분노가 정치적으로 얼마나 중요한지를 스스로 보여 주고 있다. 그리고 정치 기관이 분노를 더 이상 책임지지 않는다는 것을 보여 준다. 분노 시민은 정치적 감정의 재개인화다. 더 이상 신뢰할 만한 분노 은행이 없다는 그 지점에서 재개인화가 일어난다.

분노 은행의 기능 정지는 당연히 엄청나게 큰 효과를 낳는다. 감정이 맺고 있던 결합이 해체되었다. 정치적 감정은 거대 조직, 거대 기획 안에서 통로를 갖고 있었지만, 오늘날에는 여기에서 벗어나고 있다. 정치적 정체성들도 흔들리고 있다. 정당은 기껏해야 우리의 감정을 제한된 기간 동안만 결합하는, 생애 한 시기만 함께하는 집단이 되었다. 이 말은 정치적으로 영향을 미치는 감정들이 부유하고 있다는 뜻이다. 고정된 소속 없이, 고정된 결합 없이 확신들이 떠돌아다니고 있다. 정당과 결합하지 않는 정치적 열정이 부유하고 있다. 강력한 정치적 결합은 약해졌고, 규제되던 정치적 정체성은 느슨해졌다. 요약하면 오늘날에는 우리의 정체성뿐 아니라 감정도 불안정 상태에 빠져 있다. 우리는 감정 영역에서도 프레카리아트로 살아간다.

그리고 바로 이 지점에서 포퓰리즘적 국면과 다원화가 만난다. 거대 단체들이 침식되고, 정체성을 제공하는 그 기능 또한 침식되는 포퓰리즘적 국면과 민족이 침식되는(민족이 규정적 인물 유형을 더는 갖지 못하는) 형태 없는 민주주의라는 다원화된 사회의 만남. 이렇게 포퓰리즘적 국면이 벌거벗은 민주주의를 만난다. 포퓰리즘적 국면이 하나의 사회를 만난다. 우리가 이미 보았듯이 더 이상 공통된 이야기가 없고, '모두가 공유하는' 세계관도 없는 사회다. 포퓰리즘적 국면이 또한 다원화된 주체를 만난다. 이들은 기존 방식으로는 재통합되지 않는다.

결합되어 있던 감정은 포퓰리즘적 국면과 다원화의 만남에서 풀려나기만 하지 않는다. 헬무트 두비엘이 명명했듯이 이 풀려난 감정은 나아가 "떠돌아다니는 잠재력"이 된다. 부유하는 잠재력으로서 감정들은 생산적인 힘에서 파괴하는 힘으로 빠르게 전락할 수 있다.

바로 이렇게 방출되어 부유하는 감정의 잠재력을 우리는 점점 더 자주 만나고 있다. 그리고 이 만남은 우리에게 충격을 준다. 당연하다. 우리 모두는 이런 방출이 얼마나 위험한지 알기 때문이다. 그렇기 때문에 우리는 현재의 사회 질서가 궤도를 벗어났을 때에만 감정이 정치적으로 중요하다고 인지하는 오류에 빠져서는 안 된다. 왜냐하면 바로 이 인지 오류가 포퓰리즘적 국면을 이성적 계몽으로 해결하려는 전략적 오류로 이끌기 때문이다. 지금은 계몽과 정보에 호소하는 대신 우리 자신의 감정적 장벽을 극복해야 할 때다. 감정적 장벽 때문에 우리는 포퓰리즘 국면이 '깨달음'을 위해 준비해 둔 것을 보지 못하기 때문이다. 따옴표 속에 들어 있는 이 '깨달음'은 왜곡된 형태로만 우리에게 도달하기 때문이다. 감정의 장벽은 우리가 '포퓰리즘이 주는 교훈'이라 부를 수 있는 것, 따옴표 안에 있는 하나의 교훈을 못 보게 만든다.

사회학자 앨버트 허시먼(Albert O. Hirschman)은 갈등을 나눌 수 있는 것과 나눌 수 없는 것의 두 가지로 구분했다.[51] 나눌 수 있는 갈등은 이익에 관한 갈등이다. 예를 들면 경제적 이익이나 분배 문제 같은 것으로, 여기에서는 인정, 교환, 타협이 있을 수 있다. 경제적 이익을 지향할 수도 있다. 왜냐하면 이런 갈등에 투입되는 것들은 돈처럼 측정 가능한 단위들이기 때문이다. 거기에서 더 적게 혹은 더 많이를 두고 싸운다. 이런 관점에서 갈등은 나눌 수 있다. 협상과 논쟁이 가능하다는 점에서 이런 갈등은 풀 수 있다.

반대로 나눌 수 없는 갈등은 앞의 모든 것을 제외한 갈등이다. 정체성, 문화, 가치를 둘러싼 갈등이며, 종교적 혹은 세계관적 확신, 예를 들면 다문화주의나 안락사를 둘러싼 갈등이다. 다시 말해 측정할 수 없고 따라서 나눌 수 없는 것들이다. 나눌 수 없는 갈등에서 화폐는 인정이다. 느낌에서 오는 진실을 지향하는 주관적인 돈이다. 그리고 이는 협상하거나 타협할 수 없다. "약간의 인정이라는 것은 없다. 인정하거나 불인정하거나다." 그래서 이 갈등은 헬무트 두비엘이 명명했듯이 "화해 불가능한"[52] 국면이 된다.

지금의 민주주의 정치에 대해 흔히 나눌 수 없고 풀수 없는 갈등을 나눌 수 있고 다룰 수 있는 갈등으로 변환한다고 상상한다. 정체성에 대한 요구를 이익 문제로, 가치의 문제를 물질적인 문제로 번역할 수 있다고 본다.

그러나 모든 갈등을 나눌 수 있는 것으로 번역하는 일이 정치의 목적이라고 보는 이러한 민주주의 개념은 복잡한 오해다. 맞기도 하고 동시에 틀리기도 하기 때문이다. 해결할 수 없는 정체성이나 가치 지향적 갈등을 가령 금전적으로 규제할 수 있게 만들어서 나눌 수 있는 갈등으로 돌리는 일은 종종 구제불능의 적대주의와 해결할 길 없는 적대 관계에서 벗어나는 길이 될 수 있다. 사회적 갈등을 다룰 수 있고 측정 가능한 단위로 변환하는 일은 정치적 해법이 될 수 있다. 갈등을 가능한 한 나눌 수 있게 만드는 일은 적대주의적 화해 불가능성을 넘어설 수 있는 길이다. 이런 점에서 나눌 수 있는 영역의 개방은 실제로 순수한 민주주의에 부합된다.

그렇지만 나눌 수 있는 타협은 민주주의적 해결 공

식이 아니다. 여기에는 정치가 실제로 순수하게 합리적, 이성적으로 작동할 수 있다는 환상이 들어 있다. 나눌 수 있는 갈등과 나눌 수 없는 갈등의 구분은 이성과 감정이라는 오래된 대립을 재생산하기 때문이다. 나눌 수 없는 갈등은 언제나 열정에 이끌리는 반면, 나눌 수 있는 갈등은 늘 이성의 지도를 받는다. 이런 관점에 따라 감정을 청소하는 정치라는 이성적 환상이 재생산된다. 민주주의 정치의 목적이 합리적 합의에 있다는 오해를 낳는 것이다. 그러나 실제 민주주의의 본질은 이성적 합의뿐 아니라 감정적 합의를 생산하는 데 있다. 헬무트 두비엘은 허시먼이 바로 그러한 잘못된 전제에서 출발했음을 보여 주었다.

두비엘에 따르면 이른바 깨끗하게 분리되는 갈등이란 없다. 갈등은 순전히 분리 가능하거나 불가능하지 않다. 사회 갈등들은 결코 단순히 전략적인 이익의 갈등이 아니다. 이런 선입견을 넘어 두비엘은 모든 나눌 수 있는 갈등의 바탕에는 나눌 수 없는 싸움이 동기로 놓여 있음을 보여 준다. 그렇게 나눌 수 있는 갈등의 총괄과도 같은 모든 임금 협상은 합리적 이익의 관철이자 동시에 언제나 나눌 수 없는 것들을 다루는 일이다. 사회적 관심, 인정, 정의에 대한 생각, 정당의 권위 같은 것들이 임금 협상에 늘 개입한다. 모든 정치적 논쟁과 싸움, 세금 논쟁, 모든 나눌 수 있는 갈등에는 하나의 기본적인, 근본적인 의견의 불일치가 놓여 있다.

마찬가지로 모든 나눌 수 없는 갈등, 예를 들어 정체성이나 종교에 대한 질문들에도 나눌 수 있으며 협상 가능한 요소가 있다. 두비엘에 따르면 순수한 정체성 갈등 또한 "물질적 이익 지평이 없을 수 없다."[53] 이익 없는 생각은 맹목이고, 생각 없는 이익은 공허하다고 칸트의 표현을 빌려 말할 수 있겠다. 즉 사회적 갈등은 단순하지 않으며 항상 중층적으로 규정되어 있다. 그렇기 때문에 나눌 수 있는 것과 나눌 수 없는 것, 이성과 감정, 합리와 비합리로 명확하게 구분할 수 없다. 이 상황을 민주주의 정치는 진지하게 고려해야 한다. 결국 나눌 수 없는 갈등은 나눌 수 있는 갈등으로 완전히 번역되지 않는다. 정치적 평화는 개입을 감소시킬 수 있다. "그러나 개입을 완전히 없앨 수는 없다."[54] 언제나 나눌 수 없는 나머지가 남아 있게 되고, 이 나머지는 끝나지 않을 정치 논쟁을 반복해서 요구한다. 그러므로 민주주의 정치는 나눌 수 있는 갈등으로 번역하는 일, 나눌 수 있는 문제를 푸는 일일 뿐 아니라 특히 다음과 같은 것이기도 하다. 즉 감정이 걸려 있는 확신, 가치, 정체성, 문화를 다루는 일이며, 해소할 수 없는 이 나머지를 다루는 일이다. 민주주의 정치는 이렇게 확신과 이익이 난해하게 섞여 있는 복합물을 다룬다. 민주주의 정치는 합리적이지만 동시에 비합리적이고 감정적일 수밖에 없는 타협을 중재해야 하고, 각 정파들 사이에서 감정의 타협을 완성시켜야 한다. 마치 정치의 심리적, 감정적 수용이 본질이듯이 말이다.

예전의 사회 민주주의는 모든 나눌 수 있는 갈등의 바탕에 나눌 수 없는 무언가가 깔려 있음을 알고 있었다. 그리고 모든 나눌 수 있는 해답이 또한 나눌 수 없는 해답이 된다는 것을 알고 있었다. 다시 말하면 모든 경제적 성취는 어떤 정체성의 성취도 된다는 것이다.

예를 들면 2차 세계대전 이후 복지 국가는 파시즘의 복귀에 대항하는 요새로서 시장의 예측 불가능성에 대한 경제적 보호뿐 아니라 위험, 우연, 운명의 공격에 대한 보호 역할도 담당했다. 복지 국가는 경제에 대한 정치적 통제, 즉 경제 안정화나 공공재의 확장을 통해 시장의 '보이지 않는 손'을 막아 보려는 시도만을 뜻하지 않았다. 복지 국가는 사회 민주주의의 형상이었다. 사회적 권리가 정치와 법률 안에 자리 잡은 민주주의의 형상이었다. 이런 이유로 복지 국가는 경제적 기능은 물론 사회 통합에도 기여했다. 복지 국가는 "대중의 충성을 생산했다."[55] 즉 복지 국가는 경제적이고 상징적인 통합을 동시에 생산했다.

이런 생산이 구체적으로 어떻게 가능했을까? 구체적으로 이 상징적인 통합의 본질은 무엇이었을까? 단순히 존재하는 주체들이 사회 복지를 통해 결합되었다고 상상해서는 안 된다. 그보다는 당시 주체성이 새로 출현했다는 것, 사회적 권리가 있는 시민의 주체성이 먼저 생산되었다는 데서 출발해야 한다. 이 주체성은 사회적 권리를 인정하라는 요구에서 만들어졌다. 사회 국가는 사람들에게 돈만이 아니라 사회적 권리가 있는 시민으로서의 정체성도 제공했다. 얼마나 대단한 권한과 권리 부여인가! 가장 약한 사람들도 사회적 안전에 대한 권리를 갖게 되었다. 사회적 안전은 그들의 권리였다. 경제적 통합이 이렇게 상징적 통합이 되었다. 정체성을 제공하는 대단히 거대한 과정을 통해 사람들은 권리를 보증받게 되었고, 이 권리를 통해 존엄성을 갖게 되었다. "존엄, 이 깨지기 쉽고 스스로는 안전을 느끼지 못하는 감정"은 "확인받는 행위"를 요구했다.[56] 사회 복지는 이와 같이 물질적이고 나눌 수 있는 확인이었고, 이 확인이 또한 나눌 수 없는 것을 가져다주었다.

바로 이것이 사회 민주주의의 옛 교육 소설이었다. 존엄이나 자부심 같은 나눌 수 없는 것들이 최저 임금이나

의료 보호 같은 나눌 수 있는 것들을 통해 보증되었다. 상징적 통합, 상징적 소속이 실제 결합을 통해 보증되었다. 그러나 이런 인식을 사회 민주주의는 잃어버린 것 같다.

사회적 요구가 담긴 "사회적 시민권"[57]과 경제 성장이라는 선택지 가운데 유럽의 사회 민주주의는 "시민권에서 벗어나 경제 성장의 가능성에 전념했다."[58] 사회 민주주의는 경제 번영에 최적화되었다. 다시 말하면 사회 민주주의는 나눌 수 있는 것에 완전히 정착했다. 사회 민주주의는 크게 비판받듯이 단순히 사회 문제를 잊은 것이 아니었다. 이 비판은 완전히 반대쪽에 연결된다. 사회 민주주의는 나눌 수 없는 질문을 잃어버렸다. 그 결과 실용주의 정치 혹은 전문가의 정치가 되었다. 어떤 경우든 이 정치는 나눌 수 없는 차원을 잃어버렸다.

신노동당(New Labour)의 결정에 따른 이런 결과는 복지 국가의 변환을 낳았다. 즉 시장으로부터의 보호를 위한 복지 국가의 한 요소가 "개인의 시장 진입을 촉진시키는"[59] 특별한 목표를 갖는 요소로 바뀐다. 복지 국가 스스로 오늘날 더는 권리가 있는 시민으로서의 주체를 권장하지 않으며, 호모 이코노미쿠스로서 의무가 있는 주체, 의무를 채워야 하는 주체로서의 통합을 권한다. 사회적 권리는 점점 더 주체라는 지위 대신 능력과 결합되었다. 그러므로 능력을 통한 통합은 동시에 권리에 의한 통합의 해체를 재촉한다. 동시에 옛 복지 국가는 새로운 돌봄 국가로 축소된다. "실제로 사회적 소외의 극단적인 사례만 다루는 역할로 줄어든다."[60]

경제적 통합과 상징적 통합은 다시 분리되었다. 정확히 이 분리는 제도이자 사회 모형으로서 복지 국가의 침식을 의미한다. 이 경제와 상징이 다시 "분열된 정치 전략"에 따라 "분리된 요소"가 되었을 때[61] 바로 오늘날 우리가 맞이하고 있는 '포퓰리즘적 국면'이 생겨난다. 그리고 정확히 여기에 우익 포퓰리즘이 끼어든다. 이렇듯 우익 포퓰리즘이 포퓰리즘적 국면을 만드는 것이 아니라, 이 상황이 포퓰리즘을 촉진시키고 있다.

포퓰리즘의 활동을 유심히 관찰하면 그 방식이 분명하게 드러난다. 포퓰리스트들은 경제 자본에 대항하여 동원되지 않고, 문화적 변동에 저항하면서 움직인다. 그들은 사회 문제를 중심에 놓기 때문에 성공하는 것이 아니다. 포퓰리스트들은 분배 문제에 대한 입장 때문이 아니라, 정체성 정치를 하기 때문에 선택받는다. 포퓰리스트들은 정체성 문제를 자신들의 정치의 중심으로 끌어오기 때문에 선택받는다.

그리고 바로 여기에 포퓰리즘이 주는 첫 번째 교훈

이 있다. 포퓰리즘은 정확히 이 나눌 수 없는 것에 집중한다. 잃어버린 나눌 수 없는 것, 오늘날 정치적인 것의 중심에 자리 잡은 바로 그 나눌 수 없는 것, 곧 정체성에 집중하는 것이다.

포퓰리즘 전략은 왜 효과가 있을까? 우리가 정체성들이 더 이상 옛 안전 체계를 통해 보장받지 못하는 포퓰리즘적 국면에 살고 있기 때문이다. 주체들은 자신의 정체성이 위협을 받는다고 느끼며, 자기 정체성의 당연함에 질문이 제기되는 상황에 처해 있다. 몰락을 두려워하는 중간 계급 이하의 사람들은 정체성에 관해 이중의 위협을 받고 있다. 나눌 수 있는 것에 정착한 사회 민주주의로부터 아무런 정체성도 제공받지 못하면서, 동시에 다원화가 불러온 사회 변화를 통해 위협받고 있다. 이때 위협이 실제인지 허상인지는 아무 의미가 없다. 분명한 것은 우리 모두 다원화된 주체가 되었다는 것이며, 이 감소된 자아는 사회적 의미 상실과 과부하를 경험한다는 것이다.

조금 늘어난 사회 보조로는 이를 극복하지 못한다. 단순히 물질적인 질문이 중요한 것이 아니다. 경제적 문제도 오늘날에는 문화적으로 표현된다. 즉 경제 문제 또한 문화적으로 경험한다. '포퓰리즘이 사회 갈등들을 정체성의 무대로 옮겨 놓는가'라는 질문도, '사회 갈등이 실제로 정체성 영역에서 일어나고 있는가'도 시대에 뒤떨어졌다. 그에 대한 대답이 아무것도 바꾸지 않기 때문이다. 확실히 포퓰리즘은 정체성에 강박적으로 집착하도록 조장한다. 그러나 만약 정체성이 문제로 경험되지 않는다면, 포퓰리즘의 전략은 아무런 결실을 맺지 못했을 것이다.

그러니까 포퓰리즘 운동의 성과는 근본적인 사회 문제들이 나눌 수 없는 것들의 영역에 정착했음을 보여 준다. 그 결과 나눌 수 있는 것에 대한 해결책으로는 이 문제들을 극복할 수 없게 되었다. 국가 보조금은 정체성 갈등을 해결하지 못한다. 포퓰리즘은 다원화된 사회의 아주 민감한 지점을 휘젓고 있음을 이해해야 한다. 따라서 정치적 초점을 쉽게 재배치할 수 없다. 감정이 다른 곳에서 투자되고 있을 때, 사회 문제를 중심으로 밀어 놓자고 명령할 수 없다. 특히 사회 문제를 나눌 수 있는 질문으로만 이해하고 나눌 수 없는 정체성 차원을 무시하고 있을 때는 더욱 그렇다.

그러나 나눌 수 없는 것들과 관련이 있다는 사실에서 특히 갈등의 감정화를 읽을 수 있다. 강렬한 감정은 언제나 정체성 질문과 가치 질문에서 발생하기 때문이다. 이런 점에서 반대로 감정의 고조는 나눌 수 없는 것, 즉 정체성 문제와의 관련성을 보여 주는 지표다. 왜냐하면 이런 문제들만이 감정을 높이 쌓아 올리기 때문이다.

　　포퓰리즘은 특히 여기에서 결합이 끊어진 후 떠돌아다니는 부정적 감정과 관계를 맺는다. 포퓰리즘은 굴욕의 경험과 관련된다. 본질적으로 다원화 사회가 가져온 변화와 연결된 굴욕 경험은 앞서 이미 만났다. "사람들은 전체로 이해되는 집단의 부분이었다."[62] 즉 정상을 규정하는 것의 부분이었다. 그러나 지금은 개별 개체로, 불안정한 감소된 자아로 다시 던져져서 소속되지 않고, 망각되고, 이해받지 못하며, 배제되었으며, 무력해졌다고 느낀다. 이런 상황에 대한 반응은 인정에 대한 기본 욕망이며, 5장에서 살펴보았다. 포퓰리즘이 이 욕망을 실제로 충족하는지는 중요하지 않다. 굴욕이 정당화되는 것도 중요한 문제가 아니다. 우익 포퓰리즘이 바로 여기에 들어와서 감정에 상처받은 자들의 변호인을 자처한다는 점이 중요하다. 위로는 엘리트에 대한 공격적인 분노와 아래로는 공격적인 인종 차별을 부추기는 변호인이다. 지금의 모욕받고 상처 입은 존재는 그냥 훼손이 아니라 정확히 다원화된 사회가 만든 훼손이기 때문이다.

　　정당과 같은 거대 집단에 결합되어 안정되고 분명하게 구분되는 영역이 있었던 1세대 개인주의 시대의 옛 계급 사회는 개인들에게 실망의 보호막과 관계망을 제공했다. 보호막과 관계망은 채워지지 않은 기대를 완화하고, 상처를 가볍게 해 줄 수 있었다. 이미 말했듯이 옛 체제는 다양한 표현의 장을 제공했다. 조직, 적절한 정치적 대의 기능, 언어, 노래까지 제공했다. 결합을 위한 하나의 전체 의미 체계이자 또한 상처를 위한 의미 체계였다. 반면 "개인적 실존 전체"[63]를 추구하는 3세대 개인주의 시대에는 이런 통합이 더 이상 기능하지 않는다. 여기에는 근본적으로 개인을 적절하게 대의하는 체제나 기관이 없으며, 다원화된 주체들의 관계망 또한 존재하지 않는다.

그러므로 포퓰리즘적 국면에서 감정의 방출은 또한 굴욕 경험들의 방출을 의미한다. 이 감정 상태를, 정확히 감정을 통해 표출된 어떤 욕구로 이해해야 한다. 포퓰리즘은 이 방출된 감정을 여기에 주목하라는 외침으로 인수한다. 그런데 포퓰리즘이 그것을 충족시키기도 하는가? 이를 위해 포퓰리즘은 세 가지를 제공한다. 새로운 정치인 유형, 감정 공간 그리고 국민이다.

먼저 정치인 유형과 관련해서 다양한 정치적 욕구가 있음을 언급해야 한다. 정치인은 공약과 인성에 따라서만 구분되지 않는다. 정치인들은 그들이 지지자들의 어떤 욕구를 만족시키고, 어떤 욕구에 응답하는지에 따라서도 구분된다.

오랫동안 보호에 대한 욕구가 지배적이었다. 보호에 대한 욕구를 채울 수 있었던 정치인들은 가능한 다른 사람들과 달라야 했다. 더 능력 있고 더 전문적이며 더 카리스마가 있어야 했다. 윈스턴 처칠, 빌리 브란트(Willy Brandt, 1969년부터 1974년까지의 서독 총리), 브루노 크라이스키(Bruno Kreisky, 1970년부터 1983년까지의 오스트리아 총리)가 선택되었다. 왜냐하면 그들은 달랐고, 권위 있었기 때문이다. 사람들은 자신들을 보호해 주는 대부로 그들을 선출했다. 그들이 바로 1세대 개인주의의 정치인들이었다. 그들은 사회를 공고화하는 일을 위임받았다.

그다음에는 완전히 다른 유형에 대한 요구가 있었다. 자신들과 비슷한 인물 유형에 대한 요구였다. '우리 중 하나' 유형의 정치인으로는 '국민 정치인'이라 불린 셔츠 차림의 인물이나 다니엘 콩방디(Daniel Cohn-Bendit, 프랑스 1968년 운동의 지도자. 이후 독일과 프랑스에서 정치 활동을 했고, 녹색당 창립에 함께했다. 2009년부터 유럽의회 의원으로 활동하고 있다.) 같은 권위주의의 반대자 유형이 있다. 이런 정치인들을 사람들은 직접 모범으로 삼았거나, 최소한 신뢰했다. 이 두 유형에서 사람들은 직접 민주주의에 대한 욕구를 충족시켰다. 누구나 이런 사람이 될 수 있었다. 이것이 2세대 개인주의 시대의 정치인이었다.

그리고 지금 세 번째 유형이 있다. 이 세계에는 도널드 트럼프가 여러 명 있다. 아만다 타웁(Amanda Taub)이 서술했듯이, 이것이 "권위적 인물"의 부활일까?[64] 빌헬름 라이히(Wilhelm Reich)는 권위적인 인물을 "자유와 낯선 것을 무서워하는 사람"이라고 묘사했다. 권위적인 인물은 익숙함과 동질성 속으로 도망간다. 그리고 이런 동질성이 하필이면 이제 그가 스스로 동질성과 전혀 다르게 행동하는 유형임을 보증한다. 예를 들어, 트럼프처럼. 그러나 아니다. 이 유형은 완전히 다른 어떤 것을 만족시킨다.

다른 이름으로 표현한다면, 이들은 모두 괴짜다. 트럼프부터 하이더까지 모두. 그러니까 부끄러움 없이 공공적으로 드러내기를 즐기는 인물들이다. 금기를 깨고, 경계를 넘어서는 데서 재미를 보는 향락가들이다.

그런데 이 '예외적 인물'을 진정시키는 열망은 무엇일까? 여기에서 예외적 인물이란 긍정의 의미가 아니라 에밀 뒤르켐이 묘사한 인물을 말한다. "한 사회가 한 사람에게 매료될 때, 사회를 움직이게 하고 만족시키는 도구가 되는 본질적인 열망을 그 사람에게서 발견했다고 사회가 믿게 될 때 사회는 그를 골라낸다."[65] 그러므로 사회 혹은 사회 구성원들은 이런 인물에게서 사회의 열망이 발견된다고 믿는다. 그런데 어떤 열망일까? 완전한 삶에 대한 충족되지 않는, 충족될 수 없는 열망이다. 완전히 상상이 만드는 생각이다. 찰스 테일러가 말했듯이 3세대 개인주의 시대에 우리는 어떤 감정을, '충만의 경험'[66]을 추구하고 있다. 이 상황에 맞는 예외적인 인물은 우리에게 충만의 순간을 살 수 있다고 말해 주는 인물이다. 우리를 위해 그렇게 살 수 있다고 말해 준다. 이 전형적인 유형이 바로 팝스타다. 정치인 중에도 이런 스타가 있다. 그러한 지위를 자기 소유로 만들 수 있는 사람들이다.

그러나 이 스타들은 바로 우리의 대리인이다. 팝스타는 우리를 대리하여 우리를 위해 산다. 우리를 대리하여 우리를 위해 우리가 살지 못하는 삶을 산다. 팝스타는 우리를 대리하여 우리를 위해 즐긴다. 어쨌든 팝스타는 우리가 모든 것을 승인해 준 자다.

이를 위해 정치에서 심오한 능력자가 필요한 것이 아니다. 정치 경험도, 정치 기획도 필요 없다. 단지 음란한 나르시시즘이 필요할 뿐이다. 공적 공간에서 실현되는 나르시시즘. 트럼프는 자신의 청중을 대리하여 즐긴다. 그들이 실행할 수 없는 것, 그들이 실행하면 안 되는 것을 대리하며 즐긴다. 트럼프는 '그들을 위해' 어떤 부끄러움도 없이 자기애에 빠진 권능이라는 환상을 향유한다.

이 대리자는 '이' 사람들과의 관계가 끊어진 엘리트

를 비난한다. 엘리트들과는 반대로 이 남자는(이 대리자들은 대부분 남자다.) 사람들과 관계를 맺는다. 자신을 선택한 사람들의 생활 세계가 아니라(대리자는 생활 세계를 공유하지 않는다.) 그들의 강박적인 희망들과 관계를 맺는다. 대리자는 그들의 희망을 실행한다. 이런 세계에서 트럼프에 대한 환호는 단순히 권위에 대한 환호라기보다는 기생하며 즐기는 향유다. 트럼프가 공공의 영역에서 시끄러운 소리를 낼 때, 사람들은 그의 향유를 향유한다.

이렇게 정치인 가운데 예외적인 인물은 오늘날 더 이상 보호자나 부양자가 아니라 대리인이 된다. 예컨대 외르크 하이더는 자신의 지지자들에게 마지막까지 이런 인물이었다.

팝스타는 순전히 현재를 위한 인물, 지금 여기에만 있는 인물이다. '가족유형학'적으로 이 팝스타는 이상적 자아와 잘 맞는다. 1세대 개인주의의 초자아에 속하는 보호해 주는 아버지와는 달리 이상적 자아는 사람들이 기꺼이 스스로 되고 싶어 하는 자아다. 그렇게 이상적 자아(나르시시즘적 권능이라는 이상)를 체현한 인물이 분리된다. 그런데 이 '예외적인 인물' 안에서 사회는 더 이상 안정화되지 않는다. 보호하는 초월적 아버지와 마찬가지로. 이 '예외적인 인물'에서 사람들은 오늘날 기꺼이 보고 싶어 하는 자기 자신을 볼 뿐이다. 이를 위한 전형은 유아적인 나르시시즘이다.

포퓰리즘이 굴욕감을 느낀 자들의 관심을 바라는 외침에 두 번째로 제공하는 것은 무대다. 포퓰리즘은 이 상처받은 이들의 관심 어린 호소에, 나뉠 수 없는 굴욕 같은 감정에 무대를 제공한다. 나뉠 수 없는 것들이 이상한 방식으로 표현되는 무대를 제공해 준다. 정체성 갈등과 정체성 사이의 근본적인 불일치가 등장하는 이 무대는 그냥 존재하는 게 아니다. 바로 포퓰리스트들이 이 무대를 먼저 개장한다. 이들은 감정과 기대, 상처가 있는 정체성이라는 나눌 수 없는 것들이 등장할 수 있는 무대를 열어 준다. 이 무대를 우리는 감정 공간이라고 명명할 수 있다. 많은 것들이 이런 감정 공간이 될 수 있다. 강좌들, '고향'과 같은 개념 등 모든 것이 정치적 감정을 위한 무대, 감정 공간이 될 수 있다. 당연히 거리도 감정 공간이 될 수 있다. 이 부유하는 잠재력은 어디에서나 등장할 수 있다.

한편 그래서 포퓰리즘을 모방하는 일은 잘 되지 않는다. 예를 들어 보수 정당들이 우파 포퓰리즘을 모방하기를 원할 때, 예를 들어 이민자들에게 집이나 학교 휴식 시간에 독일어로 말하라고 요구할 때 이들은 그 내용은 흉내 내지만 감정을 위한 무대는 열어 주지 않는다. 왜냐하면 개별적인 포퓰리즘적 요구의 복제는 외국인 혐오 같은 감정의 발산을 지원하거나 촉진하는 전체 담론을 제공하지 않기 때문이다. 이런 의미에서 보수 정당들은 감정 공간을 제공하지 않으며, 그렇기 때문에 이런 따라 하기는 실패한다.

이렇게 포퓰리즘 우파는 감정 공간들을 상처, 두려움, 거부감에 맡겨 두고, 이 부정적 열정들이 사회에 존재하게 된다. 그러나 바로 우익 포퓰리즘이 이 열정들, 특히 일상에 존재하는 인종주의와 결합시켜서 이를 가장 먼저 정치적인 것으로 생산한다. 왜냐하면 포퓰리즘은 "거부감과 정서에 안정된 논의의 틀과 사회적 정당성"을 제공하기 때문이다.[67] 그리고 바로 정확히 이 지점에서 포퓰리즘의 교훈이 다시 끝난다.

포퓰리즘은 정치가 나눌 수 있는 갈등으로 번역되지 않으며, 금전 가치로 환산하여 축소될 수 없는 일임을 보여 주었다. 정치는 또한 정체성과의 관계가 필요하다. 경제뿐 아니라 정체성 투자금을 축적하는 것도 중요하다. 특히 상처받은 정체성의 축적이 중요하다. 포퓰리즘은 이를 다시 환기했다. 그러나 포퓰리즘은 온전히 나눌 수 없는 것에만 자리를 잡았다. 말하자면 포퓰리즘은 민주주의 정치에서 빠질 수 없는 '나눌 수 있는 것'에 대한 실천을 삭제해 버린다. 포퓰리즘은 나눌 수 있는 것을 언제나 반복해서 자신의 정체성 요구로 무력화시킨다. 특히 순전히 절대적인 것에만 자리 잡는 포퓰리즘의 발언과 언어를 통해 무력화시킨다. 포퓰리즘에서는 언제나 전체가 중요하다. 모든 문제는, 그리고 모든 해결 가능한 문제들은 실존을 위협하는 것으로 전환된다. 그리고 포퓰리즘의 부정적인 정체성이 불신의 문화를 조장하면서 포퓰리즘은 나눌 수 있는 것들을 무력하게 만든다. '엘리트'에 대한 불신뿐 아니라 전체 민주주의 체제에 대한 불신을 조장한다. 요약하면 포퓰리즘은 전체화라는 언어 상징을 도구로 삼는 조직화된 불신이다. 이런 의미에서 우익 포퓰리즘은 온전히 나눌 수 없는 것에만 초점을 둔다. 그렇다면 그 결과는?

포퓰리즘은 오늘날 사람들이 흔히 이야기하듯이 정체성을 단순히 진지하게 받아들이는 것이 아니다. 오히려 포퓰리즘은 정체성을, 사회를 가로지르는 핵심 경계선으로 만든다. 하나의 정체성 전선을 만들어 낸다. 포퓰리즘은 정체성을 사회적인 것을 협상하는 곳, 즉 민주주의를 다루는 무대이자 영토로 만든다. 더 정확히 말하면, 협상하지 않는다. 왜냐하면 나눌 수 없는 것에만 초점을 맞추면, 화해할 수 없는 문제에만 집중하기 때문이다. 협상할 수 없고 합의가 불가능한 것에만 집중할 때 정체성은 정체성의 공격이 된다.

포퓰리즘은 방출된 감정의 상징적 통합이 필요함을 보여 주었다. 그러나 포퓰리즘은 이를 위해 단지 부정적인 재통합만을 제공한다. 공포와 거부감만이 수용되고 강화된다. 포퓰리즘의 감정 경제는 온전히 '그' 적대 세력만 겨냥한다. 따라서 다원화된 주체들에게 완전한 정체성의 귀환을 약속하는 포퓰리즘은 이들에게 단지 닫힌 정체성, 폐쇄적인 정체성만을 제공할 수 있다. 적을 규정할 때에만 작동하는 정체성이다. 그러므로 포퓰리즘은 완전히 친구와 적이라는 배치 안에, 즉 민주주의의 지평을 넘어서는 구도에 완전히 정착한다. 그리고 정확히 여기에 자신의 핵심 개념을 기입한다. 바로 '국민' 개념이다.

포퓰리즘은 민주주의에서 무조건 비어 있어야 하며 구체화될 수 없는 범주인 국민을 마치 진짜 존재하는 것인 양, 실제 체화될 수 있는 것처럼 다룬다. 이것이 바로 포퓰리즘의 전략이다. 역설처럼 들리지만 민주주의에서 '국민'은 실제로 존재하지 않는다. 국민 개념은 모든 것의 기초가 되는 개념이고, 법적 정당성을 주는 개념이며, 그렇기 때문에 어떤 형식으로도 최종적으로 점유되지 않는 텅 빈 자리다. 민주주의에서 국민은 추상 범주다. 이는 민주주의에 반하는 말이 아니다. 추상화는 필수적인 허구이기 때문이다. 형식적인 평등을 보장해 주는 것이 바로 추상화다. 앞에서 보았듯이, 우리를 개체로서 존재하게 하는 것을 배제했기 때문에 우리 모두는 투표와 같은 행위를 할 수 있다. 이런 추상화를 통해서만 우리 모두는 이 추상적인 국민의 동등한 일부가 될 수 있다.

그러나 우파 포퓰리즘은 바로 이 추상화를 무력화시키려고 한다. 포퓰리즘은 추상적인 국민에게 구체적인 형태를 부여하려고 한다. 포퓰리즘은 이 추상적 개념을 "경험적 유령"[68]으로 만들려고 한다. 경험적 유령은 헬무트 두비엘의 훌륭한 표현으로 이때 유령은 경험, 실증과는 거리가 멀다. "우리가 유일한 국민이다.(Wir sind das Volk.)"라는 경험적 유령을 부르는 행위는 다음을 의미한다. 우리가 이 빈자리와 관계해야 하는 유일한 형태다.

포퓰리스트들은 자신들이 이 국민의 모습을 잘 알고 있다는 환상을 생산한다. 국민이 그냥 그 모습대로 거기 있고, 자신들과 동일하다고 여기는 환상. 국민은 고정된 형상을 갖고 있고, 이 형상은 더 이상 변화 가능하지 않다는 환상.

그러나 이를 위해 포퓰리스트들은 심장 수술을 집도해 '국민'의 의미와 구조를 바꾸어야 한다. 포퓰리스트들은 민주주의적 국민, 데모스(Demos)에서 나와 국민을 인종적-민족적 국민으로, 종족으로 재정의해야 한다. 데모스는 민주주의가 하는 일을 포괄하는 범주다. 비어 있는 가운데이며, 비어 있는 중심이다. 왜냐하면 데모스, 즉 한 국가의 국민은 고정된 형태가 없기 때문이다. 모든 새 행위자들은 그 형태에 대해 질문하고, 모든 새로운 시민은 이 형태를 바꾸어 쓰고, 이를 통해 민주주의적 국민은 고정되지 않고 변화가 가능함을 보여 준다. 이렇게 국민의 범주는 개방적이며, 이렇게 개방적으로 머물러야 한다.

우익 포퓰리즘은 완전히 반대되는 일을 한다. 그들이 행하는 수술의 본질은 국민이라는 열린 범주를 닫는 데 있다. 확정되지 않고 변화 가능한 국민을 변할 수 없고 고정된 국민으로 바꾸는 일이다. 하나의 분명한 '인종적' 형상이 있는 하나의 인종으로 만드는 일이다.

이 인종은 열려 있는 등식에서 닫힌 등식으로 넘겨진다. 언제나 새롭게 정의되는 등식 대신 포퓰리스트는 아래 등식을 내놓는다. 국민은 국민이다. 우리는 우리다. 자기 자신은 자기 자신이다. 열린 등식은 그렇게 동어 반복에 지나지 않는 '정의'가 된다. (우리는 이미 이것을 문화에서 보았다.) 여기에서 교환은 일어나지 않으며, 그렇기에 변화도 없다. 이 유사한 자들이 진정한 형상이며 진정한 국민이다.

이것은 국민이라는 상징, 즉 오늘날 침식되고 있는 바로 그 상징과 형상을 체화한 사람들의 국민이다.

이 관념은 적대적이고 이중적인 관점이다. 진정한 국민이라는 형상은 이중의 전선을 통해 얻어진다. 먼저 엘리트(엘리트는 물론 흐릿한 범주다. 예를 들어 이 단어에서 도널드 트럼프가 떠오르기도 한다.)에 대한 저항이 있다. 한편 포퓰리즘 엘리트는(당연히 이런 엘리트도 있기 때문에) 다른 엘리트들과 다르다. 이들은 진정한 국민의 뜻과 연결되어 있는 '메가폰'이다. 여전히 경험적 유령의 출현이다. 또한 포퓰리스트들의 국민이라는 인종은 타인과의 전선, 즉 외국인과의 전선에서 만들어진다. 유사한 자들의 국민이라는 관념은 뿌리부터 반다원주의적이다. 국민의 다른 형상 가능성을 막는 데 봉사하며, 마치 이 관념이 실제로, 완전히 다른 물리적 국민으로 체현된 것처럼 여긴다.

포퓰리즘에 대한 논의가 의미 있는지에 대한 질문은 처음부터 제기되었다. 너무 흔하게 쓰여서 의미가 없어졌다는 비판은 늘 제기된다. 그러나 자주 사용된다는 것은 그 현상이 자주 나타난다는 뜻이다. 이 개념의 의미는 정확할 뿐 아니라, 이런 방식으로 등장하는 다른 현상과 구별 짓기 위해서라도 필요하다. 예를 들면 파시즘과 구별하기 위해서다.

반대 운동과 저항으로만 관찰하지 않고, 권력에 접근하는 포퓰리즘을 관찰할 때 특별히 다른 점이 분명하게 보인다. 포퓰리즘이 권력에 접근하는 일은 최근의 러시아, 터키, 미국에서만이 아니라 중부 유럽에서도 일어나고 있다. 예를 들어 헝가리의 오르반 빅토르(Orbán Viktor)가 있고, 오스트리아에서도 포퓰리즘이 권력을 잡았다. 그러나 포퓰리즘은 권력을 잡은 곳에서 각자의 권위적인 지배 형식을 발전시켰다. 최근 권위주의의 귀환은 옛 권위주의의 복귀가 아니라 새로운 권위주의의 등장이다. 그리고 정확히 여기에서 차이를 지적하는 개념, 이 특별한 지배 형식을 규정하는 개념이 필요하다. 바로 '지도자 민주주의'다. 지도자 민주주의가 권력을 잡은 포퓰리즘의 지배 형식이다.

지도자 민주주의는 민주주의가 단지 권위주의적 지배에 겉치레를 제공할 뿐이라는 허깨비 민주주의를 떠올리게 한다. 그러나 이때 권위주의는 단순히 독재가 아니다. 비록 동의를 만들기 위해 강제가 동원될 수도 있지만, 강제를 통한 지배가 아니며, 동의를 통한 지배다. 예를 들어 국민 투표를 앞두고 기자들을 감금해 '반대'가 전혀 나올 수 없는 상황을 만든다. 이런 방식이 민주주의와 다른 지도자 민주주의 방식이다. 여기에서 중요한 점은 동의를 받는 일이며, '진정한 국민'과 그들의 지도자 사이에 직접 동맹을 만드는 일 또한 중요하다. 제도를 통한 우회로 없이 직접 동맹을 만드는 일.

바로 여기에서 파시즘과의 차이가 시작된다. 포퓰리즘은 특별한 유형의 사회에 개입하기 때문이다. 이 사회는 완전히 '내재화된' 상태에서 살아간다. 온전히 지금 여기만을 사는 사회는 지금 여기를 넘어서지 못한 채, 다른 상태에 대해서는 상상하지 못한다. 정치적 환상이 더 이상 없기 때문이 아니다. 유토피아가 더 이상 존재하지 않기 때문도 아니다.

그러나 정치적 유토피아를 지탱하는 힘은 세속적 믿음, 예를 들어 역사의 목적에 대한 믿음이나 자기 자신의 행동 능력에 대한 믿음이다. 정치는 이 세속 종교적 짐에서 해방되어, 실제로 세속화되었다. 우리 사회가 뼛속까지 세속적인 것처럼 말이다. 그렇게 우리는 세속화된 현재를 살고 있다.(종교적 근본주의는 이 세속화에 대한 특별한 방어 형식일 뿐이다.) 그러나 이렇게 모든 정치 행위, 모든 정치 개념에는 초월이라는 차원이 결여된다. 현재를 넘어선다는 의미, 미래 전망이라는 의미가 빠져 버렸다.

파시즘과는 달리 우파 포퓰리즘은 세속 종교가 아니

다. 파시즘은 정치의 신성화를 통해 자기 숭배 의례와 성스러운 의무로 기능했다. 그러나 우파 포퓰리즘은 파시즘에서 기꺼이 여러 가지를 모방하지만, 파시즘의 세속 종교성은 모방하지 않는다.

정확히 말해 포퓰리즘은 더 이상 종교적으로 규정되지 않는 사회에서 움직인다. 포퓰리즘은 전체가 순전히 세속적인 사회에서 움직이며, 이 세속적 세계에서 여전히 초월적 대용품처럼 기능하는 것을 이용한다. 바로 '타자'의 배제다. 실제로 타자가 우리를 주어진 세계에서 벗어나게 만드는 것은 아니다. 타자의 배제가 우리 내면의 위협처럼 보이는 것을 방어한다고 둘러댈 뿐이다. 지금 이 가상의 위협에 대항하며 포퓰리즘이 가져오는 것은 파시즘의 경우와는 다르다. 초월적 요소가 없기 때문이다. 영광스러운 미래에 대한 약속도 없다. 포퓰리즘의 모든 것은 오직 지금 여기에서만 작동한다.

이렇듯 타자를 적으로 규정함으로써 본질적인 포퓰리즘적 상황, 즉 사회적, 정치적 예외 상황을 정당화하고 지속성을 유지한다. 이 상황에서 내면성을 넘어서지 않는 새로운 권위주의 권력이 번성하여, 지금 여기에서 사회를 지속적으로 동원한다.

예를 들어 트럼프의 표어 "아메리카를 다시 위대하

게(Make America Great Again)"를 생각해 보자. 이 표어는 미래에 대한 약속이 아니다. 그보다는 자기 자신의 힘을 즉시 더 강하게 만들겠다는 말이다. 아메리카는 트럼프의 선거 운동 행사에서 이미 다시 위대해짐을 느꼈다. 이 경험은 세속 종교의 자기 체험 집단을 넘어서는 어떤 것이다. 이는 개인이 그 속에서 사라져야 하는 파시즘의 국민 공동체와는 또 다르다. 그리고 바로 이 개인의 위치가 파시즘과의 가장 본질적인 차이일 것이다.

옛 권위주의인 파시즘은 교육적 사명이 있었다. 파시즘은 주체들을 변화시키고, 그들을 교육하며, 그들이 하나의 '새로운 인간'이라는 이상에 적응하도록 만들려고 노력했다. 어떤 이상형에 복종하는지와 상관없이 민족적 주체들의 변환은 언제나 '규율화'와 함께 진행되었다. 외면뿐 아니라 내면에서도 자기 규율화가 함께 나타났다. 이와는 반대로 새로운 권위주의는 교육적 사명이 전혀 없다. 새로운 권위주의는 사람들이 적응하기를 원하는 이상적인 생각, 이상이 없다. 나아가 포퓰리즘에서는 주체들이 심지어 바뀌지 않는 것이 중요하다. 자기 자신으로 확인받는 것이 중요한 것이다. 주체들이 자기 노력 없이 된 것, 즉 민족적 주체로 확인받는 것이 중요하다. 민족 정체성은 그 어떤 대가도 치르지 않고 얻을 수 있는 훈장이기 때문이다. 이런 방식으로 그들이 어떻게 지금처럼 크게 부족한 존재가 되었는지를 확인받는다. 이러한 부족함과 그로부터 나오는 잘못 판단된 굴욕감이 바로 지도자 민주주의의 지렛대이기 때문이다. 푸틴, 에르도안, 오르반은 모두 이 굴욕감을 이용한다. 사회의 규율화 대신이 굴욕감이 지도자 민주주의의 도구가 된다. 바로 그렇기 때문에 굴욕감의 극복은 중요한 문제가 아니다. 왜냐하면 지도자 민주주의에는 굴욕감의 지속적인 인정이 필요하기 때문이다. 굴욕감은 다원주의의 지평이다. 복종이 아니라 그 사람이 누구냐를 인정하는 것이 중요하다. 이 말은 개인이 군중 속으로 들어가지 않는다는 뜻이다. 여기에서 다시 다양한 개인주의가 영향을 미친다.

공산당에 투표하는 사람과 국민 전선에 투표하는 사람의 차이를 서술한 것은 디디에 에리봉이었다. 공산당 투표자들은 자신의 노동에 대해 '긍정적 자기 이해'를, 반대로 국민 전선 투표자들은 '부정적 자기 이해'를 가졌다.[69] 이 상황은 1세대 개인주의의 완전한 소속과 3세대 개인주의의 불완전한 소속 사이의 차이와 일치한다. 에리봉에 따르면, 이 첫 번째 사례는 계급 정체성과 정당(구조, 대변자, 정당 프로그램 등에 대해) 사이의 강력한 일치, 즉 완전한 소속을 보여 주었다. 국민 전선의 선거에서는 이

런 일치가 "존재하지 않으며", 불완전한 소속을 보여 준
다. 에리봉에 따르면 전자의 경우 투표자들은 자신들의
"정체성을 초월하여"[70] 하나의 "의견 집단"이 된다. 즉 1
세대 개인주의의 군중 주체가 된다. 이와 반대로 포퓰리
즘 정치 프로그램들이 생산하는 의견은 단지 "그들의 즉
흥적인 편견 모음"에 지나지 않는다. 그들의 일상적 인종
주의의 확인에 불과하다. 여기에서 "개인들은 과거의 자
신 그대로 머문다." 다원화되어 감소된 자아로 머문다. 규
율에 따라 잘 훈육된 옛날 주체들은 기꺼이 한 정당, 한
국민 공동체와 결합했지만, 오늘날 권위적인 집단에 투표
하는 이들은 복종하려 하지 않는다.

　　이 상황은 포퓰리스트들의 '국민'과 마찬가지로 다원
화 또한 변증법이 적용되는 영역임을 잘 보여 준다. 다원
화는 형태와 영향권을 주조할 뿐 아니라 다원화가 거부
되는 곳에서도 존재한다. 다원화는 다원화의 저항 형태도
주조하여, 저항 형태들에도 다원화의 흔적이 남아 있다.
그렇게 포퓰리즘은 다원화에 반대하는 특별한 방어 형식
이 된다. 다원화된 주체들, 감소된 자아들을 통한, 그리고
그들을 위한 방어 형식이다.

　　'포퓰리즘이 주는 교훈'의 결론은 다음과 같다. 정체

성이 만드는 전선을 거부하고 경제에 대해서만 문제를 제기하는 것으로는 충분하지 않다. 경제에 대한 질문만으로는 정체성 문제에 도달하지 못하기 때문이다. 그리고 정체성은 오늘날 이익과 관련된 모든 갈등 및 계급 모순들과 겹쳐 있다. 다원화가 정체성들을 크게 바꾸고 있는 이 사회에서 더욱 그렇다.

정체성의 유동화에 대항하여 이성을 호출하는 것은 도움이 되지 않는다. 왜냐하면 이성은 방황하는 감정의 잠재력을 다시 포착할 수 없기 때문이다. 계몽으로는 포퓰리즘에 대적할 수 없다. 계몽은 다른 곳에 착륙하며, 감정에는 도달하지 않기 때문이다.

그렇다면 이 말은 다른 포퓰리즘이 필요하다는 뜻일까? 결론적으로 좌파 포퓰리즘이 필요하다는 말인가?

좌파 포퓰리즘은 어떤 모습일까? 좌파는 '국민'을 호명할 수 있을까? 추상에 구체적인 형태를 제공할 수 있을까? 해도 될까? 해야 할까?

잘 알려져 있듯 옛 좌파, 완전히 오래된 좌파는 프롤레타리아를 호명했다. 프롤레타리아는 본질적으로 경제에 의해 규정되었다. 경제적으로 배제된, 소외된 자들이었다. 마찬가지로 옛 계급 투쟁은 온전히 경제에 의해 규정되었다. 그러나 국민에 대해 말한다는 것은 인간을 계급 주체로만 이해하지 않고 다른 정체성 규정도 유효하다는 것을 인정한다는 뜻이다. 정치 논쟁은 언제나 이념적임을 수용한다는 뜻이다. 그리고 여기에서 좌파 포퓰리즘은 아주 위험하고 어려운 등반을 시작하게 될 것이다.

우선 모든 정치 투쟁은 이념적이며, 감정으로 충전된 그림들로 수행된다는 것은 맞는 말이다. 그리고 이 감정의 충전은 언제나 '우리는 누구인가'라는 질문에서 나온다. 이 질문이 모든 임금 협상에서 다루어지고 있음을 우리는 이미 보았다. 다른 한편으로 좌파 포퓰리즘은 이 인식을 넘어서서 '우리는 누구인가'에 대한 하나의 관념, 즉 '국민'이라는 그림을 제공해야 한다. 이 말은 곧 좌파 포퓰리즘도 '국민'을 생성해야 한다는 뜻이다. 좌파가 개방적이고 다원적인 국민 개념을 생성한다 해도 그 과정은 여전히 매우 어렵고 위험하다. 이 과정에서 대중을 움직이는 것이 중요한 문제다. 대중의 방류된 감정들을 포착하고, 집 없는 상태에 있는 주체성에 공간을 마련해 주는 일이기 때문이다. 이 말은 좌파 포퓰리즘도, 다원화된 국민이라는 개념도 사람들을 움직일 수 있는 적대자 규정을 통해 기능할 수 있다는 뜻이다. 그러므로 좌파 포퓰리즘도 화해할 수 없는 것에 도달할 수밖에 없을 것이다. 그러나 동시에 좌파 포퓰리즘은 적대자 규정 이외에도 어떤 긍정적인 동일화가 필요할 것이다. 우파 포퓰리즘에서 이 동일화의 대상은 민족이었다. 민족은 르상티망(Ressentiment, 원한이나 복수감을 뜻하며, 인간 본성의 비합리적 측면을 말한다. 니체에 의하면 강자에 대한 반감의 배후에 작용하는 심리다.)과 연결되고, 동시에 정체성도 제공해 주는 환상이다. 좌파 포퓰리즘에서는 무엇이 이 기능을 수행할 수 있을까?

지금까지 포퓰리즘 '수업'의 결론이 포퓰리즘이 필요하다거나, 다른 종류의 포퓰리즘이 필요하다는 것을 뜻하지 않는다. 요약하면 이 수업은 좌파 포퓰리즘을 위한 변론이 아니다.

그러나 이 수업에서 끄집어내야 하는 결론은 있다. 민주주의 정치는 실질적인 문제 해결에 더해 감정적 합의도 생산하는 일이다. 그러므로 감정을 다루는 정치가 필요하다. 그러나 그 방식은 긍정적이어야 한다. 또한 정체성을 제공하는 정치가 필요하다. 정체성의 제공은 단순히 적대자 규정의 반대항은 아니다. 포퓰리즘 수업의 결론이 보여 주었듯이, 중요한 것은 정치가 정체성을 제공한다는 사실만이 아니다. 어떤 정체성을 제공하느냐도 중요하다.

이제 이 장의 결론이다. 2016년 내내 주목받았던 오스트리아 대통령 선거는 이 수업의 결론인 다원적 정체성을 제공하려는 하나의 시도를 보여 주었다. 결선 투표에서 두 명의 후보는 아주 어려운 다리 찢기를 성공해야했다. 자신의 위치를 아주 넓게 펼쳐서, 자기 정당 소속자보다 훨씬 더 많은 지지자를 모아야 했던 것이다. 이때 알렉산더 판데어벨렌의 선거 운동은 포퓰리즘 운동도, 정당운동도 아니었다. 그의 캠페인은 정당 정치를 훨씬 넘어섰다. 우파에 대한 거부가 아주 넓은 '우리'를 만드는 것을 허락했다. 정치적으로, 또 감정적으로 매우 어려운 균형 잡기였다.

이를 위해 판데어벨렌은 '고향'이라는 개념을 가져왔다. 이 개념을 우파에게 넘겨주지 않으려는 시도였다. 고향을 다르게, 새롭게 정의하려는 시도였다. 유사한 자들이 아니라 유사하지 않은 자들의 고향을 정의하려는 시도였다. 출신에 따라 규정되지 않고, '여기 살고 있는' 모두의 주장에 따라 고향을 정의하려는 시도였다. 배제하는 고향이 아니라 포괄하는 고향.

그러나 그의 운동에서 '새' 고향의 그림은 '옛' 고향의 그림과 거의 구별되지 않았다. 풍경의 파노라마가 있었고, 산과 자연이 있었다. 그림 속에서 호감 가게 생긴 한 교수가 편안하게 자신의 반려견과 놀고 있었다고 해도 그 사실은 변하지 않는다. '고향' 개념을 새롭게 정의하려는 시도는 이런 그림과 함께 실패했다. 한 개념에 속하는 상징과 그림을 바꾸지 않으면 그 개념을 새롭게 채울 수 없는 법이다. 한 개념을 새로 규정하기 위해서는 새로운 그림 언어, 새로운 그림 세계를 제시해야 한다. 오래된 목가적 풍경으로 돌아가서 그 그림이 모든 이를 위해 여기 있다고 선포하는 것으로는 충분하지 않다. 고유한 그림 세계가 있었더라면, 새로운 고향 개념으로부터 새로운 감정 공간을 만들 수 있었을 것이다.

지금 다원화 사회를 위해 우리가 사용할 수 있는 그림은 아름다운 산악 풍경과는 완전히 다르다. 바로 거리에서 만나는 그림이다.

거리는 하나의 갈등 공간이다. 다양한 이해관계가 거리에서 서로 충돌한다. 지금까지 거리와 도로에서의 행동은 오로지 도로교통법에 의해, 즉 권위와 규칙에 의해 규정되었다. 말 그대로 세워졌을 뿐 아니라 비유적 의미에서도. 규칙에 따라 모든 것이 멈추어야 한다. 이것은 대단히 민주적이다. 도로교통법은 동등하게 모든 이에게 적용된다. 교통 강자, 예를 들어 자동차 운전자가 교통 약자, 예를 들어 보행자를 고려하기 위해 다른 도덕이 필요한 것은 아니다. 도로에는 횡단보도가 있다. 다른 이들이 지나가도록 빨간불에 정차하여 기다리기 위해 운전자들이 개인적으로 좋은 사람이 될 필요는 없다. 길거리에서 도로교통법이 도덕과 덕목이라는 짐을 개인으로부터 덜어준다. 그리고 모든 이를 위해 이를 관리하는 기관에 짐을 넘긴다.

그러므로 도로교통법은 사회적 개념이다. 그리고 이 개념은 오늘날 완전히 반대 개념에 의해 도전받고 있다. 만남 구역이 그것이다. 이 구역은 도로교통법이 만든 질서 체계의 규제를 벗어나 작동한다. 이곳에서는 일반적인 속도 제한 이외에는 규정, 교통 표지판, 신호등이 거의 없다. 교통은 스스로 관리된다. 개입하는 아무런 권위도 없다. 그리고 여기에서 갈등 없이 함께 이용하는 공적 공간이 나온다. 공유 공간(shared space)의 출현이다. 당연히 만남 구역에 대한 회의적 시각도 존재한다. 우리 모두가 모르는 사이 홉스의 가르침을 너무 깊이 내면화한 것이다. 우리의 이기주의를 제한하고 우리의 욕망을 길들이는 권위 저편에, 만인에 대한 만인의 투쟁이 숨어서 기다리고 있다는 주장이다. 그렇다면 어떻게 (상대적으로) 권위가 없는 이러한 공간이 스스로 관리될까? 이 일이 어떻게 가능할까? 만남 구역에만 들어서면 우리 모두는 배려 많고, 책임감 강하며 아이들을 사랑하는 존재로 바뀔까?

이 질문에 대한 대답은 규칙을 대하는 우리의 엄청

나게 모순된 행동과 관계가 있다. 외면적 권위와 강제된 규율은 당연히 실행되고 지켜지기만 하는 것이 아니다. 어기기도 한다. 위반은 일정 정도 규율화 자체에 속하는 것이다. 더 나아가 규칙을 따르지 않는 자는 모험과 저항의 증명이 된다. 거리에서도 마찬가지다. 규칙과의 게임은 개인의 능력을 보여 주는 중요한 표지가 되었다. 그리고 안전과 관련해서는 다음 내용이 증명된다. 도로 교통에서 안전 기준을 높이는 일은 기대했던 효과뿐 아니라 기대하지 않은 효과도 낳는다. 더 많은 안전, 즉 더 잘 보호받는 방법에 대한 지식은 더 위험한 운행에 둘러싸인다. 교통 전문가에 따르면, 횡단보도는 단지 '가짜 안전'만을 생산한다.

그러므로 규율을 잘 지키거나 잘 지키지 않는 도로 주체로 우리를 바꾸어 주는 도로교통법만으로는 충분하지 않다. 외면적 안전은 더 이상 시대와 맞지 않다. 주의는 개인의 행동 안에 도달해야 한다. 이를 위해 교통 참여자들의 개혁이 필요하다. 참여자들은 배려와 주의의 원칙 그리고 함께라는 원칙을 내면화해야 한다. 도로교통법에 위임하는 것만으로는 다원화된 주체들에게 충분하지 않다.

그렇다면 난폭한 운전자들의 놀라운 변화는 어떻게 일어나나? 규칙을 통해서가 아니다. 교통은 스스로 조절

되어야 한다. 호소를 통해서도 변화되지 않는다. 제발 배려심을 가지라는 호소로는 변하지 않는다. 변화는 '탈규제화'를 통해 이루어진다.

탈규제는 주체의 불안감이 의도적이고 목적의식적으로 만든 생산물이다. 공간 기획자들은 모든 것이 열려있다고 말한다. 공간의 형성을 통해, 예를 들어 분명하게 편입된 도로 공간을 누락시키면서 개인에게 완전히 의도된 불안감을 생성시킨다. 왜냐하면 이 불안감이 변화된 행동을 가져오기 때문이다. 개인들의 불안함이 보다 안전한 전체 상황을 만든다.

이것이 도로교통법의 역설적 효과다.

규칙은 위반을 생산하는 반면, 탈규제는 조심하고 서로 소통하며 배려하는 교통 참여자를 양산한다. 다른 영역에서 이런 탈규제와 자유로운 배치를 도입하면, 보호를 위한 사회는 난폭한 경쟁 사회로 바뀔 것이다. 그러나 거리에서는 이런 변화가 순전히 자기 보존 본능을 통해서 자기 통제와 자기 책임을 가져왔다. 이것이 개인의 이기주의를 잘 작동하는 거대한 전체에 결합시키는, 아무런 도덕 없이 작동하는 만남 구역의 '보이지 않는 손'이다. 자기 보존 본능은 홉스의 이론에 대해 반박한다. 규제하는 모든 권위의 너머에는 혼란이 아니라 **공유 공간**이 있다.

통일된 교통 주체가 아니라 다양한 개인들이 이곳에서 서로 방해하지 않고 자기 길을 간다. 다원화된 개인들은 유사성이 아닌 다양성을, 자신들의 차이를 나눈다. 이렇게 만남 구역을 비유적으로 21세기 다원화 사회의 상징으로 도입해 보았다. 만남 구역은 새로운 고향 이해나 고향에 대한 새로운 그림으로는 어울리지 않는다.

7장 정치적 올바름의 무대—좌파와 우파의 정체성 정치

마지막 무대는 공공 영역이다. 공공 영역이란 사회가 자기 관할 구역이라고 합의한 영역을 말한다. 이는 사회가 어떻게 설명되는지, 그리고 어떤 설명들이 사회 안에서 경쟁하고 있는지에 대한 질문이다. 다원화 사회는 자신에 대해 어떤 상을 그리고 있는가? 어떤 그림들이 적대적으로 등장하고 있는가? 요약하면 어떤 질문이 우리를 이끌고 있는가?

질문에 답하기 위해 우리는 1장 처음에 나온 다원화 사회의 이전 사회로 돌아갈 것이다. 전쟁 후 서구 사회는 여기에서도 배경을 이루는 네거티브 필름이다. 현재의 사회 환경과 대조를 이루어 지금의 모습을 더 분명하게 볼 수 있게 해 준다.

새뮤얼 헌팅턴에 따르면[71] 냉전 시대 사회들은 정치 이념에 따라 조직되었다. 너는 어느 편인가?라는 질문이 냉전 시대의 유일한 질문이었다. 앞으로 보게 되듯이, 비대칭적인 질문이다.

에른스트 루비치(Ernst Lubitsch) 감독의 영화 「니노치카(Ninotschka)」에서 이 질문과 관련된 설명을 분명하게 볼 수 있다. 냉전이 생기기도 전에 제작된, 냉전을 설명하는 영화다.

1939년 파리에 사는 세 명의 소비에트 동지들은 사치에 빠져 세계 혁명이라는 사명을 잊어버렸다. 한 여성 요원이 이들의 뒤를 이어 파견되었다. 그레타 가르보(Greta Garbo)가 맡은 역할이다.

그녀는 혁명적 금욕의 화신이었다. 그녀는 물질적 향락에 철저히 무감각했다. 그러나 그녀가 거부하지 못하고 자신의 혁명적 덕을 망각하게 만든 것은 '더 차원 높은' 향락, 곧 진정한 사랑이었다. 사랑이야말로 그녀를 '개종' 시켰고, 그녀의 금욕주의를 굴복시키고 제압했다. 매혹적인 작은 모자로 표현되는 소비주의적 쾌락주의까지.

영화 「니노치카」는 서구적 생활 양식의 우월함에 대한 설명이다. 모든 욕구에 대응하는 것을 창고에 갖고 있는 생활 양식이다. 물질적 욕구뿐 아니라 감정적 욕구를 위한 것도 마련되어 있다. 실제로 서구는 그곳에 살지 않는 이들에게 오랫동안 행복과 향락을 약속하는 열망의 장소였다. 여기에서 '서구'는 지리적 범주가 아니라 하나의 생활 양식, 정치 형태를 의미했다. 이런 생각은 동구권과 중동에 있던 사람들에게 해당되었다. "한때 서구는 멋졌다."라고 독일에서 활동하는 이라크 출신의 작가 셰르코 파타(Sherko Fatah)는 생각했다. 한때 바그다드와 카불조차 이런 의미에서 '서구' 도시였다. 서구의 우월성은 단순히 경제적, 군사적 우월성이 아니라 본질적으로 정신적인 것이었다. 행복이라는 상상이 유혹하는 힘이었다.

9·11 테러를 다룬 영화 「슬리퍼 에이전트(Schläfer)」(2005년에 상영된 독일 영화로 9·11 테러를 다룬 첫 번째 영화로 흔히 이야기된다. 한국에서는 「슬리퍼 에이전트」라는 제목으로 소개되었다.)는 그러한 서구적 생활 양식의 지배에 훌륭한 태클을 걸었다. 위장한 테러리스트들은 서구라는 신화, 즉 언제나 상상으로 존재했으며 만병통치약과도 같은 좋은 삶이라는 신화에 지속적으로 의문을 제기했다. 그저 이 생활 양식에 저항하면서 말이다. 오랫동안 이 위장 요원들은 서구 문명으로부터 '감염'되지 않고, 서구적 삶의 양식에 '오염되지 않고', 자신들의 '사명'을 지워 버리지 않은 채 그곳에 살고 있었다. 오늘날 서구의 행복관에 면역된 이들은 지하드주의자들이다. 이들은 '성전'을 수행하기 위해 은신처를 박차고 나왔다. 오늘날 대규모 난민은 전쟁과 박해로부터 보호와 안전을 찾아서 유럽으로 온다. 그러나 이는 어떤 삶의 모형을 추구하고 갈망하는

것과는 완전히 다르다.

니노치카는 시효를 다했다. '서구'의 유혹은 끝났다. 사회 기술적 의미로 통합의 실패라는 깊은 침전의 과정이다. 이는 서구의 지배에서 중심이 되었던 것에 대한 거부이며, 서구의 꿈을 거부하는 일이다.

너는 어느 편인가?라는 질문은 비대칭적이었다. 냉전 구조에서는 완전히 다른 두 세력이 대결했기 때문이다. 확신과 정치 내용뿐 아니라 상상의 형식도, 상상 속에서 제공하는 것도 달랐다. '요원 대 사랑'이라는 구성에서 보았듯이, 이 대립은 영웅을 가진 사회와 (적당한) 향락가를 가진 사회의 대결이었다. 영웅주의 대 행복은 서로 대칭되지 않는 적대 구성이다. 그리고 바로 여기에 방점을 찍어야 한다. 서구의 발전은 영웅 이후 사회, 곧 포스트영웅주의 사회로 가는 과정이었다.

사회 전체를 대상으로 하는 재교육과 재기호화에 해당하는 이 발전은 전쟁 후에 시작되었다. 포스트영웅주의 사회라는 개념은 오늘날 변화된 관계들 사이에서 중심 조건의 하나, 즉 다원화 사회의 한 기초가 되었다. 그렇다면 포스트영웅주의 사회는 무엇인가?

미셸 푸코 덕분에 우리는 주피터 역사와 반주피터 역사를 구분할 수 있다.[72] 전자는 "권력을 상징하는 신"

주피터가 수행하는 역사다. 승자의 역사를 설명하는 방식이며, 권력과 영광을 드러내는 역사. 주피터 역사는 승리를 중심으로 사회를 일치시키는 이야기다. 다시 말하면 모범적인 영광의 역사다. 이 때묻지 않은 영웅담인 주피터 역사는 "권력 강화"를 위한 의례다.

이와 반대로 반주피터 역사는 억압받는 자, 굴복된 자, 희생자의 역사다. 이 관점은 저항의 역사에 경청하게 해 준다. 영광은 오직 승자만을 비춘다. 그러나 반주피터 역사에서는 희생자가 그늘에서 나와 영광이란 단어를 움켜잡는다. 이 관점에서 타인의 승리는 자신의 패배다. 권력에 반항하는 저항의 역사는 주권과의 동일시를 흔들어 놓으며, 권력이란 결합할 뿐 아니라 억누른다는 것을 분명하게 보여 준다. 반주피터 역사는 권력에 대한 저항 담론이고, 사회의 약속된 단일체를 방해하는 응답이다.

저항 역사를 단지 방해로 기입하는 영웅 이야기의 오랜 지배 후에, 2차 세계대전이 끝난 후에 공식적인 기억 공간이 주피터 역사의 저편에 열렸다.

예컨대 국가 사회주의에 대한 기억은 파시즘 이후 사회에서 분열을 가져왔다. 피해자의 한편과 가해자의 다른 편을 구분하는 분열이었다. 주피터 역사는 언제나 하나의 역사를 제시했다. 이를 통해 사회는 모든 영역에서 재인식될 수 있었다. 이에 반해 국가 사회주의에 대한 기억은 갈등에 대한 기억이다. 즉 사회는 통일된 것이 아니라 분열되었다는 기억이다. 말하자면 국가 사회주의 다음에 나온 사회 질서는 분열에서 유래한다. 이 분열이 사회 질서의 원(原)역사다. 그런데 저항 역사는 파시즘 이후 사회들을 넘어 전체 서유럽에서 관철되었다. 저항 역사는 오래전부터 주도 담론이 되었다. 프랑스조차 알제리 식민 지배 때의 불의를 고백했다.

주피터 역사와 저항 역사는 또한 초기 두 가지 개인주의에 대응하며, 두 개의 대립되는 인물 유형과 결합된다. 영웅은 한 사회 전체를 위해 모두를 결합시키는 인물로, 주피터 이야기에 속한다. 영웅은 자신의 승리담과 영웅의 역사를 갖고 있는 1세대 개인주의의 인물 유형으로, 사회를 승리를 통해 통합해야 한다.

이와 반대로 저항 역사의 인물 유형은 반란자다. 반란자는 전체가 아닌 부분과 결합되어 있는 인물 유형이다. 이들의 역사는 한 사회의 모든 구성원이 아닌, 일부에게만 유효하다. 그렇게 반란의 역사는 사회를 통합하는 것이 아니라 분열시킨다. 반란의 역사는 사회의 다른 부분에 저항하는 한 부분에 자리를 내주는 이야기다.

분명한 정체성을 가진 이러한 반란자는 2세대 개인

주의의 인물 유형이다. 그리고 언제나 그대로인 이 반란자는 비록 전체 사회를 더는 포괄하지는 않지만, 여전히 영웅이다. 그렇지만 이 반란자와 함께, 특히 1960년대 서구 사회에서 탈영웅주의가 권장되었다. 구체적으로 반란자가 대표하는 저항 역사를 통해, 그리고 희생자 관점을 강조하는 반주피터 역사를 통해 권장되었다.

바로 이런 발전이 3세대 개인주의 때 다시 가속화되고, 희생자의 관점과 지위에 의해 강화된다.

1993년 새뮤얼 헌팅턴은 '문화 전쟁'이라는 개요를 발표했다. 특히 새로운 형태의 전선을 예언했는데, 냉전이 끝난 후 세계사는 새로운 패러다임, 즉 문명과 그에 딸린 '문화'에 의해 흘러갈 것이었다. 여기에서 '너는 어느 편인가'라는 질문은 더 이상 없다. 헌팅턴에 따르면, 새로운 질문은 더 나아간다. 너는 누구냐?

이 질문은 얼핏 보면 너무 확신에 차 보이므로 우리는 강조해서 되물어야 한다. 이것이 진정 우리 시대 질문이 맞는가? 이것이 실제 우리들의 배척을 묘사하고 있는가? 실제로 우리를 분열시키는 것을 지적하고 있는가? 그러니까 우리는 실제로 문화 전쟁 중에 있는가?

오늘날 우리는 아주 위급한 상황에서 살아간다. 지금은 따라서 사회적 분열 상황을 정확히 규정해야 할 정치적 요구의 시간이다. 냉전과는 달리 지금의 전선은 분명하지도 선명하지도 않기 때문이다. 전선은 단순히 우리 사회의 가장자리에 있지 않다. 전선은 우리 사회를 관통하여 놓여 있다. 더욱이 현재의 전선은 분명하거나 선명하지 않고 또한 극단적으로 복잡하기 때문에, 바로 그래서 상황을 정확히 규정하는 것이 중요하다.

그리고 여기에서 분명히 해야 하는 것은 보이는 것과는 다르게 문화 전쟁이라는 단어는 분석이 아니라는 것이다. 이 단어 자체가 아주 당파적이다. 논쟁 안에 자리 잡는 문화 전쟁이라는 단어 자체가 이미 논쟁의 일부다.

우리는 지금 문화 전쟁 중에 있다는 설명은 잘못된 전선을 긋는 데 기여하기 때문이다. 문화 전쟁이라는 단어는 심각한 분열선이 종교와 인종을 따라 그어져 있다고 추정한다. 즉 사회적 분열선이 문화 사이에, 서구와 동쪽 사이에, 그리스도교와 무슬림 사이에 놓여 있다. 그러나 이 경계선의 한편에는 인종주의자들이 만든 구조가, 다른 한편에는 이슬람주의자들이 만든 구조가 거울 반사상처럼 자리잡고 있다. 왜냐하면 이들이 바로 너는 누구냐?라는 질문을 만드는 사람들이기 때문이다. 이들이 바로 분명하고 완전한 정체성이라는 상상 속에서 자신들을 구성하는 자들이다. 그러므로 너는 누구냐?라는 질문은 순수하기보다 전투를 위한 질문이다. 논쟁 속에 있는 질문이지 논쟁에 대한 질문이 아닌 것이다.

그러나 실제 사회적 전선은 본질적으로 더 복잡하다. 사회적 전선은 저녁의 나라와 아침의 나라 사이에 있지 않다. 사회적 전선은 종교들 사이로 흘러가지 않는다. 사회적 전선은 세속과 믿음 사이를 가로지르지도 않는다. 사회적 전선은 결코 헌팅턴의 문화 전쟁에서 도입된 두 분파, 즉 이슬람을 혐오하는 인종주의자와 이슬람주의자 사이를 가로지르지 않는다. 근본주의적 문화 전사인이 두 분파 자체가 서로 대립하며 등장하지 않는다. 이 때문에 현재 상황을 조망하기가 어려운 것이다. 전선은 선포된 군사경계선을 따르지 않는다. 선포된 적이 진짜 적이 아니다. 모든 공포의 공격이 이를 분명하게 보여 준다. 샤를리 에브도(Charlie Hebdo) 테러는 광신적인 남성들이 동명의 풍자 잡지의 편집부를 처형한 사건이다. 모든 테러 공격이 분명하게 보여 준다. 파리, 런던, 니스 등 사례는 끝이 없다. 그리고 거울 반사상처럼 노르웨이 우퇴위아섬(Utøya)의 여름 캠프에서 있었던 아네르스 브레이비크(Anders Breivik)의 테러 공격도, 영국 국회의원 조 콕스(Jo Cox)를 향한 우익 근본주의자의 살인 공격도 그 사례다. 같은 논리를 따라가는 이렇게 다양한 공포 시나리

오들이 있다. 선포된 적들은 서로를 겨누지 않는다. 이슬람주의자들은 인종주의자에게 총을 쏘지 않는다. 완전히 반대다. 그리고 우익 근본주의자들도 무슬림을 향해 총을 쏘지 않는다. 한쪽 편의 희생자는 만평가와 쾌락주의자들이었고, 다른 편의 희생자는 사회 민주주의자들이었다. 이들이 두 진영의 진정한 '공동'의 적이다. 이슬람주의자뿐만 아니라 인종주의자들에게도 진정한 적은 다원화된 개방적이며 자유로운 사회이며, 무신론적이고 세속적이며 민주적인 68 세대의 세계다. 베를린 장벽이 무너지면서, 동구권이 끝나면서 서구도 변했다. 서구는 더 이상 「니노치카」의 서구, 즉 동구가 갈망하던 장소가 아니다. 동구가 더 이상 존재하지 않을뿐더러 서구도 1989년 이후 변했기 때문이다. 서구는 행복을 제공하는 자본주의의 천국에서 점점 더 페미니스트적, 동성애적, 다원적, 세속적인 공간이자 정치적으로 올바른 곳이 되어 가고 있다. 최소한 그럴 가능성이라도 보여 준다. 그러므로 이러한 서구가 지금 양쪽에서 공격을 받고 있다.

샤를리 에브도에 대한 테러 공격 후 다음과 같은 만평이 등장했다. 한 테러리스트가 연기 나는 기관총을 들고 한 시체 앞에 서서 외친다. "그가 먼저였어!" 우리 상황의 복잡성을 위한 그림이 있다면 바로 이것이다. 이 만평은 싸움이 축구 경기와 같은 논리로 작동하지 않는다는 걸 보여 준다. 지금 상황은 두 팀이 한 운동장에서 마주 보며 등장하는 싸움이 아니다. 더 나아가 다음과 같은 점이 분명해진다. 우리는 같은 땅을 공유한 적이 결코 없다. 우리는 결코 같은 전장에 발을 들이지 않았다. 이 싸움은 전선에서 벌어지는 싸움이며, 동시에 전선을 둘러싸고 전선 긋기에 대한 싸움이다.

문화 전쟁이라는 단어가 암시하는 내용과는 반대로 전장에는 두 명이 아니라 더 많은 선수들이 있다. 그리고 문화 전쟁이라는 단어와는 반대로 전선은 매우 복잡하다. 왜냐하면 모든 문화와 종교를 관통하고 있기 때문이다. 전선은 단순히 너는 누구냐?라는 질문에 대한 답이 아니다. 이 질문은 진짜 군사 경계선을 가리는 형태로, 축구 경기 그림처럼 여기에서도 구별되는 완전한 정체성들이 서로 마주 보고 등장한다는 착각을 일으킨다. 사실 그러나 진짜 사회의 전선은 여러 완전한 정체성들과 다원화 사회의 불완전한 정체성들을 분리한다. 명료한 정체성을 가진 주체들과 우리가 오래전에 되어 있는 다원화된 주체들을 분리한다. 그러므로 문화 전쟁의 설명과 반대로, 서구와 동구가 대결하는 것이 아니다. 이슬람과 그리스도교가 대립하지 않는다. 맞서는 것은 이슬람주의자들, 이슬람 혐오자들에 비해 다원화된, 열린 사회를 원하는 모든 사람들이다. 어떤 종교, 문화권인지는 중요하지 않다. 문화 전쟁이라는 단어가 암시하는 것과는 반대로 문화라고 하는 것은 원래 이렇게 더 복잡하다.

그러나 조망하기 어려운 이 싸움의 복잡성에서 질문이 떠오른다. 만약 이 싸움이 다원화되고 개방된 사회와의 싸움이라면, 이 다원화된 사회가 진짜 적이고 적대자라면, 인종주의자와 이슬람주의자들은 서로를 위하는 사이인가? 이 둘의 관계는 무엇일까?

양자의 관계는 환상과 실재의 특이한 조합으로 규정된다. 두 가지 사실이 있다. 한쪽에는 IS와 무슬림 청소년들을 급진화시키는 테러리스트들이 포진한 정치적 이슬람들이 있다. 다른 한쪽에는 증가하는 이슬람 혐오가 있다. 무슬림에 대한 공포에서 나오는 거부, 한 종교 전체에 대한 일반적인 의심이다.

여기에서 눈에 띄게 특이한 점은 동시성이 인과성을 의미하지 않는다는 점이다. 이슬람주의자들의 테러라는 사실이 이슬람을 거부하는 원인은 아니다. 후자가 그러한 사건들을 통해 강화되었을 수도 있지만, 애초에 존재하는 편견이며, 그 핵심은 언제나 비합리성이다. 편견은 현실에 저항한다. 편견에는 현실성이 없다. 지금 우리가 맞이

하고 있는 것은 매우 드문 사례로 편견과 실재의 문제, 그것도 아주 나쁜 문제가 동시에 등장하는 사건이다. 이것은 **이타커**(Itakern, 이탈리아 사람을 비하하며 부르는 독일어), **츄셴**(Tschuschen, 주로 동유럽 사람을 비하하는 오스트리아 독일어 단어), **지고이너**(Zigeunern, 집시를 일컫는 독일어 단어), **피프케**(Piefkes, 오스트리아에서 독일인을 낮추어 부를 때 쓰는 단어) 또는 유대인과는 다르다. 그러나 무슬림에 대한 편견은 그냥 작은 편견이 아닌데, 왜냐하면 실제 문제로 받아들여지기 때문이다. 근거가 있는 것처럼 보이는 것이다. 동시에 이 실제 문제는 단순히 작은 문제가 아니다. 왜냐하면 편견에 둘러싸여 있기 때문이다. 이것은 독특한 평행 세계다.

이 이중의 문제에 어떻게 대처해야 할까? 이슬람 혐오와 실제 문제의 충돌에 어떻게 대처할 수 있을까? 외국인 혐오 선동이 실제 대상을 얻는다면? 그 상황은 실제로 추적을 당하고 있는 편집증 환자와 같을 것이다. 또는 실제로 배우자가 외도를 하고 있는 의처증 환자와 같을 것이다. 사실과 근거들이 늘어난다고 해서 증상에 아무 변화도 가져오지는 않을 것이다. 그러나 치료는 대단히 어려워질 것이다. 슬라보예 지젝이 한때 생각했듯이.

그러나 인종주의자와 광신적 무슬림 사이의 관계를

해명하기 위해서는 이런 평행 세계가 존재한다는 증거만으로는 부족하다. 놀랍게도 이 관계는 완전히 다른 질문에서 더 명료해진다. 늘 반복해서 제기되는 '무슬림은 새로운 유대인인가'라는 질문이다. 이슬람 혐오는 무슬림의 어떤 점을 비난하는가? 그들의 완전한 정체성을 비난한다. 이슬람 혐오는 무슬림이 하나의 완전한 정체성을 체현하고 있다는 생각에 사로잡혀 있다. 바로 인종주의자들이 무슬림더러 완전하고 분명한 정체성을 가졌다고 비난하기 때문에, 즉 이들에게는 무슬림이 환상을 체현하고 있는 것처럼 보이기 때문에 무슬림은 새로운 유대인이 아니다. 무슬림은 우리 시대 유대인이 아니다.

옛 반유대주의와 이슬람 혐오는 둘 다 르상티망이지만, 그 이유는 다르다. 아니 서로 반대다. 유대인은 온전하지 않은 주체라는 비난을 받으면서 배제되었다. 온전하지 않은 독일인, 온전하지 않은 오스트리아인이라는 비난을 받으면서 배제된 것이다. 유대인이라는 것은 '완전하지 않다'는 말과 같은 뜻이었다. 반대로 무슬림 거부는 이들에게 100퍼센트 분명한 정체성이 있다는 상상에서 나온다. 그 결과 이들로부터 나온다고 하는, 환상에 기초한 위협이 등장한다. 완전하지 않은 주체인 유대인들은 사회를 '분열시킨다'고 비난받는다. '동일적인' 무슬림들은 반대로 서구를 '지배'하겠다고 '위협'한다.

다시 말하면 무슬림들은 오히려 이슬람 혐오자들과 인종주의자들이 스스로 상상하는 그 정체성을 가지고 있다는 이유로 비난받는다. 그래서 인종주의자와 이슬람주의자들은 서로 단순한 적이 아니다. 양자는 오히려 경쟁자다. 둘 다 헌팅턴의 질문인 너는 누구냐?에 따라 만들어지는 경쟁자들이다. 그리고 두 집단 모두 각자의 방식으로 열린 사회, 다원화된 사회에 대립한다. 왜냐하면 이 사회는 너는 누구냐?와는 완전히 다른 질문을 던지기 때문이다. 다원화 사회는 완전히 다른 정체성들을 생성한다.

오늘날 사회의 핵심 갈등선은 문화적으로 규정된다는 것을 보았다. 여기에서 문화를 헌팅턴의 개념, 즉 분명한 정체성들이 모여 있는 구역으로 이해해서는 안 된다. 그러므로 정체성의 전선에 대해 말할 때는 다음 표현이 더 적절하다. 다양한 정체성들의 전선이 아니라, 정체성의 다양한 방식들이 싸우는 전선이다. 이 전선이 다원 사회의 핵심 군사 분계선이다. 그러므로 여기에 맞는 정치 형태가 더욱 중요해진다. 소위 정체성 정치가 점점 중요해지고 있다.

정체성 정치는 우파뿐 아니라 좌파에도 있다. 우파의

정체성 정치는 6장에서 만났다. 포퓰리즘이 곧 우파의 정체성 정치와 동의어다. 좌파 정체성 정치에 대해서는 아직 다루지 않았다. 이를 위해 먼저 좌파 즉 해방시키는 힘이 경험했던 변화를 소환하는 일이 필수적이다. 이 변화는 세 가지 개인주의와 잘 맞아떨어진다.

사회적 권리를 둘러싼 '계급' 투쟁은 아직 정체성 정치는 아니었다. 계급 투쟁은 백인 노동자 계급에 사회적으로 완전히 소속되기 위한 1세대 개인주의 시대의 투쟁이었다. 그러므로 이 상황에 맞는 연대도 당연히 유사한 자들의 연대였다.

'신사회 운동'과 같은 시민권 운동들은 사회적 논쟁과 싸움의 방법 그리고 목적을 바꾸었다. 그렇게 억압의 범위와 억압받는 자들의 범위를 넓혔다. 백인 노동자들이 받는 경제적 착취를 넘어 다른 종류의 억압에도 주목하게 했다. 예를 들어 성별, 성적 지향 혹은 남다른 특징 때문에 차별당하는 인간의 불평등을 바라보도록 했다. 이와 함께 연대는 더 이상 유사한 자들의 협력이 아니라 유사하지 않은 자들의 연합이 되었다. 이제 사회적 권리뿐 아니라 사회적 인정과 법적 평등도 중요해졌다.

말하자면 모든 인간을 포괄하고, 차별하는 모든 것을 배격하는 '통합적 평등'[73]이 주제가 되었다. 이런 의미에서 이 운동은 아직 정체성 정치가 아니었다. 왜냐하면 그 목적이 특수한 정체성을 넘어서는 일, 특수한 정체성들의 다른 쪽에서 보편적 권리를 위해 싸우는 일이었기 때문이다. 동시에 2세대 개인주의는 차별에 대한 반발에서 생겼다. 해방의 과정에서 자기를 찾고 자기와 하나가 된, 억압받지만 '진정한' 정체성이 저항의 전면에 나섰다. 이 저항은 억압과 차별로부터 해방된 완전한 정체성의 획득을 약속했다. 바로 이것이 2세대 개인주의의 인물 유형이었다.

정치와 역사 발전이 부드러운 이행 과정으로만 묘사될 때, 분명한 단절을 이해하기 위해 이런 설명이 필요하다. 인정과 인정의 결핍, 즉 차별은 다원화 사회의 중요한 정치적 긴장 영역을 만들었다는 사실을 다음 단계를 위해 기억해 두어야 한다.

통합적 평등의 (부분적인) 실패, 억압받고 차별받는 소수자를 해방한다는 약속의 미이행은 일종의 반작용을 낳았다. 특히 미국 흑인 시민 운동에서 먼저 유행했고, 나중에는 다른 집단에서도 다 수용하게 된 분리주의다. 분리주의는 더 이상 '통합'을 찾지 않으며, 대신 '분리적 평등'으로 돌아선다. 분리적 평등은 더 이상 전체 사회를 생각하지 않고, "저항 집단"[74]의 형성을 중요하게 여긴다. 저항 집단은 차별의 흉터, 배척당한 상처로 사회에 반대하는 행동을 하는 정체성을 등장시킨다. 여기에서 정체성은 더 이상 자기 진실성을 추구하는 자신이 아니라 억압하는 주류 사회에 대한 저항으로, 분리된 문화로 이해된다. 이 지점에서 정확히 우리가 정체성 정치라고 이해하는 것이 시작된다.

정체성 정치는 또한 그리고 특히 싸움의 영역을 넓히는 일이다. 정체성 정치는 모든 영역의 차별에 대해 시선을 연다. 예를 들어 언어나 관계 형식에도 관심을 갖는 것이다. 여기에서 부분적으로 문제가 있지만 거대한 성공을 거둔 정치적 올바름(Political correctness)이라는 개념 아래 있는 모든 현상이 등장한다. 정치적 올바름과 함께 법적 평등을 위한 정치적 싸움에서 "도덕적 개혁주의"[75]로 사회적 논쟁과 싸움의 성격이 바뀐다. 반대의 초점을 더 이상 불의에만 맞추지 않고, 상처까지 확장한다. 왜냐하면 정치적 올바름의 핵심은 상처받기 쉬운 정체성을 보호하는 일이기 때문이다. 사회적 기준에 어긋난다고 여겨지는 정체성, 그런 의미로 부정적인 정체성, 그래서 피해자로 규정되는 정체성을 보호하는 일이 정치적 올바름의 핵심이다.

동시에 보호받아야 하는 피해자라는 개념에서 피해자의 변화된 지위와 만나게 된다. 저항의 역사에 의해 규정되는 사회는 더 이상 주피터 역사가 아닌 반주피터 역사에 의해 규정된다. 이처럼 포스트영웅주의 사회에서 피해자는 특별한 자리와 가치를 갖는다.

나는 여기에서 피해자에 대한 짧은 보론을 시도해 본다. 어떤 피해자 개념의 영향을 강하게 받고 있는지에 따라 사회들을 분류할 수 있을 것이다. 구체적으로 말하면 사회가 어떤 동사와 연결되는지에 따라 분류될 수 있다. 바치다, 인정하다 그리고 있다. 예컨대 '희생양으로 바치다'라는 표현은 민족주의 사회 같은 곳에서 긍정적인 함의가 있다. 신이나 조국을 위한 자기희생의 경우, 여기에서 희생 제물을 바치는 사람은 희생제의 주체이자 객체가 되며 스스로 그 사회의 완전한 구성원이라고 주장한다.

전쟁 이후 완전히 다른, 긍정적으로 점유된 피해자 개념이 등장했다. '바치다'가 아니라 피해자의 지위를 훨씬 더 중요한 것으로 여기는 개념이 등장했다. 피해자는 인정받았다. 동시에 인정에 대한 요구를 담은 피해자로서의 자기 선언은 점점 더 부가적 가치도 생산했다. 즉 "내가 피해자다."라는 발언을 하는 주체의 주체성 회복이라는 부가 가치였다. 이 방법이 페미니즘부터 반인종주의까지, 해방으로 가는 왕도라는 것도 놀라운 일이 아니었다.

피해자의 지위는 유효한 정체성 개념이 되었다. 그 결과 지배자와 가해자는 점점 더 오명을 쓰게 되었다. 이와 반대로 피해자화는 더 높은 사회적 명성을 약속했다. 한편 이러한 피해자 문화는 모든 긍정적 효과 앞에서, 성공의 소용돌이 속에서 예상하지 못했던 쪽에서의 격렬한 반대를 경험한다.

점점 더 많은 청소년들이 자신들만의 방법으로 피해자 개념의 사회적 성공을 방해한다. 그들은 '피해자'를 욕설로 만들었다. 아주 특별한 욕설이다. "넌 피해자야!"라는 말이 학교 운동장을 울리고 있다.

여기 새로운 동사가 등장한다. 더 이상 바치다 또는 인정하다가 아니라 그냥 단순히 피해자가 있다. 이런 동사 결합은 결코 긍정적 함의를 허락하지 않는다. 피해자가 되는 것은 여기에서 최악이다. 피해자가 되는 것은 안 될 일이다. 그러나 이런 가치의 전도는 단순한 기호와 의미의 전복이 아니다. 그 밖에도 다른 피해자 개념과 구별되는 몇몇 특징들이 제시된다. 가장 눈에 띄는 특징은 이 욕이 특별한 정체성적 특징과 연결되지 않는다는 점이다. '멍청이!', '여자!', '깜둥이!' 등처럼 말이다. 이 모든 욕은 지성, 성별, 인종 같은 인식 가능한 두드러진 특징을 이유로 사람 전체를 인정하지 않는다. 이 욕을 하는 사람 누구도 타인을 피해자라고 여기지 않는다. 욕하는 사람에게 오명을 씌운 특징들로 욕설을 '정당화한다.' '깜둥이'는 이를 부르는 사람에게 피해자가 아니다. 반면 피해자는 죄가 없다. 사람들은 피해자에게 공감을 느껴야 한다.

그렇다면 '너 피해자!'는 단순히 강자가 지배하는 정글의 법칙 같은 것인가? 완전히 그렇지는 않은데, 만약 '너는 피해자야!'가 그런 뜻이라면 '넌 루저야!' 또는 '넌 나약한 놈이야!'와 같은 욕이 되기 때문이다. 그러나 이들은 다르다. 왜냐하면 '피해자'는 한 번도 (운이 없었거나 너무 약했던) 참여자, 경쟁자였던 적이 없었기 때문이다. '피해자'라는 욕설을 듣는 사람은 한 번도 같은 눈높이에 있었던 적이 없으며, 그와는 어떤 유대감도 없다. '피해자!'는 이 모든 모욕과 욕설을 넘어선다. 어느 특별함 없이 피해자 됨은 그냥 단순히 피해자 자리에 배치하는 것 이상의 의미가 있다. 세 가지 점에서 놀라운 일이다.

첫째, 피해자는 실존적, 순수한 자신의 존재를 통해 피해자가 된다. 마치 피해자로 존재해 온 것처럼. 이런 피해자는 인권을 가진 포괄적인 인간-존재의 지위를 얻지 못한다.

둘째, 사회에 이런 피해자 자리가 있다는 것을 이 청소년들은 당연하다는 듯이 확신한다. 배제되어야 하는 자리가 사회에 있는 것이 당연하다고 본다. 그 자리에 있는 사람은 귀찮은 존재인데, 사회가 '걸어잠그는 일', 즉 사회의 자기 동일화를 방해하기 때문이다. 이럴 때에만 '피해자'라고 불리는 이들은 아무런 공감도 받지 못하는 이들이다. 이럴 때에만 피해자 지위는 그 자체로 모욕이 된다.

셋째, 더 나아가 이 청소년들에게 피해자의 자리는 개인에게 그냥 배정될 수 있음이 확실해 보인다. 즉 이를 '결정하는' 공적인 권위를 가진 기관 혹은 과정이 있다고 확신하는 것처럼 보인다. 욕설을 하는 사람이 존재 자체가 피해자인 사람을 결정한다. 너다! 이를 통해 욕설을 하는 사람들에게 권력의 지위가 생겨난다. 이러한 권력의 지위는 동시에 자신이 피해자 지위로 전락하는 위험을 막아 준다는 의미다. '피해자'가 아닌 다른 사람들이 반드시 가해자일 필요는 없지만, 어찌 되었든 피해자는 아니다. 즉 사회의 일부가 된다. 이 또한 어떤 식으로든 말이다. 이런 상황을 우리는 징후로 받아들여야 하고, 자문해야 한다. 청소년들에게 이 벌거벗은 피해자 존재가 구별의 지표로 기능하는 상황이 우리 사회에 어떤 의미가 있을까?

'긍정적인' 피해자 개념에 대한 이와 같은 저항 속에서 피해자 개념은 전후 시대와는 완전히 다른 방향으로 기울어진다. 이 근거가 빈약한 피해자 개념은 대단히 특이한 동시성을 만난다. 피해자 개념의 또 다른 기울어짐이 거울상 같은 평행 상태로 놓여 있는 것이다. 바로 피해자에 대한 권한 부여다.

정치적 올바름이 얼마나 과열되었는지 우리는 최근에 보았다. 그리고 정치적 올바름이 필요하고 중요한 불평등에 저항하는 정치 영역을 떠나 다른 곳으로 기울어져 있는 모습도 많이 보았다. '대학의 광기'라는 표제어 아래 모을 수 있는 모든 현상이 정치적 올바름의 과잉과 전도를 드러낸다. 이는 주로 미국의 대학에 널리 퍼져 있는 정치적 올바름의 잘못된 방향을 말한다. 그들은 안전공간, 즉 상처와 불평등으로부터 자유로운 보호 공간을 요구한다. 이 공간에서는 모든 방아쇠(trigger), 즉 상처를 유발할 수 있는 모든 가능성을 치워 버리고, 일상의 의사소통에서 생길 수 있는 모든 세세한 가치절하적 발언을 방지해야 한다고 주장한다.

불의를 상처로 만드는 데 중요한 역할을 한 것이 감정이었다면, 즉 감정이 관점을 바꾸어 피해자의 관점을 사회적으로 중요하게 만드는 데 기여했다면, 여기에서는 감정의 소명이 아주 고도화된 민감성으로 넘어져 버린다.

이는 평등 관념이 이기주의, 자아 중심주의, 나르시시즘으로 전도된 것이다. 이것은 피해자의 복권을 피해자 지위의 전략적 장점으로 전도시킨다. 이 장점을 이용하여 우선권과 도덕적 우월을 얻거나 혹은 얻을 수 있게 된다. 그리고 이것은 문화적 분리주의로 전도된다. 즉 보호해주는 정체성 집단으로, 정체성의 방호벽으로 후퇴하는 일이다.

바로 이 지점에서 분명해진다. 정치적 올바름의 과잉, 즉 정치적 올바름에서 의미의 전도 현상은 바로 다원화에 대한 좌파의 방어다.(지금까지 우리는 물론 우파의 방어 양식만을 보았다.) 억압받는 자들, 차별받는 자들에게는 더 작은 자아가 되는 것이 일종의 강제로서 의미가 있다. 사회적 기준에서 벗어나는 것이 결함으로 평가되었던 역사 때문이다. 그리고 이것이 정치적 올바름이 해소하고자 했던 결핍이었다. 그러나 정치적 올바름의 과잉은 감소된 자아의 방어로 전도된다. 정체성에 방호벽을 쌓고, 정체성만의 영토를 구축하면서, 바로 이 방어를 통해 새로운 유형의 완전한 정체성에 도달하게 된다. 과잉 속에서 정치적 올바름은 완전한 정체성을 다시 얻으려는 시도로, 더 좋게 표현하면 완전한 정체성을 정복하려는 시도로 전도된다. 여기에서 정체성 정치는 저항으로부터 정체성의 견고화로 바뀐다.

우리는 이런 움직임을 여성의 지위에서도, 다른 소수자의 지위에서도 확인하고 이해할 수 있다. 여성은 사회적으로 작은 의미를 지닌 주체였다. 어떤 외부적 속성 때문에 결함이 있는 자아로 만들어졌다. 정치적 올바름은 모든 사회 영역에서 이 '결함'의 균형을 맞추려는 정치적 시도다. 결함을 결함으로 보는 것을 거부하려는 시도인 것이다. 그런데 여기에서 이 관점이 전체 사회로 되돌아갈 때, 피해자가 여전히 자신에게만 고착될 때, 즉 여성이 자신의 피해자성(피해자 개념)을 거부하지 않고 그 위에 자신을 정립할 때 의미의 전도가 시작된다. 이때 정치적 올바름은 차별에 대한 저항으로부터 피해자 위치에서 새로운 '완전한' 정체성을 만들기 위한 시도로 변한다. 고정되고 고착된, 자신과 동일화된 피해자 정체성의 역설이다.

그러나 동시에 조심해야 한다. 우리는 분명하게 말해야 한다. 첫째, 정치적 올바름과 정체성 정치는 다원화 사회에서 핵심적인 불의와 차별을 균등하게 하려는 정당한 요구다. 정치적 올바름은 이런 사회에서 적절한 정치 행동이다. 둘째, 이 정당한 논쟁과 싸움이 부분적으로 병리적 과잉을 생성한다. 그렇다. 정치적 올바름의 과잉이 존재한다. 문명화된 것과 과잉의 차이에 대해서는 지젝이 직접 여러 행동으로 분명하게 보여 주었다. 좌파 운동을 하면서 지젝은 정치적 올바름에 반대하는 글을 반복해 썼다. 기록되지 않은 도덕으로 일상의 상호 작용을 더 이상 통제하지 못할 때 우리는 막다른 길에 도착한다고 지젝은 주장했다. 그렇다. 문제는 바로 거기에서 시작한다. 오래된, '기록되지 않은 도덕'이 더 이상 맞지 않을 때, 이 도덕이 새로운 관계, 예를 들어 여성의 지위와 더 이상 맞지 않거나 맞지 않다고 할 때 문제는 시작된다. 이때 이 도덕을 바꾸거나 변화에 적응시키기 위해 '기록되지 않은 도덕'을 명시적으로 밝히는 일이 필요하다. 이 일은 다원 사회에서 이성적 규제로서의 정치적 올바름에 적합하다. 그러나 지젝이 생각하듯이, 이런 작업이 예컨대 섹스가 계약서로 규제되는 수준까지 도달한다면 실제로 과잉, 막다른 길이다. 새로운 도덕의 명시화만으로는 이렇듯 충분하지 않다.

정치적 올바름과 관련된 셋째 사항도 여기에 첨부해야겠다. 정치적 올바름의 과잉에 대해 위치와 범위는 전혀 설명되지 않는다. 왜냐하면 과잉 또한 과장되기 때문이다. 정치적 올바름의 과잉을 과장하는 설명은 그 자체로 논쟁과 싸움을 위한 전술이다. 정치적 올바름의 과장이 실제 어디까지 가는지, 도구화된 만평의 주제는 어디까지인지, 이 모든 것이 전혀 설명되지 않았다. 그리고 누가 이것을 결정해야 할까? 정치적 올바름이 약간의 위반을 포함한 이성적인 저항 형태인지, 아니면 새로운 패권을 위한 권력 도구인지를 누가 결정하는가? 누가 재판관인가?

어떤 경우든 분명하다. 정치적 올바름을 둘러싼 논쟁은 끊임없는 싸움이다. 싸움에 감정이 크게 얽혀 있기 때문에 모든 동기를 정당하게 평가할 수는 없을 듯하다. 이 싸움이 "물질적으로 설명 가능한 원인들에서 나오는 거대한 감성의 에너지를 움직인다."라는 설명은 충분한 설명이라고 할 수 없다.[76] 대문자 I를 사이에 넣은 단어들(Binnen-I, 명사 어미에 소문자 대신 대문자 I를 써서 남녀 모두에 통용될 수 있는 중성 단어를 만드는 것을 말한다. 예를 들어 남학생들(Studenten)이나 여학생들(Studentinnen) 대신 학생들(StudentInnen)로 쓰는 방식이다.), 성 중립 화장실, 여성 할당제. 감정은 이런 사건들(대부분 즐거운 사회적 사건들)과 무관하다. 그렇지만 이미 보았듯이, 지나치게 높은 감정화는 논쟁과 싸움에 개입하는 일이 나눌 수 없는 것에 해당함을 보여 주는 증거다.

여기에서 우리는 구분해야 한다. 정치적 올바름에 대한 우파, 자유주의, 좌파의 비판이 있기 때문이다.

우파의 비판과 관련해서는 이렇게 말해야겠다. 그것은 그냥 비판이 아니라 오늘날 우파의 핵심적인 시도이며 본질적인 전략이다. 그리고 동시에 이 전략에 정교한 구조가 있다는 것도 확실히 알아야 한다.

오랜 사전 작업을 통해 우파와 우파 포퓰리스트들은 정치적 올바름을 거대한 환상으로 만들면서 이를 인정하지 않으려고 했다. 여기에서 정치적 올바름은 단순히 다원화 사회에서 이루어지는 시민적 상호 작용의 한 형태가 아니다. 우파의 설명 속에 등장하는 정치적 올바름은 오히려 언어 테러이자 도덕 테러가 되고, 권위적인 재교육 프로그램이자 소수자 권리의 독재가 된다. 요약하면 정치적 올바름을 통해 환상 속의 적이 구성된다. 환상 속의 적은 검열을 통해 다수를 억압한다. 이런 좌파 카르텔이 어디에 존재하는지 이 좌파 독재가 어디에 자리를 잡고 권력을 휘두르고 있는지 분명하지 않더라도, 실제 지배의 증거는 굳이 대지 않아도 된다. 정치적 올바름의 권력이라는 망상만으로 충분하다.

특히 이러한 망상은 어느새 정치적 올바름이 전도되고 과잉되는 곳과 편안하게 결합하고 있다. 정치적 올바름의 과잉이란 정치적 올바름을 부정할 뿐 아니라 그에 적대적인 세력에게 좋은 먹잇감이다. 이것은 동시에 등장하는 실제 문제 그리고 편견의 관계와 같다. 실제 발생하는 문제가 편견의 원인이 아니듯이, 정치적 올바름의 과잉이 정치적 올바름을 거부하는 원인은 아니다. 그러나 과잉은 거부를 크게 촉진한다.

실제로 정치적 올바름의 과잉은 존재한다. 대학가와 예술계에 국한된 현상이다. 그리고 과잉을 현상으로 판단하는 데 기여하는 과잉의 과장된 묘사도 존재한다. 우파의 정치적 올바름 비판에서 이 과잉은 우파들의 환상 속에 있는 정치적 올바름의 유령이 실재한다는 '증거'가 된다. 그것이 시사만화에만 등장하더라도 상관없다. 그리고 그 만화가 현실과 얼마나 모순되는지도 상관없다. 정치적으로 올바른 사람들이란 엄청나게 민감하고 동시에 과한 권력을 갖고 있다고 과장된 묘사를 해도 상관없는 것이다.

모든 것이 상관없다. 왜냐하면 포퓰리스트들에게 정치적 올바름은 잘 먹히는 전투 언어이자 도발 언어이기 때문이다. 정치적 올바름에 대한 음모론적 환상은 정치적 올바름의 지배를 조장하는 강력한 힘이 있다는 암시를 준다. 이 지배라는 유령은 사회를 금지와 소수자의 권리로 노예화한다. 이런 음모론을 통해 적의 구성이 가능해진다. 이제 적들의 이 과감한 행위에 맞서야 한다.

이것은 '좌파에 의한 표현의 독재'라는 자립적인 환

상에 대한 방어다. 이 개념은 우파 포퓰리즘이 공적 담론의 공간을 지속적으로 바꾸고 훼손하는 것을 가능하게 해 주었다. 우파 포퓰리즘은 공적 담론의 공간을 증오, 히스테리, 편집증에서 나오는 감정의 소용돌이를 위한 공간으로 개방했다. 여기에서 개방이라는 단어는 약한 단어다. 실제로는 빗장을 풀어 버렸다는 데 가깝다. 담론의 공간은 무절제해졌고, 이를 통해 손상되었다. 공적 담론의 영역은 매우 연약하기 때문이다. 담론 공간은 물론 그 안에서 나온 발언들을 통해 만들어진다. 우익 포퓰리즘은 말할 수 있는 경계를 밀어젖혔을 뿐만 아니라, 제어받지 않는 공격성에도 문을 열어 주었다. 공격성에 무대를, 감정의 공간을 제공했다. 증오는 인터넷 게시글이라는 새로운 전장에서 흘러나온다. 분노는 오래전에 익명이라는 보호를 떠나 숨김없이 완전한 실명으로 햇살 아래 나왔다. 틈새를 벗어나 점점 더 원을 넓히고 있다.

정치적 올바름 개념의 재기호화라는 거대한 수술을 통해 가능해진 일이다. 우선 올바른 관계에 대한 규칙이 도덕의 독재로 거부될 때, 공적 공간은 문명화 기능을 잃어버린다. 모두에게 공통으로 적용되는 가치와 태도가 '좌파의 도덕 테러'로 칭해질 때 르상티망은 공적 영역에 등장할 수 있게 된다. 그때 비합리적 증오가 허락된다.

더 정확히 말하면, 이 과정을 통해 공격성이 단순히 사회적으로 허락되는 것이 아니다. 오히려 허락됨과 동시에 금지된다. 그러나 금지는 우파의 담론이 내세우는 의미의 금지가 아니다. 지속적으로 엄청나게 늘어나는 인종주의적 선동이 공적 담론을 차지하고 있는 것과는 달리, 발언 금지도 도덕 테러도 없다. 우파 담론의 논리에서는 오히려 말할 수 없는 것, 즉 모든 종류의 르상티망, 고삐 풀린 감정들이 '허락된다.' 그것은 금지된 것으로 경험될 때, 더 정확히 말하면 금지된 것으로 표현될 때 허락된다. 왜냐하면 금지된 것이기 때문이다. 이것이 우파 언어 정치의 논리다. 마치 그들의 감정 정치도 그러하듯이 말이다.

이렇게 사람들은 자신의 르상티망을 거침없이 누릴 수 있다. 올바르지 못한 증오를 부끄러움 없이 공적 공간에서 표현할 수 있다. 뿐만 아니라 이 그릇된 행동이 오히려 '정당화'된다. 편견과 증오의 인터넷 게시물들이 더 이상 옳지 않은 일이 아니라 '정당한' 일이 된다. 이 행동들은 도덕적으로 옳지 않기 때문에, 이른바 표현 독재에 대항하는 정치적 저항으로서 '정당화'된다.

이렇게 금기 깨기가 격렬한 정치 저항이 된다. 정치적 올바름이 유약한 공적 공간의 방어물이자 강화재로 설치해 둔 빨간 선을 넘어서는 일이 해방을 위한 공격이라는 환상이 된다. 증오를 발산하는 게시글은 반항으로 이해되고, 우파 작가들은 커다란 환호 속 자신들의 과대 성장을 영웅적 행위로 연출하고, 성공한 우파 포퓰리즘 정치인은 반란자와 박해자의 모습으로 치장한다.

금기시 된 것을 발언할 수 있을 뿐 아니라, 그로 인해 영웅이라는 부가 가치도 얻을 수 있게 된다. 정치적 올바름으로부터 억압을 느끼는 사람은 고삐 풀린 가운데 박해받는 위치와 영웅의 위상을 동시에 경험하게 된다. 이것은 스스로를 피해자로 재현함으로써 얻게 되는, 그리고 부가 가치를 생성하기 위한 포스트영웅주의 시대의 영웅주의다.

이 전략이 특히 백인 남성들 사이에서 퍼져 있음은 놀라운 일이 아니다. 왜냐하면 바로 이들이 1960년 이후 의미 상실과 자신들의 지배에 대한 문제 제기를 점점 더 많이 경험했기 때문이다. 왜냐하면 바로 이 백인 이성애자 남성들이 다른 모든 존재, 즉 여성, 동성애자, 흑인 등을 이상한 존재로 만드는 기준을 만들었기 때문이다. 이들이 지금 포스트영웅주의 시대의 영웅주의 관점에서 스스로 '피해자 중의 피해자'라고 느낀다면, 그야말로 자신들의 적대자들이 만든 전략의 완벽한 수용이자 전용인 것이다.

우파의 정제된 반정치적 올바름 전략, 즉 다수의 노예화라는 환상은 자기들의 불편한 마음을 정치적으로 올바른 사람들에게 걸어 두면서 이익을 얻는다. 이른바 외주화를 통한 이익이다. 그들에게 책임을 전가하기 때문이다. 그들은 터무니없는 올바름이라는 요구로 옛 조화로운 사회(문제 제기를 받지 않는 옛날의 다수)를 훼방 놓는 사람들이 된다. 이런 생각에는 발설되지 않은 환상이 깔려 있다. 정신분석가 파비안 루트비히(Fabian Ludwig)는 이렇게 표현했다. "정치적 올바름을 말하는 좌파들만 없으면, 우리는 다시 방해받지 않고 즐길 수 있고, 조화로운 사회가 될 수 있다."[77]

우파의 정치적 올바름 반대 전략의 지속적인 성공은 나머지 두 비판의 방아쇠였다. 이제 볼 두 개의 정치적 올바름 비판은 우파의 성공에 대한 반응이다.

크게 주목받은 반응으로 마크 릴라(Mark Lilla, 미국의 정치사상가로 『더 나은 진보를 상상하라』 등을 통해 정체성 정치를 비판했다.)의《뉴욕 타임스》기사가 있다.[78] 도널드 트럼프의 예상 밖 승리에 대해 자유주의 진영에서 나온 반응의 전형으로, 미국의 특수한 상황을 겨냥하고 있지만 유럽에서도 기꺼이, 그리고 광범위하게 수용되었다.

마크 릴라의 주장은 무엇이었을까? 자유주의적 저항

의 내용은 무엇인가? 그에 따르면 다원화에 대한 자유주의의 응답은 거의 한 세대가 되었고, 그 내용은 이 분화를 수용할 뿐만 아니라 축하하라는 요구였다. 이 응답은 도덕적으로 충분한 가치가 있을 수 있지만, 민주주의 정치의 기초로서는 재앙이었다. 미국의 자유주의는 정체성 질문과 관련해서 자유주의의 기쁜 소식을 왜곡시키는 '도덕적 공포'에 사로잡혀 있었다. 자유주의는 통합하는 힘에서 분열시키는 힘이 되었다.

정체성적 자유주의는 더 이상 개인을 보지 못한다. 단지 정체성 집단만을 호명한다. 아프로아메리칸, 라티노, LGBT, 여성 등등. 그러나 다양성의 이런 식의 고정화는 자유주의적이고, 이기적이며, 자기중심적인 나르시시스트들을 낳았다. 그리고 이런 정체성적 나르시시즘은 진보적 힘의 거부에 대한 책임이 있다. 왜냐하면 이 나르시시즘이 다양화를 위해 국내 정치에서 공통의 문제를 포기했기 때문이다. 다르게 표현하면, 자유주의는 지금 자유주의가 겪고 있는 반자유주의의 반발에 대한 책임이 있다. 또 다르게 표현하면, 자유주의 자체가 반자유주의적이 되었다. 이와 같은 오류에서 벗어나, 공동선에 관심이 있는 국가 시민의 포스트정체성 자유주의로의 출구를 찾는 일이 중요하다고 그는 주장한다.

마크 릴라의 주장은 유럽에서 널리 수용되었을 뿐 아니라 격렬한 논쟁도 불러왔다. 비판자들은 정체성 정치는 억압받는 사람들에 대한 정치이며, 흑인들 또는 여성들의 차별 같은 문제는 사치스러운 걱정이 아니라고 지적했다. 릴라는 이들의 주변화에 대해 눈을 감았다는 것이다. 문제는 다양성을 축복하는 것이 아니라 억압받는 이들에게 유보되어 있었던 권리를 위해 싸우는 일이다. 정체성 정치는 불평등의 시정일 따름이다. 이런 점에서 참여를 위한 싸움은 분립주의가 아니다. 정체성 정치는 단순히 분립주의적 이익 정치가 아니라, 오히려 확장된 새로운 보편주의라고 비판가들은 주장한다.

이 논쟁에서 흥미로운 점은 양쪽이 어느 정도 서로 다른 이야기를 하고 있다는 점이다. 마크 릴라는 비판을 '대학의 광기'라는 현상, 정체성과 정치적 올바름의 과잉과 연결 짓는데, 그는 이 과잉이 미국의 현실을 넘어서고 있다고 확신했다. 릴라의 비판자들은 반대로 현상 그 자체, 즉 이성적인 정체성 정치와 문명화된 정치적 올바름과 연결된다. 첫째, 이런 특징은 정체성 과잉과 정치적 올바름 과잉이 주로 미국에서 나타나는 현상이라는 점과 관련이 깊다. 이 과잉이 유럽에서도 꽃을 피우기는 했지만 매우 제한된 범위에서만 그랬다. 또한 미국에서도 이 과잉의 상태는 결코 분명하게 정해지지 않았다. 릴라는 논쟁에서 정치적 올바름에 저항하는 우파의 담론을, 우파의 현상에 대한 과장을 수용했다. 즉 그는 우파로부터 과잉의 '지배'라는 단어를 가져왔고, 이로써 이성적인 현상도 폐기 처리했다.

또한 마크 릴라의 비판은 특별한 기능을 한다. 자유사회의 조화의 사회적 관철을 방해하는 요인을 '포괄적 정체성 공포'라는 환상과 다양성에 현혹된 자들의 지배로 외주화해 버린다. 그러므로 릴라의 비판에는 말하지 않은 생각 하나가 바탕에 깔려 있다. 곧 정치적 올바름을 추종하는 광신도만 없다면 우리는 통일된 시민 사회, 보편적 시투아앵의 사회가 될 것이라는 생각이다.

그는 여기에서 간과하는 것이 있다. 정체성 자유주의를 눈앞에서 제거하려고 하는 보편주의적 자유주의가 바로 정체성 정치의 필요성을 처음 제기했던 그 정치적 올바름이라는 사실이다. 자유주의를 방해하는 것은 정체성 정치가 아니다. 오히려 자유주의를 방해하는 것은 정체성 정치를 처음 기획했던, 모든 이를 위한 자유주의의 약속을 거부하는 일이었다. 릴라는 자유주의의 맹점을 간과한다. 즉 자유주의가 주장했던 보편주의가 처음에는 남성, 백인, 이성애자만을 위한 기준의 확립이었다는 사실을 간과한 것이다. 그것은 동질 사회와 그 사회의 주체성을 위한, 즉 1세대 개인주의를 위한 자유주의였다. 이와 반대로 과잉의 반대편에 있는 정체성 정치와 정치적 올바름은 다원화 사회를 위한 정치 전략이다.

정치적 올바름에 대한 세 번째 비판인 좌파의 비판으로 가기 전에, 미국에서 포퓰리즘이 거둔 성공을 보는 완전히 다른 시각을 살펴볼 필요가 있다. 트럼프의 선거 승리를 도를 넘은 정체성 정치에 대한 반작용으로 이해하는 대신, 트럼프를 그의 전임자인 미국의 첫 번째 흑인 대통령 버락 오바마와 연결시켜 보는 관점이다. 얼핏 보면 오바마의 선출은 정체성 정치의 궁극적 승리를 보여주는 모범처럼 보이지만, 그 의미를 되돌아보면 이런 해석을 거부해야만 한다. 왜냐하면 오바마 자신이 선거에 앞서 정체성 정치에서 통용되는 모든 관념을 흔들어 놓았기 때문이다. 오바마는 개인적이고 특수한 정체성의 대리인으로서 자신을 표현하지 않았다. 자신에게 부여될 분명한 속성들을 모두 거부하고, 흑인이라는 존재에 미리 만들어진 관념을 뛰어넘었다. 자주 인용되었던 부정적 비난은 그가 충분히 검지 않다는 비난이었다. 정치철학의 최신 관점에서 오바마는 정치적 정체성의 의미를 이미 만들어진 것으로 이해하지 않고, 모든 역사적 상황에서 그 의미를 새롭게 규정하고 표현하려고 시도했다.

이 시도는 68 운동이 만들어 놓은 환경인 2세대 개인주의에 대한 거대하고 지속적인 공격을 의미했다. 오바마는 정체성이라는 덫에 발목이 잡혀 특수한 지위에 못 박히기 전에 덫을 피해 갔다. 이것이 '오바마 세대'의 담론을 규정짓는 특징이다. 정치인은 흑인일 수 있지만, 흑인 정치인은 없다.

이에 걸맞게 오바마 세대의 정치도 포스트반인종주의적이었다. 오바마 세대는 특별한 이해관계를 겨냥한 질문의 이면에서 움직이고, 베이비붐 세대 즉 2세대 개인주의의 시민권과 여성 운동이 낳은 자식들과는 완전히 다른 목적을 자신들의 정치에 제공한다. 그들은 모든 것을 대변하고 싶어 한다. 이는 그들이 적대와 경계 짓기에 기초하지 않는 어떤 포스트당파 정치를 수행함을 의미한다.

오바마 세대는 적을 찾아내지 않으며, 군사 경계선을 긋지도 않는다. 이들의 경험은 시가전에서 얻는 것이 아니다. 이들은 푸코가 저항 역사 담론에서 명명했던 것처럼 정치를 사회적 전쟁으로 수행하지 않는다. 분열 대신에 통합의 정치를 염원한다.

그러나 중요한 것은 이때 '통합'의 본질이 무엇이냐

는 것이다. 이 통합을 어떻게 정의할 수 있을까? 모든 인
간들의 통합, 국민의 통합 혹은 민족의 통합? '오바마 세
대'의 시도는 다양한 특수주의와 개별 정체성들을 (1세대
개인주의의 자유주의처럼) 해소하거나 (2세대 개인주의의 분
리주의처럼) 분리하지 않고, 오히려 결합하는 하나의 정치
통합체를 구성하는 것을 목적으로 한다. 민족은 통합체이
자 다양성의 결합이 되어야 한다. 이렇게 오바마는 아메
리칸 드림을 새롭게 정의했다.

　이것은 3세대 개인주의에 적합했던 사회 개념이었
다. 더 정확히 말하면, 사실에 기초한 3세대 개인주의의
개념적 변용이었다. 그리고 이것은 21세기 새로운 보편주
의로, 흑백을 넘어서는 새로운 정체성을 시도하는 정치
개념이었다. 이러한 새로운 정체성은 트럼프의 승리와 함
께 중단되었다. 트럼프의 선출과 함께 낡은 정체성이 다
시 출현했다.

　정확히 바로 이 지점에 좌파의 정치적 올바름 비판
이 들어온다. 이 비판은 두 가지 방향이 있다. 첫 번째 비
판은 계급 투쟁의 열정적인 재발견이다. 마치 억압받는
자들이 귀환한 것처럼 취급된다. 다른 한편으로 계급 투
쟁에 대한 회고가 오늘날 다 함께 정치적 올바름과 정체
성 정치에 대해 고발한다. 이 좌파 비판자들에 따르면, 정

치적 올바름과 정체성 정치가 계급 투쟁보다 우위를 차지하는 상황은 잘못되었다. 좌파가 계급 투쟁, 즉 올바른 싸움을 잃어버린 것은 바로 그것 때문이었다. 정치적 올바름과 정체성 정치에 대한 책임 전가는 '개인화하는 도덕주의'에서 '신자유주의의 치부 가리개'까지 다양한 규정으로 표현되었다. 마치 사회적 자유에 대한 승인이 이념적 당근이자 부목에 불과하고, 그 뒤에서 착취가 거리낌 없이 가속화될 수 있었다는 듯이 비판한다. 그런데 이런 비판을 통해 좌파는 포퓰리즘의 '주장'을 수용한다. 자유주의 문화는 노동자에 대립하는 엘리트의 기획이라는 것이다. 또는 다양성과 다문화주의는 특정 계급의 이념이라는 것이다. 이런 주장과 마찬가지로, 관용 또한 권력의 이념이자 관용을 통해 도덕적 우월성을 점하려는 자유주의 엘리트의 이념이라는 것이다. "세계 개방성은 구별의 특징이 되었다."[79]라는 비난이 이미 더 구별적이다.

정치적 올바름에 대한 좌파 측 비판의 핵심은 좌파가 정체성 정치의 함정에 빠졌다는 비난이다. 길을 잘못 들어선 좌파가 문화 투쟁에 연루되었고, 그 때문에 실제 계급 투쟁은 소홀히 했다는 말이다. 좌파는 사회 문제를 잊어버렸다. 이것이 널리 퍼져 있는 좌파의 정치적 올바름 비판에서 핵심 내용이다.

이런 비난은 문화 투쟁과 계급 투쟁 사이의 엄격한 구별과 양자의 서열화에 기초한다. 경제적 착취가 문화적 차별보다 중요하다는 뜻이다. 이 구별에 기초하여 그 의미를 되물어볼 필요와 가치는 충분하다. 왜냐하면 이런 설명은 오래된 대립 관계의 재수용이기 때문이다. 그것은 토대와 상부 구조, 경제와 이념의 대립 관계다. 냉엄한 현실과 희미한 상상 사이의 관계.

그러나 이 대립 관계는 우선 오늘날 우리가 두 가지 불평등 형식과 관련이 있음을 숨겨 버린다. 먼저 백인 노동자 계급과 백인 중산층이 겪고 있는(당연히 이들에게만 해당되는 문제가 아니다.) '옛날의' 경제적 불평등 문제가 있다. 그리고 개별 집단과 소수자의 불평등을 뜻하는 '새로운' 불평등, 다원화 사회의 불평등이 있다. 이 불평등 또한 다른 배제와 마찬가지로 경제적 결과를 갖는 실제 사회적 배제다. 그러므로 차별 반대는 단순한 문화 투쟁이 아니다.

다른 한편으로 이 대립 관계에 기초한 좌파의 정치적 올바름 비판은 아주 본질적인 것을 은폐한다. 그것은 여기에서 거칠게 분리한 경제와 정체성 사이의 밀접한 연관 관계다.

앞에서 보았듯, 이 관계는 마치 나눌 수 있는 갈등과

나눌 수 없는 갈등 사이의 구별처럼 엄격한 대립 관계를 유지할 수 없다. 모든 갈등에 나눌 수 있는 국면과 나눌 수 없는 국면이 있듯이, 정체성 문제와 계급 문제도 깨끗하게 나뉠 수 없다. 다르게 표현하면 정체성 문제는 계급 문제가 된다. 왜냐하면 경제적 착취가 문화적 차별, 정체성의 차별과 서로 포개지지는 않지만, 양자는 함께 가는 문제이기 때문이다. 이런 점에서 차별 반대는 잘못된 길이 아니다. 정체성 정치는 사회 문제의 일부다.

여기에 덧붙여야 한다. 좌파는 예전에 이를 알고 있었다. 그리고 오늘날 정치적 올바름에 대한 찬성과 반대로, 계급 투쟁 분파와 '문화 투쟁' 분파로 갈라진 좌파의 분열은 알고 있었던 지식의 망각과 억압의 결과다. 사회 문제는 순전히 물질적인 것이 아니기 때문이다. 예전에는 사회 문제의 제기가 숫자를 말하는 것만을 뜻하지 않았다. 사회 문제는 처음에 오히려 정체성 제공과 연결되었었다. 계급 문제 또한 정체성 문제였다. 단순히 사회 복지의 혜택을 받는 것이 아니라 그에 대한 권리를 갖는 것이 중요했다. 사회 국가와 분배는 처음에는 사람들을 자선의 수혜자로 만드는 것이 아니라, 권리와 자부심이 있고, 사회적 인정을 받는 시민을 만드는 일을 의미했다. 예전에 좌파 정치와 사회 민주주의 정치는 한 사회 안에서 물질적 그리고 상징적 통합을 의미했다.

그러나 나중에 이 가르침은 망각되었다. 앞에서도 언급했듯이 그 후로 특히 사회 민주주의는 온전히 나눌 수 있는 것에만 집중했다.

오늘날 좌파가 계급 투쟁과 사회 문제를 잊어버렸다는 비판이 나올 때, 우리는 단호하게 반대해야 한다. 좌파가 잊은 것은 물질적인 차원이 아니라 오히려 이와 연결되어 있었고 물질적 차원이 가져온 그 정체성이다. 망각에 빠져 있는 건 바로 정체성이다. 계급 투쟁의 귀환을 요구하는 좌파의 정치적 올바름 비판에서 바로 이 점을 간과되고 있다. 그리고 이것이 핵심이다.

왜냐하면 바로 이것을 포퓰리즘이 받아들이고 있기 때문이다. 억압된 좌파의 정체성을! 바로 좌파가 억압하는 정체성이 왜곡된 형태로 포퓰리즘 속에서 귀환하고 있다. 우파 포퓰리즘의 성공은 사회 문제의 귀환과 연결되지 않는다. 그러므로 포퓰리즘에 대한 저항도 단순히 사회 문제를 재인식하는 데 놓여 있지 않다. 오히려 우파 포퓰리즘은 경제적 착취가 아니라 잃어버린 정체성의 국면을 최우선으로 다시 받아들였다. 나눌 수 없는 것의 이 억압받던 국면은 여기에서 왜곡된 형태로, 백인 남성의 굴욕감으로 귀환했다.

그런데 이 백인 남성들은 누구인가? 어느 곳에서나, 이 나라에서도 포퓰리즘의 보루인 백인 남성들 말이다. 평론가들의 평가도 흔들린다. 어떤 경우 이들은 사회적, 경제적으로 종속된 자들이 된다. 또 어떤 경우에는 종속되었다고 느끼는 자들이 된다. 이들은 실제 종속된 자들인가, 아니면 단지 그렇게 느낄 뿐인가? 이들은 실업자, 경제적 전망이 없는 사람들, 계급 탈락자들인가? 아니면 종속되어 있고 대변되지 못한다고 느끼는 자들인가? 즉 실제 고통인가 아니면 상상된 굴욕감인가? 둘 다 맞다. 그리고 이렇게 덧붙일 수 있다. 굴욕감 없이 패자가 되는 사람은 없다. 그러나 실제로 잃은 것 없이 굴욕감에 빠진 사람도 물론 있다. 언제나 감정이 문제를 더욱 어렵게 만든다.

'오직' 실제 경제적 불평등만이 문제였다면, 쉽지는 않지만 최소한 명백한 해결책은 있다. 고용 프로그램, 분배 원칙, 경기 부양책이 필요하리라. 견고한 실제 정치를 위한 넓은 영역이다. 그러나 불평등하다는 느낌, 굴욕감이 이러한 해법을 방해한다.

이 남자들은 자신들이 공격받는다고 경험한다. 그것도 여러 측면에서, 실재와 상상의 영역에서 동시에 공격받는다고 경험한다. 빈부의 격차가 사회적으로 허용할 수 있는 범위를 벗어났을 때 실제로 그들을 버리는 엘리트들이 있다. 마찬가지로 학력이 낮은 남성들은 점점 늘어나는 고학력 중산층을 보면서 실제로 사회적 지위를 잃을까 봐 두려워할 수밖에 없다. 이것은 실패가 아니라, 역설적이게도 좌파의 교육 약속의 실현이 초래한 반작용이자 변증법적 반응이다.

이 성공의 역사와 변증법적 효과의 한 사례가 케이 그룹(K-Gruppe)이다. 1960년대부터 1990년대까지가 케이 그룹의 시간이었다. 이들은 모든 다양한 이념 성향과 함께 대학에 정착했다. 공산당이 빠르게 의미를 잃어 가던 때였다. 공산당은 특히 무엇보다 신좌파의 사조를 받아들일 능력이 없었기 때문이다. 그리고 사회 민주주의는 (이보다는 조금 늦게) 서서히 자기 길을 중도로 옮겨 갔다. 이런 상황에서 강성 좌파를 지향하는 학생들은 적절한 정치 기관 없이 대학에 존재했다. 이것이 케이 그룹의 시간이었다. 그들은 여러 세대의 학생들과 함께했고, 큰 영향을 미쳤다. 그들이 담당했던 기능은 놀라웠다.

케이 그룹에서는 주로 시민 계급과 소시민 계층 출신들이 활동했는데, 바로 사회 민주주의 교육 정책의 역설적 결과다. 이 교육 정책이 이들에게 대학으로 가는 입구를 열어 주었다. 그러나 케이 그룹에서는 출신 환경으로부터 자유로워졌다. 여기에서 그들은 출신 계급의 논리, 당연함, 전망을 뛰어넘었다. 디디에 에리봉이 자신의 청소년, 대학 시절 마르크스주의는 '사회적 분리'를 위한 도구였다고 쓸 때, 노동자의 아들 에리봉은 보통 시민 계급 자식들이 주로 있었던 대학에서 역설적인 예외가 된다. 시민 계급의 자식들이 주로 대학을 다니는 것도 작지 않은 역설이지만 말이다. 마르크스 읽기가 노동자의 자식들에게는 특권의 세계로 가는 출입구였다면, 시민 계급의 자식들에게는 자기 출신과 분리되기 위한 도구였고, 좌파 아닌 동료들과 구분 짓는 도구였다.

케이 그룹의 마르크스(혹은 레닌, 트로츠키, 마오쩌둥 등 노선에 따라) 읽기, 이 집단적 독서(고독한 상아탑에서와는 달랐다.)와 실천들(또한 서로서로 경쟁하면서). 이 모든 것이 마치 체스 챔피언 결승에서의 연장전 같았다. 바로 이 모든 것이 고유한 좌파 문화를 발전시키는 데 기여했다. "프롤레타리아의 봉기라는 신화에 빠져 있는"[80] 문화. 피델 카스트로의 죽음을 계기로 다시 미디어에 의해 열광되었던 그런 그림들에 이끌렸던 문화. (찰스 테일러가 완전히 다른 맥락에서 명명했듯이) '충만한 그림들', 아름다움의 그림들, 훌륭한 봉기를 그린 그림들, 그리고 강렬한 삶을 담은 그림들. 케이 그룹의 좌파 문화는 신비화되면서 좌파의 이론을 어느 정도 밀어냈다. 오늘날 이 역사를 문화적 터득이라고 부를 수 있을까? 아니면 정치적 터득이라고 부를 수 있을까?

그러나 케이 그룹은 또한 그들이 새롭게 얻은 좌파들을 완전히 비신비적으로 키워 냈다. 처음에는 학술 영역에서, 그다음에는 사회 영역에서 케이 그룹은 영양분을 공급했다. 그러나 그람시가 그렸듯 프롤레타리아트와 유기적으로 결합한 지식인이 아니라 경제적, 사회적으로 정반대 자리에서 좌파로 활동했다. 케이 그룹은 시민 계급과 소시민 계급의 고집 세고 반항적인 아이들을 변화시켰다. 이들의 반항심을 생산적인 힘으로 바꾸어 놓은 것이다. 이렇게 종종 위대한 좌파가 위대한 업적을 낳았다. 케이 그룹의 기능은 말하자면 반항심의 경작이었다. 케이 그룹은 시민적 좌파를 생성했다. 하나의 좌파 이론, 문화, 정치를 낳았고, 그 실행자들은 고집스럽고 반항적인 시민 계급의 자식들이었다. 케이 그룹을 통해 좌파가 되는 일이 (포스트)시민 사회의 현상이 되었다. 이러한 기능은 대학에서 오랫동안 지속되었다. 케이 그룹의 전성기가 끝난 지 한참 후에도, 그리고 케이 그룹의 회원이 아닌 사람들에게도 영향을 미쳤다.

오늘날 잃어버린 프롤레타리아를 찾으려는 사람들은 이 케이 그룹의 역사를 기억해야 한다. 오늘날 프롤레타리아를 트럼프, 국민 전선 혹은 오스트리아 자유당의 투표자로 재발견하려 할 때도 마찬가지다. 오늘날 사회학자 디디에 에리봉이 칭송받을 때, 이는 지극히 당연한 일이지만, 칭송은 그의 날카로움과 분석력, 용기만이 아니라 노동자의 아들 에리봉이 인류학자이자 동시에 인류학 연구 대상이라는 상황 역시 향한다.

이 탐색된 프롤레타리아는 또 다른 변화가 가져오는 또 다른 굴욕을 경험한다. 바로 노동의 변화가 가져오는 굴욕이다. 노동의 변화는 기술과 경제가 규정한다. 그러나 이 변화는 노동자의 자기 이해에 엄청난 영향을 미친다. 노동은 가장 근본으로 여겨졌다. 사회의 생산 요소로 이해되었기 때문이다. 여기에서부터 노동자 즉 프롤레타리아도 자신의 사회적 의미를 획득했다. 노동자가 바로 자연과의 교환을 완성하는 존재, 생산적인 능력을 발휘하는 존재였다. 노동에 대한 이런 긍정적인 이해로부터 어떤 정치적 역할, 사회적 기능이 노동자에게 부여되었다. 권력 관계 때문에 노동자가 가지지 못했던 역할이, 사유 재산제 때문에 노동자가 가지지 못했던 기능이 비로소 노동자에게 주어졌다. 이 말은 노동에 대한 긍정적 이해가 강조되면서 프롤레타리아가 처음으로 무언가를 제공받았다는 것을 의미한다. 프롤레타리아를 정치적 행위자로 만들어 줄 수 있는 어떤 것이 제공되었다는 말이다. 그러므로 노동 담론은 권한과 권리를 부여하는 과정이었다. 사람들은 오직 이런 모토만 생각하는 것 같았다. '우리들의 힘센 팔뚝이 원하면 모든 기계는 멈춘다.' 그리고 여기에 또한 오늘날 정치 담론을 위한 노동 개념의 핵심이 들어 있다. 왜냐하면 이 생산 노동은 오래전에 지위와 가치를 잃어버렸기 때문이다. 정보화와 자동화의 현 시대에는 더 이상 생산 노동으로부터 나오는 권한과 권리 부여 과정이 없다. 이것이 모든 좌파 담론들이 싸워야 하는 결손이다. 그리고 바로 이곳이 우파 포퓰리즘이 채우겠다고 제안하는 빈자리다. 더 이상 노동이나 능력에 기초하지 않고, 출생이나 민족적 소속 같은 수동적인 사건에만 의존하는 권한 부여를 허투루 약속하면서 말이다. 이 작업은 우파의 '계급 투쟁'이다. 프롤레타리아가 사라지고 백인 프랑스인으로, 백인 독일인으로, 백인 오스트리아인으로, 백인 남성으로 다시 돌아가는 전이 과정이다.

그러나 아직 백인 남성들의 굴욕 경험의 끝에 도달하지 않았다. 교육, 노동 그리고 '엘리트'(이들은 노동자의 자식들일 것이다.) 이외에도 백인 남성들은 반대편에서 또 다른 본질적 의미 상실을 경험한다. 권력자를 통해서만이 아니라 피해자를 통해서도 그들은 굴욕감을 맛보는 것이다. 백인 남성들은 자기 정체성에 대한 가장 극단적인 도전을 모든 종류의 소수자를 통해 경험할 것이기 때문이다. (과거의) 논리에 따르면 백인 남성의 아래에 자리 잡아야 하는 소수자에게 또 (새로운) 논리에 따라 이제 자신의 피해자 지위를 주장하는 소수자에게 그들은 도전을 느낀다. 정치적 올바름이 백인 남성들에게는 사회적 서열의 전복으로 느껴진다. 경제적 상실과 나란히 문화적 헤게모니와 자존감을 앗아가고, 담론적 권위도 빼앗는다. 백인 남성들은 더 이상 여성, 흑인, 외국인, 동성애자에 대해 지배적이지 않고, 그들보다 우월하다는 느낌을 받지 못한다. 사회적 관심이 앞으로 피해자 지위를 통해 정해진다면, 경제적 관점에서뿐 아니라 사회적 관심에서도 백인 남성들은 가장 아래 위치한다. 왜냐하면 백인 남성들은 이런 질서에서 피해자 지위를 요구할 권리가 없는 집단이기 때문이다. 경제적으로 착취당하고 문화적으로 종속되었다고 백인 남성들 스스로 피해자라고 주장하기란 쉽지 않다.

　남성층 사이에는 여성 혐오부터 외국인 혐오까지 각

종 편견들이 널리 퍼져 있다. 따라서 종속된 자들의 연합이라는 구상은 효과가 없다. 왜냐하면 백인 남성의 눈에는 자신들이 비참한 데 이 타자들, 즉 여성, 외국인, 동성애자들이 책임이 있기 때문이다. 이들을 결합시킬 수 있는 어떠한 연결 범주도 있을 수 없다. 그들이 보기에 피해자 서사를 통한 권능은 승자의 서사와 마찬가지로 존재하지 않는다. 정치 체제에 대한 백인 남성의 불신은 이렇게 이중으로 조장된다. 그래서 자신들의 남성성을 위아래 모두에서 '다시 회복해 줄' 것을 약속하는 자들을 통해 자기를 회복한다. 즉 정치와 사회 체제를 혼란에 빠뜨리는 인물들에게서, 이 세계의 트럼프들에게서.

사회의 자유화에 대한 반발, 백인 남성들에게 특히 나타나는 우경화가 있다. 그러나 이는 빗나간 사회 정책의 결과가 아니라, 오히려 그들의 정체성 문제, 지위 문제를 소홀히 다룬 결과다. 우경화는 순수한 경제적 소외가 아니라 문화적 소외의 결과다. 그리고 이런 의미에서 우경화는 좌파가 약속을 지키지 않은, 동시에 약속을 이행한 결과다.

우파 포퓰리즘은 정확히 이 결핍을 끄집어낸다. 우파 포퓰리즘은 정체성의 전선에서 작전을 수행한다. 즉 포퓰리즘의 성공은 정체성 전선의 개장에 있다. 정체성 전선에서는 자신들의 굴욕감을 마음껏 보여 줄 수 있는 사람들이 모여서 자신들의 굴욕감을 마음껏 드러낸다. 이곳에서는 인종주의 속에 있는 굴욕감을 백인의 정체성 정치로 마음껏 포장하고 즐길 수 있다. 왜냐하면 포퓰리즘이 일종의 새로운 권한을 부여하기 때문이다. 이 과정에서 핵심은 패권을 장악하기 위해 정치적 올바름 반대라는 의견 일치를 만드는 일이다.

그러나 지금 계급 투쟁의 귀환을 요구하는 좌파의 정치적 올바름 비판은 사회적 인정의 부족에서 생긴 문제가 "사회 수당 같은 것으로 해결되지 않는다."[81]라는 사실을 간과한다. 정치적 올바름에 대한 좌파의 저항, 백인 남성에 대한 향수는 모순되게도 정치적 올바름의 과잉과 동일한 기능을 한다. 즉 다원화에 대한 좌파의 저항으로 작동하고, 좌파 정체성을 고정화한다. 동시에 이것은 잊어버린 교훈의 재생이다. 즉 계급 투쟁은 언제나 나눌 수 있는 것과 나눌 수 없는 것에 대한 동시적인 싸움이라는 교훈이다. 이 비판의 기능, 이 비판이 생성한 잉여 가치는 분명하다. 좌파의 정치적 올바름 비판은 결점 없는 계급 투쟁이라는 잃어버린 환상, 통일된 좌파라는 환상을 구원하려고 한다. "정치적 올바름만 없었다면 우리는 완전한 좌파가 되었을 것이다."[82]

그렇다면 좌파의 정치적 올바름 비판이 지금 정체성 정치 대신 계급 투쟁을 요구한다는 것은 무슨 의미일까? 비판자들은 어떤 그림을 그리고 있을까? 백인 남성들의 좌파적 계급 투쟁? 다원화 사회에서 생긴 문제의 해결책으로 어울리는 것 같지는 않다.

당연히 계급 투쟁의 다른 그림을 그려 볼 수도 있다. 예를 들어 불의한 경험에서 영양분을 섭취하는 '혁명적 주체'의 그림 같은 것 말이다. 이것은 정체성 정치를 넘어서고 초월하는 계급 투쟁일 수도 있다. 민족 개념이 아닌 다른 규정력 있는 개념, 그러니까 인종적이지 않은 고유한 다른 서사와 새로운 사회 개념을 준비한다면 말이다. 그러나 이는 상대적으로 동질적인 사회였던 1세대 개인주의를 위한 계급 투쟁일 것이다. 비현실적일뿐 아니라 오늘날 여전히 통용될 수 있을지도 의문이다.

2세대 개인주의에서 보여 주었듯이 다양한 사회 집단과 운동의 동맹은 오늘날 더는 상상하기 힘들다. 정체성들을 하나의 공통된 투쟁에 결합시키는 유일한 저항의 역사와 하나의 공통된 전체라는 상상은 존재하지 않는다. 오히려 우리는 저항 역사의 다양성에 관계된다. 정체성 문제를 넘어서는 계급 투쟁이 불가능하듯이, 다양한 정체성들이 함께 통일되어 펼치는 계급 투쟁도 실현 가능성이 크지 않은 생각이다.

그리고 여기에서 한 가지를 분명히 해야 한다. 정치적 올바름과 정체성 정치를 끌어가는 생각은 통합이다. 기존의 배제와 소외를 적극적인 통합으로 철폐하겠다는 기획인 것이다. 이는 다원화 사회의 불의와 싸우기 위한 (필연적인) 전략이기는 하다. 그러나 동시에 제한된 전략이며, 전체 사회를 위한 구상은 아니다. 정치적 올바름과 정체성 정치는 실제적인 사회적 유토피아를 제공하지 않는다. 더욱이 통합을 "기존의 정체성"을 포괄하는 것으로 이해한다면,[83] 즉 반동적이고, 다원화 사회의 역동성을 막아 내며, 3세대 개인주의 운동을 오인하는 정체성의 고정화로 이해한다면.

그럼에도 불구하고 정체성 문제를 초월하는 계급 투쟁은 오늘날 그 어느 때보다 불가능하다. 오늘날 좌파 정치에 내재하는 자기모순에 지나지 않는다.

한편 마크 릴라가 생각하는 자유주의의 사회상은 그가 지금 묘사한 부정적 현재 상황과 완전히 반대다. 시민들이 모여 국가를 부르는 긍정적인 장면에서 시민들은 미국의 호명(즉 자신들의 특수한 정체성을 배제하는 조건 아래에서의 호명)을 따른다. 추상화를 통해 유사한 것들의 결합이 일어난다.

그는 이 모습을 부정적인 그림과 대비시킨다. 안전한 공간으로서의 과잉(왜냐하면 이 과잉에만 시선에 두고 있으므로) 사회라는 그림이다. 이 사회에는 때때로 부족주의적인 "스마트폰을 든 소립자들",[84] 흩어진 단자들이 거주한다. '때때로 부족주의적'이라는 표현은 그가 비판하는 과도한 집단 정체성들과 단자들의 개별화 사이의 모순을 지칭하기 위해 만든 단어다. 그에 따르면 바로 이 모순된 상황이 오늘날 인종적으로 규정받지만 국가 시민적으로는 규정받지 않는 개인주의의 상황이다.

마크 릴라가 제시하는 대조에서 문제는 모든 것이 잘못된 방향을 향하고 있다는 데 있다. 시민들의 모임과 국가 제창이라는 긍정적 그림은 이 추상화가 이미 1세대 개인주의 시절에도(그것이 다시 꿈꾸는 시절) 깨끗하게 추상적이지는 않았다는 사실을 무시한다. 민주주의의 추상화는 이 책의 시작에서 보았듯이 민족이라는 형태를 동반했다. 이 형태에서 추상적으로 동등한 존재들의 사회라는 관념은 언제나 유사한 존재들의 사회라는 관념을 동반했다. 다원화된 사회가 단순히 돌아갈 수 없는 개인주의다.

나아가 마크 릴라의 부정적 그림은 여전히 더 날카롭게 수정될 필요가 있다. 사회가 포괄적인 안전 공간으로 변이된다는 생각은 일종의 환상이기 때문이다. 그러나 이 환상에서 벗어나면, 즉 정치적 올바름의 과잉을 그것이 출발하는 곳으로 한정 지으면 이로부터 완전히 다른 사회 상이 나온다. 앞에서 언급했던 만남 구역이라는 비유다. 교통 체증 해소책으로 나온 만남 구역에 기초하여 다양한 참여자들이 상호 간에 동등한 법적 권한을 가진다는 사회적 착상을 시도하는 것이다. 말하자면 다양한 존재들에 의해 만남이 조절되는 사회적 평정책이다. 이 만남 구역에서 마크 릴라의 단자는 고립된 존재가 아니라 서로 영향을 주고받는 다양한 존재들이라는 사실이 분명해진다. 사회의 다원화를 구성하는 충돌과 만남에서 축소되고 감소된 존재는 만나는 모든 개인들에게 영향을 준다. 왜냐하면 개인들은 감소되고 공제된 정체성을 통해 깊은 내면까지 다원화의 영향을 받기 때문이다. 이것은 구체적인 시민 형상이 아니며, 개별자들이 *연결되*는 감소된 자다.

여기에서 (옛 시투아앵의) 추상화와 (다원화된 시민의) 감소 사이의 차이를 분명하게 해야 한다. 각각의 특수한 정체성 규정들과 특별한 정체성들의 추상화는 민족이라는 특수하지 않은 수준에서 유사한 존재를 재생산하려는 시도다.(모든 긍정적 효과뿐 아니라 단점과 어두운 면도 함께 재생산하게 된다.) 이에 반해 오늘날 우리 안에 자리 잡고 있는 감소는 더 이상 유사성에 의해 규정받지 않는다. 감소는 릴라의 단자들처럼 차이의 축제도 아니고, 즉 특수한 정체성과 본질적으로 오해된 정체성을 고집하지 않으며, 유사한 것들의 결합도 아니다. 오히려 다양한 존재들의 결합이자 만남이다. 그런데 이 만남과 결합은 무엇일까?

우선 이 만남은 극단적으로 냉정한 결합이다. 이 결합은 만남 구역에 있는 사람들을 기껏해야 "필수적으로 공유해야 하는 사회 공간의 자유롭고 동등한 동거인으로 만든다. 이 사회 공간에 있는 모든 사람은 공존 공생을 위한 공정한 규칙에 합의하라는 동기 부여와 압력을 받는다."라고 얀베르너 뮐러는 묘사했다.[85] 이는 만남 구역이 아니라 헌법 애국주의에 대한 묘사이지만, 뮐러는 여기에서 만남 구역을 위해 필요하지만 아직 충분하지는 않은 조건 하나를 명명했다.

왜냐하면 이 만남 구역의 특별함은 우리 모두를 위한 이 냉정한 관계의 결과에 있기 때문이다. 비유사한 존재들의 만남과 결합은 어떤 효과를 낳는다. 모두를 동일하게 만들지는 않지만, 차이들을 서로서로 상대화한다. 상대화란 모든 개인들의 특별함을 절대화할 수 없음을 의미한다. 특별함은 언제나 다른 특별함들 옆에 존재해야 하기 때문이다. 이 사실을 이 만남과 결합이 분명하게 보여 주고, 나아가 직접 경험할 수 있게 해 준다. 다양한 존재들의 '결합'과 만남은 우리들의 다양한 정체성들을 그 차이 속에 그냥 둔다. 그러나 우리 모두를 위해 그 효력을 감소시킨다.

다원화된 사회의 만남 구역에는 분명한 정체성을 지닌 헌법 애국주의자들이 아니라 제한된 정체성을 가진 사람들이 돌아다닌다. 이들은 추상적인 시투아앵이 아니다. 시투아앵이 되기에 이들의 차이는 너무 구체적이다. 이들은 스마트폰을 손에 쥔, 본질적으로 고립된 단자들도 아니다. 이들은 만남을 통해 서로 변화될 수 있기 때문이다. 만남 구역에서 사람들은 스스로를 '하나의 감소가 추가되는 존재'로 경험한다고 말할 수 있겠다. 감소의 추가는 자기 정체성이 타인의 정체성에 의해 제한된다는 뜻이다. '긍정적인 함께가 아닌 오히려 부정적인 함께에 본질이 있는 새로운 방식의 전체'로 사회를 완전히 새롭게 생각해야 한다. 이 결합은 특수주의들이 서로서로 상대화하는 곳에 존재한다. 다원화된 주체들의 결합은 그들이 서로서로 경험하는 빠짐 혹은 공제 속에 존재한다.

다원화 사회는 함께하는 하나의 사회를 약속하지 않는다. 감소가 유일한 '약속'이다. 즉 사회는 서로 다른 다양한 존재들의 감소를 통한 결합을 의미한다. 이것이 바로 다원화의 공식이다.

이것이 다원화의 효과다. 다원화의 '보이지 않는 손'은 (옛날의) 사회를 (새로운) 만남 구역으로 바꾸어 놓는다. 이 변화를 거부하면, 만남 구역은 사회적 오작동의 그림이 된다. 그러나 이 변화를 수용하면, 다시 말해 견뎌내면, 만남 구역은 사회적 순기능의 그림이 된다. 그때 만남 구역은 한나 아렌트가 명명했듯이 "다원성의 공간"이될 수 있을 것이다. 많은 목소리들이 등장하고, 다종다양한 의견과 위치가 표현되는 그런 공간이 될 것이다.

그러나 우파들이 정치적 올바름을 반대하는 전장에서 실현하려고 하는 그림은 정확히 반대다. 이는 사회를유사한 존재들을 위한 무대로 바꾸려고 하는 시도다. 이유사한 존재는 릴라가 생각하는 추상적 유사성, 시투아앵이 아니라 실체가 유사한 존재들이다. 그러므로 분명히해야 한다. 유사성은 다원화의 가장 극에 있는 반대 개념이다.

만남 구역의 수단이 '연결시켜 주는' 매개체로서의갈등, 폭력적이지만 제한된 갈등이라면, 사회를 재동질화하는 수단은 조화다. 그러나 먼저 대규모 제외에 근거한 조화다. 문화 투쟁가들은 제한된 갈등이 일어나는 공간, 즉 교류 공간을 폐쇄하기를 원한다. 이들은 그 입구에

문지기를 세우고, 입구를 통제하는 경비원을 세워서 갈등
공간을 닫는다. 경비원은 질문 양식을 갖고 있다. 경비원
은 질문한다. 너는 누구냐? 이렇게 그들은 생산적인 사회
갈등을 신앙 전쟁으로 변환한다. 이른바 그들이 말하는
'문화 전쟁'으로.

그러나 문화 전쟁에서 증오로 가득 차 서로 대립하
고 있는 것은 문화들이 아니다. 왜냐하면 문화는 사람들
이 자신과 동일시하는 단순한 소유물이 아니기 때문이다.
문화는 오히려 자기 자신의 정체성과 맺는 관계다. 문화
는 단순히 내용이 아니라 동시에 관계이다. 말하자면 문
화는 관계이며, '자기 자신'의 문화와 관계 맺는 방식이
다. 이런 의미에서 우리를 분열시키는 것은 문화가 아니
다. 우리를 분열시키는 것은 오히려 우리가 문화를 사는
방식이다. 우리를 분열시키는 것은 우리가 우리 정체성을
사는 방식이다. 우리가 우리 종교를 사는 방식이 우리를
분열시킨다. 그러므로 진짜 경계선은 다원주의와 반다원
주의 사이를 가로지르고 있다.

다원주의는 다양한 문화와 종교의 수집이 아니다. 다
원주의는 이미 존재하는 것에 새로운 것이 추가되는 단
순한 더하기가 아니다. 다원화는 원하든 원하지 않든 외
부적 관계가 아니다. 다원화는 모든 것을 바꾼다. 오래된

토착 문화도, 새로 들어온 문화도 모두 바꾼다.

오늘날 모든 정체성은 다른 정체성들과 나란히 서 있다. 모든 종교는 다른 종교들과 나란히 서 있다. 혹은 무신론 옆에 나란히 서 있다. 이런 상황에서 가장 중요한 질문은 다음과 같다. 우리의 종교 생활은 다원적인가? 즉 우리의 종교가 다른 종교들 사이에 있는 하나의 가능성 임을 알고 있는가? 아니면 우리는 비다원적으로 살고 있는가? 우리는 개방된 정체성으로, 다른 것들 사이에 있는 하나의 선택으로 살고 있는가? 아니면 우리는 닫힌 정체성으로, 차단된 정체성으로 살고 있는가? 너는 누구냐? 라는 질문은 중요하지 않다. 훨씬 중요한 질문은 이것이다. 너는 네가 누구라고 생각하는가? 너는 오스트리아인, 터키인, 체첸인으로 사는 것을 어떻게 생각하는가? 너는 그리스도교인, 유대교인, 무슬림 혹은 무신론자로서 어떻게 사는가? 이것이 다원화 사회의 질문이다. 이것이 우리 시대의 핵심 질문이다.

나오며—'무엇을 할 것인가'라는
　　　징후적 질문

　　최근 나는 강연이든 토론회든 독자와의 대화이든 관계없이 다음 질문이 나오지 않은 공개 행사를 기억할 수 없다. 무엇을 할 것인가? 이것은 어떤 구체적인 행동 지침, 어떤 처방전을 찾는 질문이다. 포퓰리즘에 대항하여, 불의에 대항하여, 모든 생활 영역의 자본주의화에 대항하여 무엇을 할 것인가? 이 질문은 속수무책인 상황의 표현이다. 무엇보다도 하나의 징후다.

　　무엇을 할 것인가? 이것은 레닌의 질문이고, 그의 유명한 책 제목이기도 하다. 이 책은 제목에서 주어진 질문에 대한 대답이다. 이 책은 '의식적인' 행동에 대한 안내서다.

　　그리고 정확히 오늘 요구된다. 이 질문은 두 가지 차원의 요구다. 첫째로 다양한 위기에 대한 처방을 찾는 요구이고, 둘째로 행동들을 이끌 수 있는 대안에 대한 요구다. 대안적 사회 개념. 새로운 거대한 서사. 새로운 이야기에 대한 요구.

이야기에 대한 갈망은 내용에 대한 것일 뿐 아니라 사람을 사로잡을 이야기에 대한 것이기도 하다. 왜냐하면 정치적 혹은 사회적 내용은 이미 충분하기 때문이다. 열린 사회부터 '공유 경제'에 이르기까지. 그러나 이런 내용들은 사람들을 사로잡지 않는다. 또는 더 이상 사로잡지 않는다. 길을 제시하지도, 시각을 열어 주지도 않는다. 이제 희망을 전해 주지 않는다. 그렇게 채워지지 않은 정치적 희망에 대한 갈망이 이 질문으로 남는다. **무엇을 할 것인가?**

슬라보예 지젝은 말했다. 대안에 대한 꿈은 끝났다고. 여전히 대안을 꿈꾸는 사람은 겁이 많아서 대안 부재와 희망 없음을 인정하지 못하는 자들이다. 꿈은 출구 없는 상황에 저항하는 페티시라는 것이다. 바로 이것이 핵심이다. 무엇을 할 것인가?라는 질문은 일종의 페티시다. 현실을 부정하는 마법의 상상이라는 말이다. 무엇을 할 것인가?라는 질문은 마치 해답이 있고, 구체적인 방법이 있다는 듯 헛된 희망을 준다. 더 나아가 이 질문의 목적은 실제로 무엇을 해야 하는지 알고 있는 사람이 있다는 확신을 갖는 것이다. 레닌에게도 이것이 중심이었다.

오늘날 이 질문은 결국 정책에 대한 것이 아니라, 해답을 '알고 있는' 사람, 하나의 해답을 줄 수 있다고 믿을 만한 사람에 대한 질문이다. 바로 그렇기 때문에 이 질문은 징후적이다. 왜냐하면 오늘날 정치적 희망은 이념이 아니라 사람에게 걸리기 때문이다. 무언가 다른 것, 더 나은 것을 약속하는 사람, 해결책을 약속하는 사람, 무엇을 할 것인가?에 대한 하나의 해답을 약속하는 사람. 그리고 이런 인물이 나타날 때마다 과대 선전이 있었다. 오바마, 버니 샌더스, 마르틴 슐츠(Martin Schulz, 전 독일 사민당 대표. 2017년 한때 메르켈을 넘어서는 인기를 얻기도 했지만, 실제 총선에서 사민당은 참패했다.), 마크롱. 그리고 계속될 것이다. 그때마다 과대 선전이 반복된다. 순환 주기가 갈수록 짧아진다. 그리고 무엇을 할 것인가?라는 질문은 대답되지 않은 채 남는다.

감사의 말

말하자면 이 책은 나에게 요청되었다. 이 책의 역사는 격려와 제안의 역사다.

맨 처음에 오스트리아 방송(Österreicher Rundfunk)의 제1라디오(Ö1)에서 2016년 여름 강좌를 제안했다. 대단히 파격적인 제안이었다. 6주 동안 30분짜리 강연을 매주 라디오로 방송하고, 주제도 내가 선택하는 것이었다. 그렇게 나는 갑자기 라이너 로젠베르크(Rainer Rosenberg)라는 너무 멋진 편집자를 알게 되었다. 강좌의 제안만이 아니라 책의 제목이 된 라디오 방송 이름도 로젠베르크가 지었다.

녹음을 하는 동안 우연히 한 에이전트가 나에게 메일을 보냈다. 예전에 나의 칼럼과 신문 기사를 읽었던 그는 나에게 책을 한 권 써 볼 생각이 없는지 물어 왔다. 자신이 저술과 출판을 중개하겠다고 했다. 그렇게 라디오 방송을 책으로 만드는 기획이 탄생했다. 이렇게 나에게 너무 멋진 에이전트 다니엘 그라프(Daniel Graf)가 생겼다.

그라프는 진짜로 출판사를 찾아냈다. 그리고 나에게 갑자기 또 너무 멋진 출판사 대표 헤르베르트 오링거(Herbert Ohrlinger)와 너무 멋진 편집자 베티나 뵈르괴터(Bettina Wörgötter)가 생겼다.

라디오 방송이 끝난 후에도 한참 지속되었던 오랜 집필 기간 동안 이 책은 나의 새로운 동료들뿐 아니라, 내 삶의 기존 '주민들'로부터 도움을 받았다. 아들 노아와 모리츠 그리고 동기 다니엘 카림(Daniel Charim)의 엄청난 지원이 있었다. 그리고 친구 모니카 볼(Monika Boll), 게랄트 아이베거(Gerald Eibegger), 도론 라비노비치(Doron Rabinovici)의 지속적인 도움이 있었다.

이 책의 역사는 나를 격려하고 동시에 내가 이 일을 하도록 해 준 사람들의 역사다. 고맙다.

주(註)

1   Jürgen Habermas, "Die postnationale Konstellation und die Zukunft der Demokratie", *Die postnationale Konstellation*(Frankfurt/Main 1998), S. 116; 위르겐 하버마스, 강여규 옮김, 「유럽 연합 이후 유럽 정치에 대한 전망: 탈민족국가의 위상과 민주주의의 미래」(사회평론, 1998).

2   Pierre Rosanvallon, *Die Gesellschaft der Gleichen*(Hamburg, 2013), S. 263 ff; *La Société des égaux*(Paris: Le Seuil, 2011).

3   Rosanvallon, *Die Gesellschaft der Gleichen*, S. 47 f.

4   Claude Lefort, *L'Invention démocratique. Les limites de la domination totalitaire*(Paris 1981), S. 148 f.(번역은 저자.)

5   Louis Althusser, *Für Marx*(Frankfurt/Main 1968), S. 147 ff.; 루이 알튀세르, 서관모 옮김, 『마르크스를 위하여』(후마니타스, 2017).

6   Karl Marx, *Zur Kritik der politischen Ökonomie*, "Einleitung", MEW Bd. 13(Berlin 1971), S. 46; 카를 마르크스, 김호균 옮김, 『정치경제학 비판을 위하여』(중원문화, 2017).

7   아래 자료에서 영감을 받았다. Elisabeth Bronfen, *Benjamin Marius: Hybride Kulturen. Beiträge zur anglo-amerikanischen Multikulturalismusdebatte*(Tübingen 1997), S. 6.

8   Peter Berger, *Altäre der Moderne. Religion in pluralistischen Gesellschaften*(Frankfurt/Main 2015), S. 17; Peter Berger, *The Many Altars of Modernity. Toward a Paradigm for Religion in a Pluralist Age*(2014).

9   Charles Taylor, *Ein säkulares Zeitalter*(Frankfurt/Main 2009), S.
    788; Charles Taylor, *A Secular Age*.

10 Michael Walzer, *Vernunft, Politik und Leidenschaft. Defizite liberaler
    Politik*(Frankfurt/Main 1999), S. 31.

11 *Ibid.*, S. 32.

12 Helmut Dubiel, "Gehegte Konflikte?", Jürgen Friedrichs, Wolfgang
    Jagodzinski (Hg.), *Soziale Integration, Sonderheft 39 der Kölner
    Zeitschrift für Soziologie und Sozialpsychologie*(Opladen 1999), S.
    135.

13 Ibid.

14 Taylor, *Ein säkulares Zeitalter*, S. 816.(강조는 저자.)

15 Dubiel, "Gehegte Konflikte?", S. 135.

16 Claude Lefort, *Fortdauer des Theologisch-Politischen?*(Wien, 1999)
    참조.

17 Berger, *Altäre der Moderne*, S. 9.

18 Saskia Sassen, "Die Global City ist ein brutaler Ort"(Interview),
    WOZ Nr. 25, 2012년 6월 21일 자 참조.

19 Ernst-Wolfgang Böckenförde, *Recht, Staat, Freiheit*(Frankfurt/Main
    1992), S. 112.

20 Rosanvallon, *Die Gesellschaft der Gleichen*, S. 342.

21 Jacques Derrida, "Der wiederkehrende Freund", *Politik der Freund-
    schaft*(Frankfurt/Main 2000) 참조; Jacques Derrida, *Politiques de l'
    amitié*.

22 Berger, *Altäre der Moderne*, S. 82.

23 Taylor, *Ein säkulares Zeitalter*, S. 15.

24 Berger, *Altäre der Moderne*, S. 117 ff.

25 *Ibid.*, S. 91.

26 Navid Kermani, "Schaffen wir das?"(Interview), *Der Spiegel* Nr. 4,
    2016년 1월 23일 자.

27 Gilles Kepel, *Terror in Frankreich. Der neue Dschihad in Europa* (München 2016).

28 Olivier Roy, *La sainte ignorance. Le temps de la religion sans culture* (Paris 2008).

29 Francis Fukuyama, "Identität und Migration"(Essay), *perlentaucher*, 2007년 2월 8일 자(https://www.perlentaucher.de/essay/identitaet-und-migration.html?highlight=francis+fukuyama#highlight, 2017년 10월 14일 열람).

30 Louis Althusser, *Ideologie und ideologische Staatsapparate*(Berlin 1977) 참조; 루이 알튀세르, 이진수 옮김, 『이데올로기와 이데올로기적 국가 장치』(백의, 1997).

31 Helmut Dubiel, "Der Fundamentalismus der Moderne", *Ungewissheit und Politik*(Frankfurt/Main 1994), S. 219.

32 Ulrich Beck, *Die Erfindung des Politischen. Zu einer Theorie reflexiver Modernisierung*(Frankfurt/Main 1993), S. 108.

33 Andreas Reckwitz, "Alles so schön hyper", *Die Zeit Nr.* 51, 2016년 12월 8일 자.

34 Wolfgang Thierse, "Das Fremde und das Eigene", *Frankfurter Allgemeine Zeitung*, 2016년 4월 19일 자.

35 Zygmunt Bauman, "Leben in der Diaspora", Isolde Charim, Gertraud Auer Borea d'Olmo (Hg.), *Lebensmodell Diaspora. Über moderne Nomaden*(Bielefeld 2012), S. 98.

36 Naika Foroutan, "Was heißt postmigrantisch?", *Berliner Zeitung*, 2014년 12월 12일 자.

37 Danny Michelsen, Franz Walter, *Unpolitische Demokratie. Zur Krise der Repräsentation*(Frankfurt/Main 2013) 참조.

38 Ivan Krastev, "No Satisfaction Machines", *IWMpost* 103, January–March 2010.

39 Ingolfur Blühdorn, *Simulative Demokratie. Neue Politik nach der*

postdemokratischen Wende(Frankfurt/Main 2013).

40   Pierre Rosanvallon, *Das Parlament der Unsichtbaren*(Wien 2015), S. 18.

41   Rudolf Speth, "Nation und Emotion. Von der vorgestellten zur emotional erfahrbaren Gemeinschaft", Ansgar Klein, Frank Null-meier(Hg.), *Masse-Macht-Emotion*(Opladen/Wiesbaden 1999), S. 292.

42   Philipp Sonderegger, "Kundgebung heißt jetzt Flashmob", *PHSBLOG. AT*, 2013년 1월 14일 자(http://phsblog.at/kundgebung-heist-jetzt-flashmob/, 2017년 10월 17일 열람).

43   Ijoma Mangold, "Max Weber. Politik als Beruf", *Die Zeit* Nr. 6, 2012년 2월 2일 자, S. 2.

44   Rosanvallon, *Das Parlament der Unsichtbaren*, S. 28.

45   Didier Eribon, *Rückkehr nach Reims*(Frankfurt/Main 2016), S. 125; Didier Eribon, *Retour à Reims*(2009).

46   *Ibid.*

47   Jan-Werner Müller, *Was ist Populismus? Ein Essay*(Frankfurt/Main 2016), S. 19; 얀베르너 뮐러, 노시내 옮김, 『누가 포퓰리스트인가: 그가 말하는 '국민' 안에 내가 들어갈까』(마티, 2017).

48   Lawrence Goodwyn, *The Populist Moment. A short history of the agrarian revolt in America*(Oxford 1978).

49   Helmut Dubiel, "Das Gespenst des Populismus", Helmut Dubiel (Hg.), *Populismus und Aufklärung*(Frankfurt/Main 1986), S. 47.

50   Peter Sloterdijk, Zorn und Zeit. *Psychopolitischer Versuch*(Frank-furt/Main 2008); 페터 슬로터다이크, 이덕임 옮김, 『분노는 세상을 어떻게 지배했는가』(이야기가있는집, 2017).

51   Albert O. Hirschman, "Wieviel Gemeinsinn braucht die liberale Gesellschaft?", *Leviathan, Zeitschrift für Sozialwissenschaften, Heft* 2(Wiesbaden Juni 1994)

52   Dubiel, *Gehegte Konflikte?*, S. 134.

53   *Ibid.*

54   Walzer, *Vernunft, Politik und Leidenschaft*, S. 76.

55   Dubiel, *Das Gespenst des Populismus*, S. 41.

56   Eribon, *Rückkehr nach Reims*, S. 124.

57   Étienne Balibar, *Gleichfreiheit. Politische Essays*(Frankfurt/Main 2012) 참조.

58   Georg Seeßlen, "Heimat, Volk und Elite", *die tageszeitung*, 2017년 4월 12일 자, S. 17.

59   Michael Kronauer, "Inklusion/Exklusion. Kategorien einer kritischen Gesellschaftsanalyse der Gegenwart", Ilker Atac, Sieglinde Rosenberger (Hg.), *Politik der Inklusion und Exklusion*(Göttingen 2013), S. 22.

60   Rosanvallon, *Die Gesellschaft der Gleichen*, S. 251.

61   Dubiel, *Das Gespenst des Populismus*, S. 42.

62   Armin Nassehi, "Früher war mehr Glanz", *Die Welt*, 2016년 12월 17일 자.

63   Rosanvallon, *Das Parlament der Unsichtbaren*, S. 28.

64   Amanda Taub, "The rise of the American authoritarianism", Vox. com, 2016년 3월 1일 자(https://getpocket.com/explore/item/the-rise-of-american-authoritarianism-1210889167, 2017년 10월 20일 열람) 참조.

65   Émile Durkheim, *Die elementaren Formen des religiösen Lebens* (Frankfurt/Main 1981(1994)), S. 293.

66   Taylor, *Ein säkulares Zeitalter*, S. 18 ff.

67   Eribon, *Rückkehr nach Reims*, S. 137.

68   Dubiel, *Das Gespenst des Populismus*, S. 48.

69   Eribon, *Rückkehr nach Reims*, S. 125.

70   *Ibid.*, S. 129.

71 Samuel Philipps Huntington, *Kampf der Kulturen. Die Neugestaltung der Weltpolitik im 21. Jahrhundert*(München 1998) 참조; 새뮤얼 헌 팅턴, 이희재 옮김, 『문명의 충돌』(김영사, 1997).

72 Michel Foucault, *Vom Licht des Krieges zur Geburt der Geschichte* (Berlin 1986) 참조.

73 Rosanvallon, *Die Gesellschaft der Gleichen*, S. 312.

74 Ibid.

75 Matthias Dusini, Thomas Edlinger, *In Anführungszeichen. Glanz und Elend der Political Correctness*(Frankfurt/Main 2012), S. 26.

76 Dusini, Edlinger, *In Anführungszeichen*, S. 27.

77 Fabian Ludwig, "Für einen Neandertaler wäre auch Žižek ein »Schneeflöckchen«. So what? Die Steinzeit ist vorbei", *WOZ, Die Wochenzeitung* Nr. 25, 2017년 6월 22일 자.

78 Mark Lilla, "The End of Identity Liberalism", *New York Times*, 2016 년 11월 18일 자; "Identitätspolitik ist keine Politik", *Neue Zürcher Zeitung*, 2016년 11월 26일 자.

79 Elisabeth Raether, "Was macht die Autoritären so stark? Unsere Arroganz", *Die Zeit* Nr. 33, 2016년 8월 18일 자.

80 Eribon, *Rückkehr nach Reims*, S. 118.

81 Silja Häusermann, "Der Preis des Erfolgs". *Neue Zürcher Zeitung*, 2017년 2월 15일 자.

82 Ludwig, *Für einen Neandertaler wäre auch Žižek ein "Schneeflöck-chen"*.

83 Gunnar Hindrichs, *Philosophie der Revolution*(Berlin 2017), S. 322, 각주 41.

84 Mark Lilla, "Wir müssen nationale Gefühle kultivieren"(Interview), *Der Standard*, 2017년 1월 24일 자 .

85 Jan-Werner Müller, *Verfassungspatriotismus*(Berlin 2010), S. 66.

옮긴이 이승희　서강대에서 수학과 종교학을 공부했고, 대학원에서 신학을 공부했다. 독일 밤베르크대학과 뮌스터대학 박사과정에서 종교사회학, 사회윤리, 정치윤리를 공부했다. 2017년부터 바른번역 소속 번역가로 활동하고 있으며 옮긴 책으로 『버려진 노동』이 있다.

나와 타자들

1판 1쇄 펴냄 2019년 3월 8일
1판 7쇄 펴냄 2023년 7월 25일

지은이 이졸데 카림
옮긴이 이승희
발행인 박근섭, 박상준
펴낸곳 **(주)민음사**

출판등록 1966. 5. 19. (제16-490호)
주소　　　서울시 강남구 도산대로1길 62(신사동)
　　　　　강남출판문화센터 5층 (06027)
대표전화 02-515-2000 팩시밀리 02-515-2007
www.minumsa.com

한국어 판 ©**(주)민음사**, 2019. Printed in Seoul, Korea

ISBN 978-89-374-3980-3 (03100)